# CUISINE
# FACILE ET DÉLICIEUSE

# Cuisine
# FACILE ET DÉLICIEUSE

BRIMAR

**Photographies : Studio Tormont**
**Conception graphique : Zapp**
**Infographie : Typotech inc.**

© 1997 Les Éditions Brimar inc.
338, rue Saint-Antoine Est
Montréal, Canada H2Y 1A3
Tél. (514) 954-1441
Fax  (514) 954-5086

ISBN 2-89433-215-7
Imprimé aux États-Unis.

# Table des matières

# Hors-d'œuvre

Quel plaisir de commencer un repas par de délicieux hors-d'œuvre! Ces petits plats, qu'ils soient tout simples ou plus sophistiqués, ajoutent sans conteste une touche de raffinement, et procurent une pause agréable avant de servir le plat de résistance.

Les recettes de ce chapitre, faciles à suivre, sont accompagnées de photos en couleurs qui vous guideront dans l'art de la présentation. Vous découvrirez qu'il existe des hors-d'œuvre pour toutes les occasions. Il n'en tient qu'à vous de les préparer!

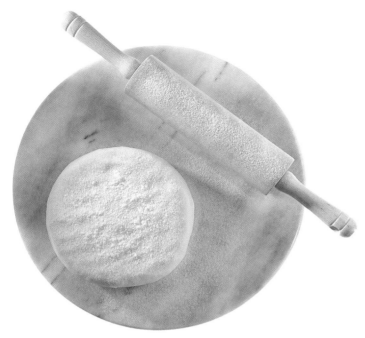

# PÂTE À TARTELETTES

| 925 ml | farine tout usage tamisée | 3¾ tasses |
|---|---|---|
| 7 ml | sel | 1½ c. à t. |
| 225 g | beurre non salé, très froid | ½ lb |
| 175 ml | eau, très froide | ¾ tasse |

**1** Tamiser la farine et le sel dans le bol du robot culinaire.

**2** Couper le beurre en petits morceaux; les répartir sur la farine. Mélanger jusqu'à ce que la préparation soit grumeleuse.

**3** Ajouter l'eau par petites quantités, en mélangeant bien après chaque addition, jusqu'à ce que la pâte s'amalgame en une boule. Si nécessaire, ajouter de l'eau pour obtenir la consistance désirée.

**4** Retirer la pâte du bol et la façonner en une boule lisse. L'envelopper dans un linge et réfrigérer 2 heures.

**5** Amener la pâte à la température ambiante avant de l'utiliser.

# PÂTE PRÉCUITE

Il existe différentes formes de moules à tartelettes, mais ils sont généralement de taille semblable.

Amener la pâte à la température ambiante avant de l'utiliser.

Façonner la pâte en un cylindre et la couper en morceaux d'environ 5 cm (2 po) de large. Abaisser chaque morceau de pâte sur une surface farinée, en un cercle d'environ 3 mm (⅛ po) d'épaisseur.

Foncer les moules à tartelettes de pâte, en la pressant bien contre le fond et les parois des moules. Couvrir la pâte de papier ciré, puis la remplir de poids à pâtisserie ou de haricots secs.

Mettre les moules sur une plaque à pâtisserie et faire cuire pendant 10 minutes dans un four préchauffé à 200 °C (400 °F).

Retirer le papier ciré et les poids et laisser refroidir les tartelettes avant de les garnir.

# TARTELETTES AUX ASPERGES, GRATINÉES

*(4 À 6 PORTIONS)*

| | | |
|---|---|---|
| 1 | botte d'asperges, parées et cuites *al dente* | 1 |
| 6 | tartelettes, précuites | 6 |
| 375 ml | sauce blanche, chaude (voir p. 309) | 1 ½ tasse |
| 250 ml | gruyère râpé | 1 tasse |
| | sel et poivre fraîchement moulu | |
| | paprika au goût | |

Préchauffer le four à 200 °C (400 °F).

**1** Bien égoutter les asperges et les assécher avec du papier absorbant.

**2** Disposer les tartelettes sur une plaque à biscuits.

**3** Détailler les asperges en petits morceaux et les répartir entre les tartelettes. Napper de sauce blanche et couvrir de fromage. Assaisonner de sel, de poivre et de paprika.

**4** Faire dorer 8 minutes au four. Servir chaud.

# TARTELETTES À LA TOMATE ET AUX CREVETTES

*(4 À 6 PORTIONS)*

| | | |
|---|---|---|
| 15 ml | huile d'olive | 1 c. à s. |
| 225 g | crevettes, décortiquées et déveinées | ½ lb |
| 1 | gousse d'ail, épluchée, écrasée et hachée | 1 |
| 2 | échalotes sèches, épluchées et hachées | 2 |
| 2 | tomates, pelées, épépinées et hachées | 2 |
| 15 ml | basilic frais haché | 1 c. à s. |
| 6 | tartelettes, précuites | 6 |
| 250 ml | mozzarella râpée | 1 tasse |
| | sel et poivre fraîchement moulu | |

Préchauffer le four à 200 °C (400 °F).

**1** Faire chauffer l'huile dans une poêle, à feu moyen. Ajouter les crevettes et bien assaisonner; les faire cuire 2 minutes de chaque côté. Les retirer et réserver.

**2** Dans la poêle chaude, mettre l'ail, les échalotes sèches, les tomates et le basilic. Bien as-saisonner et faire cuire 4 mi-nutes, à feu vif.

**3** Hacher grossièrement les cre-vettes et les disposer sur les tartelettes. Couvrir de la pré-paration à la tomate, puis de fromage. Bien poivrer.

**4** Faire dorer au four 8 minutes. Servir chaud. Garnir de cre-vettes entières, si désiré.

# TARTELETTES AUX MOULES ET AUX ÉPINARDS

*(4 À 6 PORTIONS)*

| | | |
|---|---|---:|
| 6 | tartelettes, précuites | 6 |
| 45 ml | beurre | 3 c. à s. |
| 3 | échalotes sèches, épluchées et grossièrement hachées | 3 |
| 1 | grosse gousse d'ail, épluchée, écrasée et hachée | 1 |
| 15 ml | cerfeuil frais haché | 1 c. à s. |
| 15 ml | persil frais haché | 1 c. à s. |
| 125 ml | épinards frais, bien lavés et tassés | ½ tasse |
| 16 à 24 | moules cuites | 16 à 24 |
| 125 ml | chapelure blanche | ½ tasse |
| | sel et poivre fraîchement moulu | |
| | jus de citron au goût | |

Préchauffer le four à 200 °C (400 °F).

**1** Déposer les tartelettes sur une plaque à pâtisserie. Faire cuire au four pendant 8 minutes. Réserver.

**2** Faire chauffer le beurre dans une poêle, à feu moyen. Ajouter les échalotes, l'ail, les fines herbes et les épinards. Bien assaisonner et faire cuire 6 minutes, à feu vif.

**3** Ajouter les moules et poursuivre la cuisson 1 minute. Ajouter du jus de citron au goût. Remplir les tartelettes de la préparation et parsemer de chapelure.

**4** Monter la température du four à gril et faire dorer les tartelettes au four 3 minutes. Servir chaud.

# TARTELETTES AUX ANCHOIS ET AUX CHAMPIGNONS

*(4 À 6 PORTIONS)*

| | | |
|---|---|---|
| 30 ml | beurre | 2 c. à s. |
| 6 | filets d'anchois, égouttés et finement hachés | 6 |
| 2 | échalotes sèches, épluchées et finement hachées | 2 |
| 1 | petit oignon, épluché et haché | 1 |
| 225 g | champignons frais, nettoyés et coupés en dés | ½ lb |
| 15 ml | ciboulette fraîche hachée | 1 c. à s. |
| 1 | pincée de poudre de curry | 1 |
| 250 ml | sauce blanche, chaude (voir p. 309) | 1 tasse |
| 6 | tartelettes, précuites | 6 |
| 125 ml | gruyère râpé | ½ tasse |
| | sel et poivre fraîchement moulu | |

Préchauffer le four à 200 °C (400 °F).

**1** Faire chauffer le beurre dans une poêle, à feu moyen. Ajouter les filets d'anchois hachés, les échalotes sèches et l'oignon; faire cuire 2 minutes.

**2** Ajouter les champignons, la ciboulette et la poudre de curry. Bien assaisonner et mélanger. Faire cuire 4 minutes, à feu moyen.

**3** Incorporer la sauce blanche et faire cuire 1 minute. Répartir la préparation entre les tartelettes et couvrir de fromage. Faire dorer 6 minutes au four et servir chaud. Garnir de filets d'anchois, si désiré.

# HORS-D'ŒUVRE AUX CREVETTES
*(6 À 8 PORTIONS)*

| 45 ml | beurre | 3 c. à s. |
|---|---|---|
| 3 | oignons verts, hachés | 3 |
| 2 | gousses d'ail, épluchées, écrasées et hachées | 2 |
| 15 ml | basilic frais haché | I c. à s. |
| 12 | crevettes, décortiquées et déveinées | 12 |
| 12 | tranches de baguette, grillées | 12 |
| | sel et poivre fraîchement moulu | |

**1** Faire chauffer le beurre dans une poêle, à feu moyen. Ajouter les oignons verts, l'ail et le basilic; faire cuire 1 minute.

**2** Ajouter les crevettes, bien assaisonner, faire revenir 3 minutes.

**3** Déposer une crevette sur chaque tranche de pain. Servir.

# SOLE EN FRITURE
*(6 À 8 PORTIONS)*

| 3 | gros filets de sole | 3 |
|---|---|---|
| 75 ml | parmesan râpé | ⅓ tasse |
| 125 ml | farine assaisonnée | ½ tasse |
| 2 | œufs, battus | 2 |
| 250 ml | chapelure | I tasse |
| | piment de Cayenne | |
| | jus de I citron | |
| | sauce tartare | |
| | huile pour grande friture | |

**1** Couper les filets de sole en bâtonnets. Mélanger le fromage avec le piment de Cayenne; enrober les bâtonnets de sole de ce mélange, puis les rouler dans la farine.

**2** Tremper le poisson dans les œufs, puis dans la chapelure. Faire frire 1 minute dans l'huile chaude. Égoutter sur du papier absorbant; servir avec du jus de citron et de la sauce tartare.

# LÉGUMES EN GRANDE FRITURE

Choisir des légumes de saison : courgettes, carottes, céleri, champignons, oignons, poivrons, chou-fleur et brocoli.

Couper les légumes en morceaux égaux, puis les mettre dans un bol. Assaisonner d'huile d'olive, de jus de citron, de fines herbes fraîches et d'ail haché. Si désiré, ajouter quelques gouttes de sauce de piment fort

Saler et poivrer. Bien mélanger et faire mariner 10 minutes.

Enrober les légumes de pâte, comme la pâte à la bière pour grande friture (voir ci-dessous).

Faire frire dans une grande quantité d'huile d'arachide très chaude. Lorsque les légumes sont dorés, les faire égoutter sur du papier absorbant.

Servir avec du jus de citron ou une variété de sauces pour trempettes.

# PÂTE À LA BIÈRE POUR LÉGUMES EN GRANDE FRITURE

| 250 ml | farine tout usage | I tasse |
|--------|-------------------|---------|
| 45 ml | huile d'olive | 3 c. à s. |
| 250 ml | bière, à la température ambiante | I tasse |
| 3 | œufs, séparés | 3 |
| | sel | |

**1** Verser la farine dans un bol. Ajouter l'huile, le sel et la bière. Incorporer au fouet jusqu'à l'obtention d'un mélange lisse.

**2** Incorporer les jaunes d'œufs en fouettant, puis laisser la pâte reposer 30 minutes, à la température ambiante.

**3** Battre les blancs d'œufs jusqu'à ce qu'ils forment des pics mous; les incorporer délicatement à la pâte.

**4** Utiliser cette pâte pour faire frire des légumes de votre choix. Servir avec une sauce pour trempette.

# COURGETTES FARCIES

*(4 À 6 PORTIONS)*

| | | |
|---|---|---:|
| 3 | courgettes | 3 |
| 3 | gros poivrons jaunes | 3 |
| 50 ml | huile d'olive | ¼ tasse |
| 4 | grosses tomates, pelées, épépinées et hachées | 4 |
| 2 | gousses d'ail, épluchées, écrasées et hachées | 2 |
| 45 ml | basilic frais haché | 3 c. à s. |
| 12 | tranches de caciocavallo | 12 |
| | sel et poivre fraîchement moulu | |
| | quelques gouttes d'huile d'olive extra vierge | |

Préchauffer le four à 200 °C (400 °F).

**1** Trancher les courgettes en deux, dans le sens de la longueur. Avec une cuillère parisienne, les évider en laissant la coquille intacte. Mettre les coquilles des courgettes dans de l'eau bouillante pendant 1 minute. Retirer et faire égoutter.

**2** Couper les poivrons en deux et les épépiner. Badigeonner la peau d'huile et mettre sur une plaque à biscuits, le côté coupé vers le bas; faire griller au four, 6 à 8 minutes. Sortir du four et mettre dans un grand bol. Couvrir d'une pellicule de plastique. Laisser suer les poivrons 3 minutes, peler, puis émincer la chair.

**3** Faire chauffer l'huile dans une poêle, à feu moyen. Ajouter les tomates, l'ail et le basilic; bien assaisonner. Faire cuire 10 minutes. Ajouter les poivrons émincés.

**4** Disposer les coquilles de courgettes dans un plat allant au four. Les remplir du mélange aux tomates et couvrir de tranches de fromage. Arroser de quelques gouttes d'huile d'olive.

**5** Faire griller au four 2 minutes, ou jusqu'à ce que le fromage fonde.

# SANDWICHES À LA MOZZARELLA, GRATINÉS

*(6 À 8 PORTIONS)*

| 6 | tranches de pain italien de 8 mm (⅓ po) d'épaisseur | 6 |
|---|---|---|
| 375 ml | lait | 1 ½ tasse |
| 375 ml | mozzarella râpée | 1 ½ tasse |
| 30 ml | farine | 2 c. à s. |
| 2 | gros œufs, battus | 2 |
| 45 ml | huile d'olive | 3 c. à s. |
| 45 ml | beurre | 3 c. à s. |
| | sel et poivre fraîchement moulu | |

**1** Écroûter le pain. Tremper les tranches dans le lait.

**2** Répartir le fromage entre trois tranches de pain. Bien assaisonner et couvrir des tranches de pain qui restent pour former des sandwiches. Couper les sandwiches en deux.

**3** Saupoudrer les sandwiches de farine et tremper chacun d'eux dans les œufs battus.

**4** Faire chauffer l'huile et le beurre dans une grande poêle, à feu moyen. Y faire cuire les sandwiches 2 à 3 minutes de chaque côté, ou jusqu'à ce que le fromage soit fondu et le pain, doré.

**5** Égoutter les sandwiches sur du papier absorbant, couper en petits carrés et servir chaud.

# CONCOMBRES AU FROMAGE

*(6 PORTIONS)*

| | | |
|---|---|---|
| 2 à 3 | concombres | 2 à 3 |
| ½ | citron | ½ |
| 1 | poivron rouge | 1 |
| 175 g | fromage à la crème ramolli | 6 oz |
| 15 ml | crème sure | 1 c. à s. |
| 15 ml | basilic frais haché | 1 c. à s. |
| 15 ml | ciboulette fraîche hachée | 1 c. à s. |
| 2 | gousses d'ail blanchies, en purée | 2 |
| 1 | pincée de paprika | 1 |
| | sel et poivre fraîchement moulu | |

**1** Trancher les concombres en deux, dans le sens de la longueur. Les peler et les épépiner à l'aide d'un vide-pomme. Évider les demi-concombres afin de pouvoir les farcir, puis frotter la chair avec du citron. Bien saler et poivrer la cavité; réserver.

**2** Couper les poivrons en deux et les épépiner. Huiler la peau et les déposer sur une plaque à pâtisserie, le côté coupé vers le bas. Faire griller 6 minutes au four. Sortir du four et laisser refroidir. Peler, hacher et mettre dans un grand bol.

**3** Ajouter le fromage à la crème, la crème sure, les fines herbes et l'ail. Bien mélanger. Assaisonner de sel, de poivre et de paprika.

**4** Farcir les concombres du mélange. Envelopper serré dans une pellicule de plastique et réfrigérer 2 heures.

**5** Trancher et servir sur des feuilles de laitue.

# FEUILLES DE CHOU FARCIES
### (6 À 8 PORTIONS)

| 16 | petites feuilles de chou | 16 |
|---|---|---|
| 30 ml | huile d'olive | 2 c. à s. |
| 2 | oignons, épluchés et émincés | 2 |
| 1 | poivron rouge, émincé | 1 |
| 2 | gousses d'ail, pelées et émincées | 2 |
| 375 ml | riz blanc cuit | 1½ tasse |
| 125 ml | olives noires dénoyautées, coupées en 2 | ½ tasse |
| 15 ml | basilic frais haché | 1 c. à s. |
| 125 ml | fromage à la crème | ½ tasse |
| | sel et poivre fraîchement moulu | |
| | piment de Cayenne au goût | |
| | vinaigrette française | |
| | brins de ciboulette | |

**1** Faire blanchir les feuilles de chou 4 minutes dans de l'eau bouillante salée. Bien égoutter et réserver sur du papier absorbant.

**2** Faire chauffer l'huile dans une poêle, à feu moyen. Baisser le feu à doux et y faire revenir les oignons pendant 6 minutes. Ajouter le poivron et l'ail, remuer et bien assaisonner. Poursuivre la cuisson 7 minutes.

**3** Verser le mélange dans un bol, incorporer le riz, les olives, le basilic et le fromage. Assaisonner généreusement de sel, de poivre et de piment de Cayenne.

**4** Déposer une petite quantité de farce sur chaque feuille de chou. Envelopper en un rouleau serré. Nouer avec de la ciboulette.

**5** Déposer en une seule couche sur un plateau de service. Servir avec de la vinaigrette française.

*Faire blanchir les feuilles de chou pendant 4 minutes dans de l'eau bouillante salée.*

*Faire revenir les oignons pendant 6 minutes. Ajouter le poivron et l'ail, remuer et bien assaisonner. Poursuivre la cuisson 7 minutes.*

*Incorporer le riz, les olives, le basilic et le fromage. Assaisonner généreusement de sel, de poivre et de piment de Cayenne.*

*Déposer une petite quantité de farce sur chaque feuille de chou. Replier et envelopper en un rouleau serré. Nouer avec de la ciboulette.*

# ROULEAUX CHINOIS
*(6 À 8 PORTIONS)*

| | | |
|---|---|---|
| ½ | chou, ciselé | ½ |
| 125 g | porc barbecue, déchiqueté | ¼ lb |
| 125 g | crevettes, cuites, décortiquées, déveinées et émincées | ¼ lb |
| 500 ml | germes de soya | 2 tasses |
| 2 ml | assaisonnement chinois | ½ c. à t. |
| 30 ml | sauce soya | 2 c. à s. |
| 45 ml | sucre | 3 c. à s. |
| 7 ml | sel | 1½ c. à t. |
| 1 | œuf | 1 |
| 45 ml | farine | 3 c. à s. |
| 1 | pousse de bambou, émincée | 1 |
| 8 | feuilles pour wonton | 8 |
| | quelques gouttes d'huile de sésame | |
| | poivre fraîchement moulu | |
| | sauce aux prunes | |
| | huile pour grande friture | |

**1** Faire blanchir le chou dans de l'eau bouillante salée pendant 2 minutes. Bien égoutter et assécher avec du papier absorbant.

**2** Mettre le chou dans un bol. Ajouter le porc, les crevettes, les germes de soya, les assaisonnements chinois, la sauce soya, le sucre et le sel. Bien mélanger; incorporer d'abord l'œuf puis la farine. Ajouter la pousse de bambou et quelques gouttes d'huile de sésame. Poivrer et bien mélanger.

**3** Déposer les feuilles pour wonton à plat sur une surface de travail. Badigeonner d'eau le tour de la feuille et étaler la farce au milieu. Rouler juste pour recouvrir la farce, replier les côtés vers l'intérieur pour fermer les extrémités, puis rouler complètement. Sceller en mouillant le bord avec de l'eau.

**4** Faire dorer dans l'huile chaude. Servir avec la sauce aux prunes.

*Étaler les feuilles pour wonton sur une surface de travail. Humecter le tour avec de l'eau.*

*Étaler la farce au milieu.*

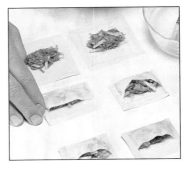

*Rouler pour couvrir la farce et replier les côtés vers l'intérieur pour fermer les extrémités.*

*Rouler complètement et sceller avec un peu d'eau.*

# CANAPÉS AU HOMARD

*(4 À 6 PORTIONS)*

| | | |
|---|---|---|
| 45 ml | beurre | 3 c. à s. |
| 2 | échalotes sèches, épluchées et hachées | 2 |
| 4 | brins de cresson, hachés | 4 |
| 15 ml | persil frais haché | 1 c. à s. |
| 30 ml | farine | 2 c. à s. |
| 375 ml | crème à 15 % | 1½ tasse |
| 350 g | chair de homard cuite, hachée | ¾ lb |
| 1 | pincée de paprika | 1 |
| 125 ml | chapelure blanche | ½ tasse |
| | sel et poivre fraîchement moulu | |
| | tranches de baguette grillées | |

**1** Faire chauffer le beurre dans une casserole, à feu moyen. Ajouter les échalotes sèches, le cresson et le persil; faire cuire 2 minutes. Incorporer la farine et poursuivre la cuisson 30 secondes.

**2** Incorporer la crème, bien assaisonner et faire cuire 6 minutes, à feu doux. Ajouter la chair de homard, mélanger et poursuivre la cuisson 1 minute.

**3** Assaisonner de paprika, puis étaler le mélange sur le pain grillé. Disposer les tranches de pain garnies sur une plaque à pâtisserie et parsemer de chapelure. Faire griller 2 minutes au four à gril; servir.

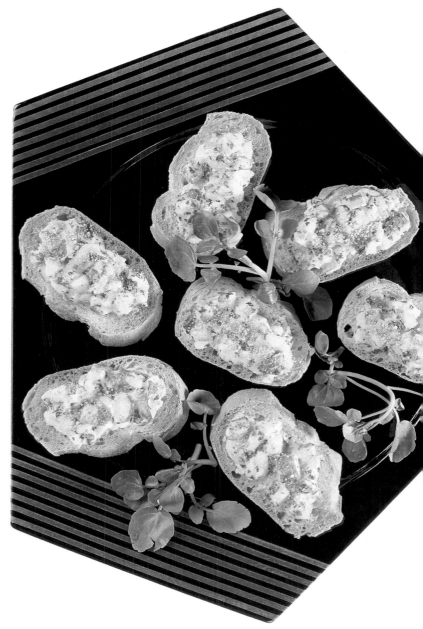

# CANAPÉS AUX ŒUFS
*(8 À 10 PORTIONS)*

| | | |
|---|---|---|
| 6 | gros œufs durs | 6 |
| 15 ml | moutarde forte | 1 c. à s. |
| 45 ml | mayonnaise | 3 c. à s. |
| 50 ml | poivron rouge haché | ¼ tasse |
| 1 | échalote sèche, épluchée et hachée | 1 |
| 15 ml | persil frais haché | 1 c. à s. |
| | jus de citron au goût | |
| | quelques gouttes de sauce Worcestershire | |
| | sel et poivre fraîchement moulu | |

**1** Écaler les œufs et les hacher. Dans un bol, bien mélanger avec la moutarde et la mayonnaise.

**2** Ajouter le reste des ingrédients et bien mélanger. Rectifier l'assaisonnement.

**3** Servir sur du pain grillé ou sur des craquelins.

# ENDIVES AU GORGONZOLA
*(4 À 6 PORTIONS)*

| | | |
|---|---|---|
| 175 g | fromage gorgonzola, émietté | 6 oz |
| 90 g | fromage à la crème, ramolli | 3 oz |
| 50 ml | pignons, grillés et broyés | ¼ tasse |
| | quelques gouttes de tabasco | |
| | poivre fraîchement moulu | |
| | feuilles d'endive | |

**1** Au robot culinaire, mélanger les fromages, les pignons et les assaisonnements afin d'obtenir une préparation crémeuse et bien homogène.

**2** Étaler de petites quantités de cette préparation sur les feuille d'endive et disposer sur un plateau. Servir avec un apéritif.

# Rouleaux au jambon et aux tomates séchées

*(4 à 6 portions)*

| | | |
|---|---|---|
| 75 ml | poivron rouge haché | ⅓ tasse |
| 15 ml | persil frais haché | 1 c. à s. |
| 75 ml | fromage à la crème ramolli | ⅓ tasse |
| 30 ml | tomates séchées hachées finement | 2 c. à s. |
| 12 | tranches fines de jambon cuit | 12 |
| | poivre fraîchement moulu | |
| | piment de Cayenne au goût | |
| | jus de citron | |

**1** Dans un bol, bien mélanger tous les ingrédients, sauf le jambon. Rectifier l'assaisonnement au besoin.

**2** Déposer les tranches de jambon à plat sur une surface de travail. Étaler la préparation au fromage sur chaque tranche, puis l'enrouler.

**3** Déposer les rouleaux au jambon dans une grande assiette, de façon à ce qu'ils ne se déroulent pas. Déposer une autre assiette par-dessus et réfrigérer 1 heure.

**4** Couper les rouleaux en deux et servir.

# Soupes

**U**ne soupe peut être copieuse et nourrissante,
ou encore légère et savoureuse, voire rafraîchissante
pour les jours de canicule.

Certaines peuvent tenir lieu de repas, d'autres feront
une entrée parfaite pour mettre en appétit.

Vous découvrirez, dans ce chapitre, des recettes pour tous
les goûts. N'hésitez surtout pas à y ajouter
votre petite touche personnelle !

# BOUILLON DE BŒUF MOYEN

| 1,4 kg | paleron de bœuf | 3 lb |
|---|---|---|
| 1 | os à moelle de bœuf | 1 |
| 3 litres | eau | 12 tasses |
| 3 | brins de persil frais | 3 |
| 1 | brin de thym frais | 1 |
| 1 | feuille de laurier | 1 |
| 4 | carottes, pelées | 4 |
| 1 | petit navet, pelé et coupé en 2 | 1 |
| 1 | gros blanc de poireau, lavé | 1 |
| 2 | oignons, épluchés, coupés en 2 et piqués de clous de girofle | 2 |
| 5 | feuilles de céleri | 5 |
| | sel et poivre fraîchement moulu | |

**1** Mettre la viande, l'os et l'eau dans une grande casserole. Amener à ébullition et laisser cuire 10 minutes; écumer. Retirer la viande et l'os et les mettre dans une autre casserole.

**2** Nouer ensemble les fines herbes et la feuille de laurier. Les mettre dans la casserole et ajouter les légumes et les feuilles de céleri. Couvrir d'eau et bien assaisonner. Amener à ébullition. Faire cuire 3 heures à feu très doux.

**3** Filtrer le bouillon dans une passoire tapissée d'une mousseline. Se garde jusqu'à 1 semaine au réfrigérateur et jusqu'à 3 mois au congélateur.

# BOUILLON DE POULET

| 2 | blancs de poireaux | 2 |
|---|---|---|
| 1,8 kg | poulet lavé, paré | 4 lb |
| 4 litres | eau froide | 16 tasses |
| 4 | carottes, pelées | 4 |
| 2 | branches de céleri, coupées en 2 | 2 |
| 2 | oignons, non épluchés et coupés en 4 | 2 |
| ½ | petit navet, pelé et coupé en cubes | ½ |
| 2 | brins de persil frais | 2 |
| 1 | brin de thym frais | 1 |
| 15 ml | basilic | 1 c. à s. |
| 2 | feuilles de laurier | 2 |
| 1 | clou de girofle | 1 |
| 5 ml | romarin | 1 c. à t. |
| | sel et poivre fraîchement moulu | |

**1** Fendre les poireaux en quatre, jusqu'à 2,5 cm (1 po) de la base. Bien les laver sous l'eau froide.

**2** Mettre le poulet et l'eau dans une grande casserole. Amener à ébullition et laisser cuire 2 minutes; écumer.

**3** Ajouter les légumes. Envelopper les fines herbes et les assaisonnements dans une mousseline et attacher avec une ficelle. Ajouter au liquide. Faire cuire 1½ heure à feu doux.

**4** Retirer le poulet de la casserole et le réserver pour une utilisation ultérieure. Baisser le feu sous la casserole. Ajouter 250 ml (1 tasse) d'eau froide au bouillon et laisser reposer 6 minutes.

**5** Filtrer dans une passoire tapissée d'une mousseline. Se garde jusqu'à 1 semaine au réfrigérateur et jusqu'à 3 mois au congélateur.

# SOUPE AUX TOMATES ET AUX OKRAS

*(4 À 6 PORTIONS)*

| | | |
|---|---|---|
| 1,4 kg | os de poulet, lavés | 3 lb |
| 2,5 litres | eau | 10 tasses |
| 2 | blancs de poireaux | 2 |
| 2 | oignons, épluchés et coupés en 8 | 2 |
| 2 | branches de céleri, hachées | 2 |
| 3 | tomates, pelées, épépinées et hachées | 3 |
| 500 ml | okras, cuits et tranchés | 2 tasses |
| 375 ml | riz cuit | 1 ½ tasse |
| 2 | tomates, pelées, épépinées et coupées en dés | 2 |
| 1 | branche de céleri, coupée en dés | 1 |
| | sel et poivre fraîchement moulu | |
| | piment de Cayenne au goût | |

**1** Mettre les os de poulet dans une grande casserole et ajouter l'eau. Amener à ébullition et faire cuire 6 minutes; écumer le liquide.

**2** Fendre les poireaux en quatre, jusqu'à 2,5 cm (1 po) de la base. Bien les laver.

**3** Dans la casserole, mettre les poireaux entiers, les oignons, les branches de céleri et les tomates hachées. Assaisonner de sel, de poivre et de piment de Cayenne. Faire cuire 1 heure à feu doux.

**4** Retirer les os de poulet et les jeter. Filtrer le contenu de la casserole à travers une passoire, puis mettre le bouillon dans une autre casserole.

**5** Ajouter au bouillon les okras, le riz, les tomates et le céleri coupés en dés. Rectifier l'assaisonnement et faire cuire 5 minutes, à feu doux.

# SOUPE AUX TOMATES
*(4 À 6 PORTIONS)*

| | | |
|---|---|---:|
| 1,25 litre | eau | 5 tasses |
| 6 | tomates | 6 |
| 50 ml | beurre | ¼ tasse |
| 1 | oignon espagnol, épluché et émincé | 1 |
| 1 | gousse d'ail, épluchée et tranchée | 1 |
| 75 ml | farine | 5 c. à s. |
| 1 | brin de thym frais | 1 |
| 2 | brins de persil frais | 2 |
| 2 | brins de basilic frais | 2 |
| 1 | feuille de laurier | 1 |
| 5 ml | sucre | 1 c. à t. |
| | sel et poivre fraîchement moulu | |
| | crème sure, pour garnir | |
| | ciboulette fraîche hachée | |

**1** Amener l'eau à ébullition. Y plonger les tomates jusqu'à ce que la peau commence à se détacher. Laisser refroidir, puis peler et couper en quartiers.

**2** Remettre les tomates dans l'eau bouillante. Saler et poivrer, puis faire cuire 15 minutes à feu doux.

**3** Faire chauffer le beurre dans une casserole, à feu moyen. Ajouter l'oignon et l'ail; faire cuire 15 minutes à feu doux.

**4** Saupoudrer de farine et bien mélanger. Faire cuire 2 minutes à feu doux.

**5** Mesurer 500 ml (2 tasses) du bouillon des tomates. Verser dans la casserole contenant l'oignon. Bien mélanger et faire cuire 1 minute.

**6** Verser le mélange à l'oignon dans la casserole contenant le reste du bouillon et les tomates. Bien mélanger. Ajouter les fines herbes, la feuille de laurier et le sucre; bien assaisonner. Faire cuire 30 minutes à feu doux.

**7** Passer la soupe. La servir avec des croûtons et de la ciboulette hachée.

*Déposer 3 gouttes de crème sure dans chaque bol rempli de soupe.*

*Placer la pointe d'un couteau devant la première goutte de crème sure.*

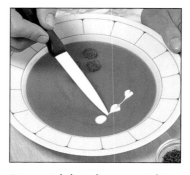

*Faire courir la lame d'une goutte à l'autre pour former des cœurs.*

*Garnir de croûtons et de ciboulette hachée.*

# POTAGE SAINT-GERMAIN

*(4 à 6 PORTIONS)*

| | | |
|---|---|---|
| 375 ml | pois cassés verts | 1 ½ tasse |
| 1 | oignon, épluché et coupé en dés | 1 |
| 1 | grosse carotte, pelée et coupée en dés | 1 |
| 1 | branche de céleri, coupée en dés | 1 |
| 2 | gousses d'ail, épluchées | 2 |
| 1 ml | thym | ¼ c. à t. |
| 15 ml | cerfeuil | 1 c. à s. |
| 15 ml | estragon | 1 c. à s. |
| 1 | feuille de laurier | 1 |
| 250 ml | petits pois surgelés | 1 tasse |
| 30 ml | cerfeuil frais haché | 2 c. à s. |
| 125 ml | crème à 35 % | ½ tasse |
| 375 ml | petits croûtons | 1 ½ tasse |
| | sel et poivre fraîchement moulu | |
| | piment de Cayenne au goût | |

**1** Faire tremper les pois cassés pendant 8 heures dans de l'eau froide. Bien égoutter.

**2** Mettre les pois cassés dans une casserole et couvrir d'eau. Amener à ébullition et faire cuire 5 minutes; écumer. Égoutter et remettre dans la casserole.

**3** Ajouter l'oignon, la carotte, le céleri et l'ail. Envelopper les fines herbes dans une mousseline attachée avec une ficelle et mettre dans la casserole. Ajouter suffisamment d'eau pour recouvrir les pois cassés de 5 cm (2 po). Amener à ébullition et faire cuire 40 minutes à feu doux. Ajouter de l'eau, au besoin.

**4** Réduire en purée au robot culinaire. Verser dans une casserole.

**5** Ajouter les petits pois, le cerfeuil et la crème. Bien mélanger et assaisonner de sel, de poivre et de piment de Cayenne. Faire réchauffer à feu doux. Servir avec des croûtons.

# Soupe à l'oignon gratinée

*(4 à 6 PORTIONS)*

| | | |
|---|---|---|
| 45 ml | beurre | 3 c. à s. |
| 3 | oignons espagnols, épluchés et tranchés | 3 |
| 250 ml | vin blanc sec | 1 tasse |
| 1,8 litre | bouillon de bœuf, chaud (voir p. 24) | 7 tasses |
| 1 | brin de thym frais | 1 |
| 1 | brin de basilic frais | 1 |
| 1 | brin de persil frais | 1 |
| 2 | feuilles de laurier | 2 |
| 375 ml | gruyère râpé | 1½ tasse |
| | tranches épaisses de pain français | |
| | sel et poivre fraîchement moulu | |

**1** Retirer la croûte du pain et tailler les tranches aux dimensions des bols à soupe. Faire griller et réserver.

**2** Faire chauffer le beurre dans une poêle, à feu moyen. Ajouter les oignons et faire cuire 35 minutes, à feu doux. Remuer de temps à autre pendant la cuisson. Les oignons devraient être brunis et ramollis, sans être brûlés.

**3** Mouiller avec le vin. Poursuivre la cuisson à découvert, 6 minutes.

**4** Ajouter le bouillon de bœuf. Envelopper les fines herbes et les feuilles de laurier dans une mousseline nouée avec une ficelle et mettre dans la soupe. Bien saler et poivrer. Faire cuire 30 minutes, à feu doux.

**5** Mettre 15 ml (1 c. à s.) de fromage dans chaque bol à soupe allant au four. Placer les bols sur une plaque à pâtisserie. Les remplir de soupe et garnir de pain grillé, puis de fromage.

**6** Faire gratiner au milieu d'un four préchauffé à gril, 15 minutes ou jusqu'à ce que le fromage soit doré. Servir.

# Soupe aux légumes gratinée

*(4 PORTIONS)*

| | | |
|---|---|---|
| 30 ml | beurre | 2 c. à s. |
| 1 | oignon, épluché et émincé | 1 |
| 1 | laitue Boston, lavée et ciselée | 1 |
| 15 ml | persil frais haché | 1 c. à s. |
| 15 ml | basilic frais haché | 1 c. à s. |
| 500 ml | petits pois surgelés | 2 tasses |
| 1,2 litre | bouillon de poulet, chaud (voir p. 24) | 5 tasses |
| 4 | tranches de pain français, aux dimensions des bols à soupe | 4 |
| 250 ml | gruyère râpé | 1 tasse |
| | sel et poivre fraîchement moulu | |

**1** Faire chauffer le beurre dans une casserole, à feu moyen. Ajouter l'oignon, couvrir et faire cuire 2 minutes, à feu doux. Ajouter la laitue et les assaisonnements. Couvrir et poursuivre la cuisson 8 minutes.

**2** Ajouter les petits pois et mouiller avec le bouillon de poulet. Bien assaisonner et faire cuire à découvert 10 minutes, à feu moyen.

**3** Verser la soupe dans des bols allant au four et garnir d'une tranche de pain. Parsemer de fromage râpé et faire gratiner au four 6 minutes, ou jusqu'à ce que le fromage soit doré. Servir.

# SOUPE AU BŒUF ET AUX LÉGUMES

*(6 À 8 PORTIONS)*

| 1,4 kg | palette de bœuf désossée | 3 lb |
|---|---|---|
| 2,5 litres | eau | 10 tasses |
| 4 | blancs de poireaux | 4 |
| 2 | branches de céleri, coupées en 2 | 2 |
| 8 | oignons verts | 8 |
| 4 | carottes, pelées | 4 |
| 4 | pommes de terre, épluchées | 4 |
| 1 | navet, pelé et coupé en 4 | 1 |
| 1 | chou, coupé en 4 | 1 |
| 1 | gousse d'ail | 1 |
| | fines herbes fraîches (thym, persil, romarin, estragon, etc.) | |
| | sel et poivre fraîchement moulu | |

**1** Mettre la viande dans une casserole et ajouter l'eau. Amener à ébullition et faire cuire 10 minutes; écumer.

**2** Fendre les poireaux en quatre jusqu'à 2,5 cm (1 po) de la base. Bien les laver à l'eau froide et les nouer ensemble.

**3** Nouer séparément les branches de céleri et les oignons verts. Ajouter à la soupe avec les poireaux. Ajouter le reste des légumes et l'ail.

**4** Envelopper les fines herbes dans une mousseline nouée avec une ficelle. Ajouter à la soupe. Bien saler et poivrer.

**5** Faire cuire la soupe 3 heures, à feu doux. Retirer les légumes dès qu'ils sont cuits. Couvrir les légumes cuits d'un peu de liquide de cuisson pour les garder au chaud.

**6** Lorsque la viande est cuite, la détailler en morceaux et la répartir entre les bols. Ajouter les légumes et couvrir de bouillon.

# Soupe créole au poulet

*(6 à 8 portions)*

| | | |
|---|---|---|
| 45 ml | beurre | 3 c. à s. |
| 1 | oignon, épluché et haché | 1 |
| 1 | branche de céleri, coupée en dés | 1 |
| 1 | blanc de poireau, lavé et émincé | 1 |
| 1 | poivron vert, coupé en dés | 1 |
| 1 | poivron rouge, coupé en dés | 1 |
| 125 ml | jambon cuit, coupé en dés | ½ tasse |
| 1 | cuisse de poulet, sans la peau, désossée, la chair coupée en dés | 1 |
| 1,2 litre | bouillon de poulet, chaud (voir p. 24) | 5 tasses |
| 50 ml | riz, rincé | ¼ tasse |
| 8 | gombos | 8 |
| 2 | tomates, épluchées, épépinées, coupées en dés | 2 |
| | sel et poivre fraîchement moulu | |

**1** Faire fondre le beurre dans une casserole, à feu moyen. Ajouter l'oignon, le céleri, le poireau et les poivrons. Couvrir et faire cuire 8 minutes, à feu doux. Incorporer le jambon et le poulet. Faire cuire 4 minutes, à découvert.

**2** Ajouter le bouillon de poulet et bien assaisonner. Faire cuire à découvert 20 minutes, à feu doux. Ajouter le riz et poursuivre la cuisson 15 minutes.

**3** Ajouter les gombos et les tomates; poursuivre la cuisson 5 minutes. Servir avec du pain à l'ail.

# VICHYSSOISE
*(4 À 6 PORTIONS)*

| | | |
|---|---|---|
| 3 | blancs de poireaux | 3 |
| 45 ml | beurre | 3 c. à s. |
| 2 | oignons, épluchés et émincés | 2 |
| 4 | grosses pommes de terre, épluchées et tranchées | 4 |
| 750 ml | bouillon de poulet, chaud (voir p. 24) | 3 tasses |
| 15 ml | basilic frais haché | 1 c. à s. |
| 15 ml | cerfeuil frais haché | 1 c. à s. |
| 250 ml | lait, chaud | 1 tasse |
| 125 ml | crème à 35 % | ½ tasse |
| | sel et poivre fraîchement moulu | |
| | piment de Cayenne, au goût | |
| | ciboulette fraîche hachée | |

**1** Fendre les poireaux en quatre, jusqu'à 2,5 cm (1 po) de la base. Bien les laver à l'eau froide et les trancher finement.

**2** Faire chauffer le beurre dans une grande casserole, à feu moyen. Ajouter les poireaux et les oignons; bien assaisonner. Couvrir et faire cuire 10 minutes, à feu doux.

**3** Ajouter les pommes de terre, le bouillon de poulet, le basilic et le cerfeuil. Poursuivre la cuisson 20 minutes.

**4** Réduire la soupe en purée au mélangeur, puis la verser dans une casserole. Incorporer le lait et faire cuire 2 à 3 minutes, à feu doux.

**5** Incorporer la crème et laisser refroidir. Réfrigérer au moins 3 heures. Garnir de ciboulette hachée et servir.

*Trancher finement les poireaux.*

*Faire cuire les poireaux et les oignons 10 minutes, à feu doux.*

*Ajouter les pommes de terre, le bouillon de poulet, le basilic et le cerfeuil. Poursuivre la cuisson 20 minutes.*

*Verser la soupe dans une casserole. Incorporer le lait et faire cuire 2 à 3 minutes, à feu doux.*

# SOUPE FROIDE AUX AVOCATS ET AU CITRON

*(4 PORTIONS)*

| | | |
|---|---|---|
| 2 | avocats, pelés et tranchés | 2 |
| 30 ml | oignons verts hachés | 2 c. à s. |
| 5 ml | persil frais haché | I c. à t. |
| 5 ml | poudre de curry | I c. à t. |
| 750 ml | bouillon de poulet, chaud (voir p. 24) | 3 tasses |
| 30 ml | yogourt nature | 2 c. à s. |
| | quelques gouttes de tabasco | |
| | quelques gouttes de jus de citron | |
| | sel et poivre fraîchement moulu | |
| | crème sure (facultatif) | |

**1** Au robot culinaire, mélanger 1 minute tous les ingrédients, sauf le bouillon de poulet, le yogourt et la crème sure.

**2** Verser le mélange dans un bol et bien incorporer le bouillon de poulet chaud, puis le yogourt. Rectifier l'assaisonnement.

**3** Faire refroidir 3 heures. Garnir de crème sure, si désiré, et servir.

# CRÈME DE CRESSON

*(4 PORTIONS)*

| | | |
|---|---|---|
| 60 ml | beurre | 4 c. à s. |
| 2 | bottes de cresson, lavé et haché | 2 |
| 1 | échalote sèche, épluchée et hachée | 1 |
| 75 ml | farine | 5 c. à s. |
| 1,2 litre | bouillon de poulet, chaud (voir p. 24) | 5 tasses |
| 50 ml | crème à 35 % (facultatif) | ¼ tasse |
| | sel et poivre fraîchement moulu | |
| | piment de Cayenne au goût | |

**1** Faire chauffer le beurre dans une casserole, à feu moyen. Ajouter le cresson, l'échalote sèche et bien assaisonner. Couvrir et faire cuire 15 minutes, à feu doux.

**2** Saupoudrer de farine et bien mélanger. Faire cuire 1 minute à découvert. À l'aide d'un fouet, incorporer le bouillon de poulet. Rectifier l'assaisonnement et faire cuire 25 minutes à découvert, à feu doux.

**3** Passer la soupe au moulin à légumes et incorporer la crème, si désiré. Assaisonner et servir. Garnir de ciboulette hachée et d'oignons verts émincés, si désiré.

# Velouté aux fruits de mer

*(4 PORTIONS)*

| | | |
|---|---|---|
| 450 g | crevettes fraîches, décortiquées et déveinées | 1 lb |
| 75 ml | beurre | 5 c. à s. |
| 2 | grosses échalotes sèches, épluchées et hachées | 2 |
| 1 | poivron rouge, coupé en dés | 1 |
| 1 ml | graines d'aneth | ¼ c. à t. |
| 5 ml | cerfeuil | 1 c. à t. |
| 75 ml | farine | ⅓ tasse |
| 500 ml | jus de palourde | 2 tasses |
| 750 ml | lait, chaud | 3 tasses |
| 1 | pincée de paprika | 1 |
| 1 | pincée de piment de Cayenne | 1 |
| | sel et poivre fraîchement moulu | |

**1** Réserver 6 crevettes entières et hacher les autres.

**2** Dans une casserole, faire chauffer le beurre, à feu moyen. Ajouter les crevettes hachées, les échalotes sèches, le poivron et tous les assaisonnements. Couvrir et faire cuire 8 minutes, à feu doux.

**3** Saupoudrer de farine et bien mélanger. Faire cuire 1 minute, à découvert. Incorporer le jus de palourde et le lait chaud. Rectifier l'assaisonnement et faire cuire 20 minutes, à feu doux.

**4** Passer au moulin à légumes, puis verser dans une autre casserole. Faire mijoter à feu doux.

**5** Détailler en dés les crevettes réservées. Faire cuire 1 minute dans de l'eau citronnée. Ajouter à la soupe, laisser mijoter 1 minute et servir.

# POTAGE AUX PÉTONCLES ET AUX CHAMPIGNONS

*(4 PORTIONS)*

| | | |
|---|---|---:|
| 15 ml | beurre | 1 c. à s. |
| 450 g | pétoncles frais, nettoyés | 1 lb |
| 225 g | champignons frais, nettoyés et tranchés | ½ lb |
| 4 | oignons verts, hachés | 4 |
| 250 ml | vin blanc sec | 1 tasse |
| 750 ml | eau | 3 tasses |
| 2 ml | aneth | ½ c. à t. |
| 15 ml | persil frais haché | 1 c. à s. |
| 90 g | nouilles chinoises | 3 oz |
| | sel et poivre fraîchement moulu | |
| | piment de Cayenne au goût | |

**1** Graisser une casserole avec du beurre. Ajouter les pétoncles, les champignons et les oignons. Mouiller avec le vin et l'eau. Ajouter tous les assaisonnements. Couvrir d'une pellicule de plastique et amener au point d'ébullition, à feu moyen.

**2** Dès que le liquide commence à bouillir, retirer la casserole du feu. À l'aide d'une écumoire, retirer les pétoncles, les mettre dans un bol et réserver.

**3** Remettre la casserole sur feu moyen. Poursuivre la cuisson 10 minutes.

**4** Ajouter les nouilles et faire cuire 5 minutes.

**5** Lorsque les nouilles sont cuites, remettre les pétoncles dans la casserole. Laisser mijoter 3 minutes, à feu doux. Assaisonner et servir.

# SOUPE AUX TOMATES, AUX CHAMPIGNONS ET AUX COURGETTES

*(4 À 6 PORTIONS)*

| | | |
|---|---|---|
| 45 ml | beurre | 3 c. à s. |
| 2 | grosses pommes de terre, épluchées et coupées en julienne | 2 |
| 2 | courgettes, coupées en julienne | 2 |
| 225 g | champignons frais, nettoyés et tranchés | ½ lb |
| 3 | tomates, pelées, épépinées et hachées | 3 |
| 3 | oignons verts, hachés | 3 |
| 15 ml | basilic frais haché | 1 c. à s. |
| 1,5 litre | bouillon de poulet, chaud (voir p. 24) | 6 tasses |
| 20 ml | crème sure | 4 c. à t. |
| | sel et poivre fraîchement moulu | |
| | piment de Cayenne au goût | |

**1** Faire chauffer le beurre dans une casserole, à feu moyen. Ajouter les pommes de terre et les courgettes; bien assaisonner. Couvrir et faire cuire 6 minutes.

**2** Ajouter le reste des légumes et tous les assaisonnements. Couvrir et poursuivre la cuisson 8 minutes.

**3** Mouiller avec le bouillon de poulet et faire cuire à découvert 4 minutes, à feu doux.

**4** Servir avec la crème sure.

# MINESTRONE À LA MILANAISE

*(4 À 6 PORTIONS)*

| 250 ml | haricots blancs secs | 1 tasse |
|---|---|---|
| 30 g | lard salé, coupé en dés | 1 oz |
| 1 | oignon, épluché et haché | 1 |
| 1 | courgette, coupée en dés | 1 |
| 2 | tomates, pelées, épépinées et hachées | 2 |
| 2 | pommes de terre, épluchées et coupées en dés | 2 |
| 500 ml | chou, émincé | 2 tasses |
| 50 ml | riz, rincé | ¼ tasse |
| 2 | gousses d'ail, épluchées, écrasées et hachées | 2 |
| 30 ml | basilic frais haché | 2 c. à s. |
| 125 ml | parmesan râpé | ½ tasse |
| | sel et poivre fraîchement moulu | |

**1** Faire tremper les haricots 8 heures dans de l'eau froide. Égoutter.

**2** Mettre les haricots dans une grande casserole. Ajouter suffisamment d'eau pour les couvrir et saler. Amener à ébullition et écumer pendant la cuisson. Baisser le feu à doux et faire cuire 1½ heure. Ajouter de l'eau au besoin, pour garder les haricots immergés.

**3** Mettre le lard salé dans une poêle, à feu moyen. Ajouter l'oignon et la courgette; faire cuire 7 minutes. Ajouter le reste des légumes, bien assaisonner et faire cuire 4 minutes.

**4** Ajouter les légumes aux haricots dans la casserole. Poursuivre la cuisson 1 heure 10 minutes, à feu doux. Ajouter de l'eau au besoin, pour garder les ingrédients immergés.

**5** Ajouter le riz, l'ail et le basilic. Assaisonner généreusement et faire cuire 20 minutes.

**6** Ajouter le fromage, assaisonner et servir.

*Mettre les haricots dans une grande casserole. Ajouter suffisamment d'eau pour les couvrir et saler. Amener à ébullition et écumer pendant la cuisson.*

*Au mélange lard salé, oignon et courgette, ajouter le reste des légumes, bien assaisonner et faire cuire 4 minutes.*

*Ajouter les légumes aux haricots dans la casserole. Poursuivre la cuisson 1 heure 10 minutes, à feu doux.*

*Ajouter le riz, l'ail et le basilic. Assaisonner généreusement et faire cuire 20 minutes.*

# CHAUDRÉE DE PALOURDES MANHATTAN
*(4 À 6 PORTIONS)*

| | | |
|---|---|---|
| 40 | palourdes fraîches, grattées | 40 |
| 500 ml | eau | 2 tasses |
| 45 ml | beurre | 3 c. à s. |
| 1 | oignon, épluché et haché finement | 1 |
| 1 | branche de céleri, coupée en dés | 1 |
| 1 | poivron jaune, coupé en dés | 1 |
| 1 | poivron vert, coupé en dés | 1 |
| 1 | blanc de poireau lavé et tranché | 1 |
| 3 | tomates, pelées, épépinées et hachées | 3 |
| 2 | gousses d'ail, épluchées, écrasées et hachées | 2 |
| 2 | grosses pommes de terre, épluchées et coupées en dés | 2 |
| 500 ml | jus de palourde | 2 tasses |
| | fines herbes fraîches (thym, persil, romarin, estragon, etc.) | |
| | sel et poivre fraîchement moulu | |
| | quelques gouttes de tabasco | |

**1** Mettre les palourdes et l'eau dans une casserole. Couvrir et faire cuire 6 minutes ou jusqu'à ce qu'elles soient ouvertes. Jeter toutes celles qui sont restées fermées. Remuer une ou deux fois pendant la cuisson.

**2** Retirer les palourdes et les écailler. Réserver. Filtrer le liquide de cuisson et réserver.

**3** Faire chauffer le beurre dans une casserole, à feu moyen. Ajouter l'oignon, le céleri, les poivrons et le poireau. Assaisonner et faire cuire 8 minutes.

**4** Ajouter les tomates et l'ail. Monter le feu à vif et faire cuire 4 minutes. Incorporer les pommes de terre, le jus de cuisson réservé et celui des palourdes. Saler et poivrer.

**5** Envelopper les fines herbes dans une mousseline nouée avec une ficelle. Mettre dans la casserole. Faire cuire la soupe à découvert 30 minutes, à feu doux.

**6** Hacher les palourdes. Les ajouter à la soupe, assaisonner d'un peu de tabasco, laisser mijoter 3 minutes et servir.

# SOUPE AUX LENTILLES ET AUX TOMATES

*(4 À 6 PORTIONS)*

| | | |
|---|---|---|
| 15 ml | huile d'olive | 1 c. à s. |
| 2 | petites côtelettes de porc fumé, coupées en dés | 2 |
| 1 | oignon, épluché et coupé en dés | 1 |
| ½ | branche de céleri, coupée en dés | ½ |
| 1 | gousse d'ail, épluchée, écrasée et hachée | 1 |
| 3 | tomates, pelées, épépinées et hachées | 3 |
| 375 ml | lentilles sèches, rincées | 1½ tasse |
| 1,5 litre | bouillon de poulet, chaud (voir p. 24) | 6 tasses |
| 2 | brins de persil frais | 2 |
| 1 | feuille de laurier | 1 |
| 1 ml | thym | ¼ c. à t. |
| 15 ml | basilic frais haché | 1 c. à s. |
| 2 ml | marjolaine | ½ c. à t. |
| | sel et poivre fraîchement moulu | |

**1** Faire chauffer l'huile dans une casserole, à feu moyen. Ajouter le porc, l'oignon, le céleri et l'ail. Faire cuire 4 minutes à feu doux.

**2** Ajouter les tomates, bien assaisonner et poursuivre la cuisson 4 minutes.

**3** Incorporer les lentilles et le bouillon de poulet.

**4** Envelopper tous les assaisonnements dans une mousseline nouée avec une ficelle. Ajouter à la soupe.

**5** Amener à ébullition et faire cuire 1½ heure, à feu doux. Ajouter du liquide si nécessaire, pour maintenir les lentilles immergées.

**6** Servir avec des croûtons, si désiré.

*Faire cuire le porc, l'oignon, le céleri et l'ail 4 minutes, à feu doux.*

*Ajouter les tomates, bien assaisonner et poursuivre la cuisson 4 minutes.*

*Incorporer les lentilles et le bouillon de poulet.*

*Envelopper tous les assaisonnements dans une mousseline nouée avec une ficelle. Ajouter à la soupe.*

# Salades

Les salades, si agréables à l'œil, ajoutent toujours une note de fraîcheur aux repas. Elles peuvent aussi bien être servies tant en entrée qu'en accompagnement ou en plat de résistance.

Dans ce chapitre, vous découvrirez des combinaisons quelque peu inusitées qui vous inspireront sûrement et vous donneront envie de créer vos propres salades.

# SALADE GRECQUE

*(4 À 6 PORTIONS)*

| | | |
|---|---|---|
| 1 | grosse laitue romaine, lavée et essorée | 1 |
| 1 | laitue en feuilles rouge, lavée et essorée | 1 |
| 1 | petit oignon rouge, épluché et coupé en rondelles | 1 |
| 1 | poivron vert, tranché finement | 1 |
| 1 | poivron rouge, tranché finement | 1 |
| 2 | tomates, coupées en quartiers | 2 |
| 125 ml | olives grecques | ½ tasse |
| 250 ml | fromage feta, coupé en cubes | 1 tasse |
| 30 ml | vinaigre de vin | 2 c. à s. |
| 30 ml | jus de citron | 2 c. à s. |
| 2 | gousses d'ail, épluchées, écrasées et hachées | 2 |
| 5 ml | origan séché | 1 c. à thé |
| 75 ml | huile d'olive | ⅓ tasse |
| | sel et poivre fraîchement moulu | |
| | fines herbes de saison | |

**1** Déchiqueter les feuilles des laitues et les mettre dans un grand bol. Ajouter l'oignon, les poivrons, les tomates, les olives et le fromage. Saler et poivrer.

**2** Dans un petit bol, mélanger le vinaigre, le jus de citron, l'ail et l'origan. Saler et poivrer. Incorporer l'huile en fouettant.

**3** Verser la vinaigrette sur la salade, bien mélanger et garnir de fines herbes fraîches, si désiré.

# Salade printanière, sauce au citron

*(4 à 6 portions)*

| | | |
|---|---|---|
| 1 | laitue romaine, lavée et essorée | 1 |
| 1 | laitue en feuilles, lavée et essorée | 1 |
| 225 g | champignons frais*, nettoyés, tranchés et blanchis | ½ lb |
| 350 g | asperges fraîches, cuites et coupées en morceaux de 2,5 cm (1 po) | ¾ lb |
| 12 | radis, lavés et coupés en quartiers | 12 |
| 50 ml | crème à 35 % | ¼ tasse |
| 30 ml | mayonnaise | 2 c. à s. |
| 2 ml | moutarde forte | ½ c. à t. |
| 5 ml | zeste de citron râpé | 1 c. à t. |
| | sel et poivre fraîchement moulu | |
| | jus de 1 citron | |

**1** Déchiqueter les feuilles des laitues et les mettre dans un grand bol. Ajouter les champignons, les asperges et les radis. Bien assaisonner.

**2** Dans un petit bol, mélanger la crème, la mayonnaise et la moutarde. Bien assaisonner. Ajouter le zeste et le jus de citron; mélanger de nouveau.

**3** Verser la sauce sur la salade et mélanger. Rectifier l'assaisonnement, garnir de tranches d'œufs durs, si désiré, et servir.

\* *Utilisez les champignons de saison : champignons de Paris, pleurotes, bolets, etc.*

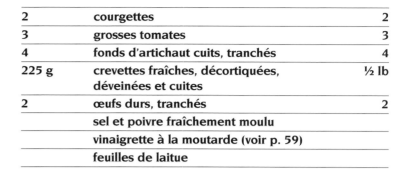

# SALADE BRETONNE
### (4 À 6 PORTIONS)

| 2 | courgettes | 2 |
|---|---|---|
| 3 | grosses tomates | 3 |
| 4 | fonds d'artichaut cuits, tranchés | 4 |
| 225 g | crevettes fraîches, décortiquées, déveinées et cuites | ½ lb |
| 2 | œufs durs, tranchés | 2 |
| | sel et poivre fraîchement moulu | |
| | vinaigrette à la moutarde (voir p. 59) | |
| | feuilles de laitue | |

*Décortiquer les crevettes.*

*Avec un couteau bien aiguisé, les fendre pour exposer la veine.*

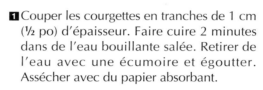

*Retirer la veine.*

**1** Couper les courgettes en tranches de 1 cm (½ po) d'épaisseur. Faire cuire 2 minutes dans de l'eau bouillante salée. Retirer de l'eau avec une écumoire et égoutter. Assécher avec du papier absorbant.

**2** Plonger les tomates dans de l'eau bouillante et les y laisser juste assez pour que la peau se détache. Retirer, laisser refroidir et peler. Couper la chair en quartiers.

**3** Mettre tous les légumes et les crevettes dans un grand bol; bien assaisonner. Arroser de vinaigrette et bien mélanger. Rectifier l'assaisonnement.

**4** Servir sur des feuilles de laitue et garnir de tranches d'œufs durs.

# SALADE VERTE

*(6 PORTIONS)*

| | | |
|---|---|---|
| 1 | petite laitue Boston | 1 |
| 1 | petite laitue en feuilles | 1 |
| 2 | endives, parées | 2 |
| 1 | petite trévise | 1 |
| 1 | gousse d'ail, épluchée et coupée en 2 | 1 |
| 45 ml | huile d'olive | 3 c. à s. |
| 30 ml | jus de citron | 2 c. à s. |
| 5 ml | moutarde forte | 1 c. à t. |
| 15 ml | persil frais haché | 1 c. à s. |
| | sel et poivre fraîchement moulu | |

**1** Laver les laitues à l'eau froide et bien les essorer.

**2** Avec le côté coupé de la gousse d'ail, frotter les parois d'un grand bol en bois. Déchiqueter les feuilles des laitues et les mettre dans le bol. Saler et poivrer.

**3** Dans un petit bol, mélanger l'huile, le jus de citron et la moutarde. Bien assaisonner et ajouter le persil. Mélanger en fouettant et verser sur la salade. Remuer, rectifier l'assaisonnement et servir.

# SALADE DE HARICOTS NOIRS

*(4 PORTIONS)*

| | | |
|---|---|---|
| 500 ml | haricots noirs, cuits | 2 tasses |
| ½ | oignon rouge, épluché et haché | ½ |
| 1 | branche de céleri, coupée en dés | 1 |
| 2 | tomates, pelées, épépinées et hachées | 2 |
| 2 | gousses d'ail, épluchées, écrasées et hachées | 2 |
| 15 ml | persil frais haché | 1 c. à s. |
| 45 ml | vinaigre balsamique | 3 c. à s. |
| 90 ml | huile d'olive | 6 c. à s. |
| 15 ml | moutarde à l'ancienne | 1 c. à s. |
| | sel et poivre fraîchement moulu | |

**1** Mettre les haricots et les légumes dans un bol. Ajouter l'ail, le persil et le vinaigre; bien mélanger.

**2** Ajouter le reste des ingrédients et mélanger de nouveau. Rectifier l'assaisonnement, couvrir et laisser mariner 30 minutes au réfrigérateur avant de servir.

# SALADE TIÈDE DE PÉTONCLES ET DE CREVETTES

*(4 PORTIONS)*

| | | |
|---|---|---|
| 4 | gousses d'ail, épluchées, écrasées et en purée | 4 |
| 2 | filets d'anchois, égouttés et en purée | 2 |
| 75 ml | huile d'olive | ⅓ tasse |
| 12 | crevettes fraîches, décortiquées, déveinées et coupées en 2 | 12 |
| 250 ml | croûtons | 1 tasse |
| 12 | gros pétoncles frais, nettoyés et coupés en 2 | 12 |
| 1 | grosse laitue romaine, lavée et essorée | 1 |
| 45 ml | parmesan râpé | 3 c. à s. |
| | jus de 1 citron | |
| | sel et poivre fraîchement moulu | |

**1** Dans un bol, mélanger la moitié de l'ail en purée et les anchois. Ajouter le jus de citron et mélanger. Incorporer la moitié de l'huile, assaisonner et bien mélanger. Réserver.

**2** Faire chauffer le reste de l'huile dans une poêle, à feu moyen. Ajouter les crevettes et les croûtons; faire revenir 2 minutes. Ajouter les pétoncles et le reste de l'ail; poursuivre la cuisson 3 minutes.

**3** Entre-temps, déchiqueter les feuilles de laitue et les mettre dans un grand bol. Ajouter le mélange aux crevettes et aux pétoncles. Arroser de vinaigrette au citron et bien mélanger.

**4** Assaisonner, parsemer de fromage et servir.

# SALADE DE POMMES DE TERRE AUX POMMES

*(4 À 6 PORTIONS)*

| | | |
|---|---|---|
| 2 | œufs durs | 2 |
| 15 ml | moutarde forte | 1 c. à s. |
| 1 | échalote sèche, épluchée et hachée | 1 |
| 45 ml | vinaigre de vin | 3 c. à s. |
| 75 ml | huile d'olive | 5 c. à s. |
| 500 ml | pommes de terre cuites, en dés | 2 tasses |
| 500 ml | pommes pelées, en dés | 2 tasses |
| 3 | cornichons, coupés en julienne | 3 |
| 15 ml | persil frais haché | 1 c. à s. |
| | sel et poivre fraîchement moulu | |

**1** Trancher les œufs durs en deux et mettre les jaunes dans un bol. Hacher les blancs.

**2** Écraser les jaunes avec une cuillère. Incorporer la moutarde, l'échalote et le vinaigre, puis ajouter l'huile. Bien mélanger. Saler et poivrer.

**3** Mettre les pommes de terre, les pommes et les cornichons dans un autre bol. Bien incorporer la sauce aux œufs. Ajouter le persil, assaisonner et mélanger.

**4** Servir sur des feuilles de laitue. Garnir des blancs d'œufs hachés.

# SALADE ESTIVALE DE LÉGUMES

*(4 À 6 PORTIONS)*

| | | |
|---|---|---|
| 1 | petit brocoli, en bouquets | 1 |
| 1 | petit chou-fleur, en bouquets | 1 |
| 225 g | haricots verts, parés | ½ lb |
| 1 | botte d'asperges, parées | 1 |
| 1 | carotte, pelée et tranchée | 1 |
| 75 ml | mayonnaise | ⅓ tasse |
| 50 ml | sauce ranch (voir p. 61) | ¼ tasse |
| 10 | tranches de salami, coupées en julienne | 10 |
| 15 ml | basilic frais haché | 1 c. à s. |
| 15 ml | estragon frais haché | 1 c. à s. |
| | sel et poivre fraîchement moulu | |

**1** Blanchir les légumes individuellement, dans de l'eau bouillante salée, jusqu'à ce qu'ils soient tendres. Bien égoutter.

**2** Mettre les légumes blanchis dans un grand bol et bien assaisonner. Ajouter la mayonnaise et la sauce ranch; bien mélanger.

**3** Ajouter le salami et les fines herbes. Mélanger légèrement et servir.

# SALADE JULIENNE

*(4 À 6 PORTIONS)*

| | | |
|---|---|---|
| 1 | petite laitue romaine, lavée et essorée | 1 |
| 1 | laitue Boston, lavée et essorée | 1 |
| 3 | betteraves, bouillies et pelées | 3 |
| 1 | branche de céleri | 1 |
| 4 | oignons verts | 4 |
| 2 | petites tomates, coupées en quartiers | 2 |
| 15 ml | basilic frais haché | 1 c. à s. |
| 15 ml | persil frais haché | 1 c. à s. |
| 125 ml | vinaigrette à la moutarde (voir p. 59) | ½ tasse |
| | sel et poivre fraîchement moulu | |

**1** Déchiqueter les feuilles des laitues et les disposer dans les assiettes.

**2** Couper les betteraves, le céleri et les oignons verts en julienne. Mettre dans un grand bol, ajouter les fines herbes, saler et poivrer. Ajouter la vinaigrette et bien mélanger.

**3** Dresser les légumes au milieu de la laitue. Garnir de quartiers de tomates.

**4** Parsemer de feuilles de basilic frais, si désiré, et servir immédiatement.

# Salade Niçoise

*(4 à 6 portions)*

| | | |
|---|---|---|
| 1 | laitue Boston, lavée et essorée | 1 |
| 225 g | haricots verts, parés et blanchis | ½ lb |
| 1 | poivron vert, tranché finement | 1 |
| 1 | poivron jaune, tranché finement | 1 |
| 2 | tomates, pelées et coupées en petits quartiers | 2 |
| 1 | petit oignon rouge, épluché et coupé en rondelles | 1 |
| 175 ml | thon en morceaux | ¾ tasse |
| 50 ml | olives noires dénoyautées | ¼ tasse |
| 50 ml | vinaigrette de base (voir p. 58) | ¼ tasse |
| 5 | filets d'anchois, égouttés et hachés | 5 |
| 3 | œufs durs, coupés en quartiers | 3 |
| | jus de 1 citron | |
| | sel et poivre fraîchement moulu | |

**1** Déchiqueter les feuilles de laitue et les mettre dans un grand bol. Ajouter un peu de jus de citron, remuer et réserver.

**2** Mettre les légumes, le thon et les olives dans un autre bol. Bien assaisonner et bien incorporer la vinaigrette.

**3** Déposer le mélange sur les feuilles de laitue. Garnir d'anchois et d'œufs durs. Ajouter du jus de citron, au goût, et servir.

# SALADE DE FRUITS DE MER

*(4 PORTIONS)*

| | | |
|---|---|---|
| 1 | laitue Boston, lavée et essorée | 1 |
| 2 | tomates, pelées, épépinées et coupées en dés | 2 |
| 1 | pomme, évidée, pelée et coupée en dés | 1 |
| 1 | concombre, pelé, épépiné et coupé en dés | 1 |
| 375 ml | chair de crabe cuite | 1 ½ tasse |
| 6 | crevettes fraîches, cuites | 6 |
| 50 ml | mayonnaise | ¼ tasse |
| 30 ml | crème sure | 2 c. à s. |
| 15 ml | ciboulette fraîche hachée | 1 c. à s. |
| | sel et poivre fraîchement moulu | |
| | jus de 1 citron | |

**1** Disposer les feuilles de laitue dans les assiettes. Réserver.

**2** Dans un bol, mettre les tomates, la pomme, le concombre et la chair de crabe. Peler et déveiner les crevettes cuites, puis les couper en deux. Les ajouter aux ingrédients dans le bol et bien assaisonner.

**3** Mélanger le reste des ingrédients dans un petit bol. Ajouter aux fruits de mer et bien mélanger. Assaisonner au goût.

**4** Dresser la salade de fruits de mer sur les feuilles de laitue. Accompagner de radis et garnir de quartiers de tomate et de mâche, si désiré.

# SALADE D'AVOCATS, DE PAMPLEMOUSSES ET DE SAUMON FUMÉ

*(4 PORTIONS)*

| | | |
|---|---|---|
| 2 | pamplemousses | 2 |
| 2 | avocats, dénoyautés, pelés et coupés en dés | 2 |
| 225 g | saumon fumé, tranché | ½ lb |
| 15 ml | moutarde forte | 1 c. à s. |
| 50 ml | huile d'olive | ¼ tasse |
| | sel et poivre fraîchement moulu | |
| | jus de 1½ citron | |
| | feuilles de laitue romaine | |

*Couper une fine tranche à la base et sur le dessus des pamplemousses.*

**1** Couper une fine tranche à la base et sur le dessus des pamplemousses. Avec un couteau bien aiguisé, peler les pamplemousses à vif, puis les séparer en quartiers en insérant le couteau entre la chair et la membrane. Mettre dans un bol.

**2** Ajouter les avocats et le saumon fumé aux pamplemousses. Saler et poivrer généreusement.

**3** Dans un autre bol, mélanger la moutarde, l'huile, le sel, le poivre et le jus de citron. Ajouter de l'huile si la vinaigrette est trop forte.

**4** Verser la vinaigrette sur la salade, mélanger doucement et servir sur des feuilles de laitue.

*Peler les pamplemousses à vif.*

*Séparer en quartiers.*

## Salade de mâche et de scarole
*(4 PORTIONS)*

| 1 | scarole | 1 |
|---|---|---|
| 1 | chicorée | 1 |
| 1 | mâche | 1 |
| 75 ml | crème à 35 % | ⅓ tasse |
| 15 ml | moutarde forte | 1 c. à s. |
| | sel et poivre fraîchement moulu | |
| | jus de citron au goût | |

**1** Laver les salades à l'eau froide et bien les essorer. Déchiqueter les feuilles et les mettre dans un grand bol.

**2** Mélanger la crème et la moutarde; bien assaisonner. Ajouter du jus de citron et verser sur la salade. Remuer et servir.

## Salade César
*(4 À 6 PORTIONS)*

| 2 | grosses laitues romaines | 2 |
|---|---|---|
| 1 | gousse d'ail, épluchée et coupée en 2 | 1 |
| 2 | gousses d'ail blanchies, en purée | 2 |
| 6 | filets d'anchois, égouttés et en purée | 6 |
| 60 ml | huile d'olive | 4 c. à s. |
| 1 | gros œuf, mollet | 1 |
| 375 ml | croûtons | 1½ tasse |
| 125 ml | parmesan râpé | ½ tasse |
| | jus de 2 citrons | |
| | sel et poivre fraîchement moulu | |

**1** Diviser les laitues en feuilles et bien les laver à l'eau froide. Égoutter et bien essorer. Déchiqueter et réserver.

**2** Avec les demi-gousses d'ail, frotter l'intérieur d'un bol en bois. Jeter l'ail.

**3** À la purée d'ail, ajouter les anchois, puis incorporer l'huile.

Ajouter le jus de citron, assaisonner et bien mélanger. Au fouet, ajouter l'œuf mollet.

**4** Mélanger les laitues avec la sauce dans le bol, bien assaisonner et remuer de nouveau.

**5** Ajouter les croûtons et le fromage. Remuer, assaisonner et servir.

# Salade de crevettes, de pois mange-tout et de légumes verts

*(4 portions)*

| 15 ml | sauce soya | 1 c. à s. |
|---|---|---|
| 30 ml | vin blanc sec | 2 c. à s. |
| 5 ml | huile de sésame | 1 c. à t. |
| 1 | gousses d'ail, épluchée, écrasée et hachée | 1 |
| 30 ml | huile d'olive | 2 c. à s. |
| 16 | crevettes, décortiquées et déveinées | 16 |
| 2 | gousses d'ail, épluchées et émincées | 2 |
| 150 g | pois mange-tout, parés | ⅓ lb |
| 1 | petite trévise, lavée et essorée | 1 |
| 1 | petite botte de cresson, lavé et essoré | 1 |
| 3 | endives, évidées, lavées et essorées | 3 |
| 1 | pincée de sucre | 1 |
| | sel et poivre fraîchement moulu | |

**1** Mélanger la sauce soya avec le vin blanc et l'huile de sésame. Ajouter l'ail haché et la pincée de sucre. Mélanger et réserver.

**2** Dans une poêle, à feu moyen, faire chauffer l'huile d'olive. Ajouter les crevettes et l'ail émincé; bien assaisonner. Faire cuire 3 minutes, à feu vif, en remuant une fois. Retirer les crevettes de la poêle et réserver dans un grand bol.

**3** Mettre les pois mange-tout dans la poêle chaude et bien assaisonner. Faire cuire 3 minutes, à feu vif; les ajouter aux crevettes.

**4** Dans le bol, ajouter les feuilles de trévise, le cresson et les endives. Assaisonner généreusement et arroser de la sauce au soya. Remuer et servir avec du pain à l'ail, si désiré.

53

# SALADE DE LAITUE ET DE CAROTTES AU CHÈVRE
*(4 PORTIONS)*

| | | |
|---|---|---|
| 1 | laitue romaine, lavée et essorée | 1 |
| 2 | carottes, pelées et râpées | 2 |
| 1 | pomme, évidée, pelée et coupée en gros dés | 1 |
| 30 ml | huile d'olive | 2 c. à s. |
| 90 g | fromage de chèvre | 3 oz |
| | jus de 1 ½ citron | |
| | sel et poivre fraîchement moulu | |

**1** Déchiqueter les feuilles de laitue et les mettre dans un bol. Ajouter les carottes et la pomme. Arroser du jus de citron et bien mélanger.

**2** Assaisonner généreusement et ajouter l'huile; mélanger de nouveau. Ajouter le chèvre, mélanger doucement et servir.

**3** Accompagner de pain à l'ail, si désiré.

# SALADE DE CONCOMBRES ET D'ŒUFS
*(4 À 6 PORTIONS)*

| | | |
|---|---|---|
| 3 | concombres, tranchés | 3 |
| 15 ml | persil frais haché | 1 c. à s. |
| 2 | œufs durs, hachés | 2 |
| | sel | |
| | huile d'olive et vinaigre de vin, au goût | |
| | poivre fraîchement moulu | |
| | feuilles de trévise (facultatif) | |

**1** Étaler les tranches des concombres dans un grand plat de service. Saler généreusement et laisser reposer 2 heures à la température ambiante. Rincer à l'eau froide et bien égoutter.

**2** Disposer les concombres dans un plat de service profond. Ajouter l'huile et le vinaigre. Parsemer de persil et poivrer.

**3** Garnir le centre du plat de feuilles de trévise et d'œufs durs.

# SALADE VERTE AU GRUYÈRE

*(4 PORTIONS)*

| | | |
|---|---|---|
| 2 | laitues romaines, lavées et essorées | 2 |
| 2 | endives, évidées, lavées et essorées | 2 |
| 2 | œufs durs, tranchés | 2 |
| 2 | filets d'anchois, égouttés et en purée | 2 |
| 45 ml | vinaigre de vin | 3 c. à s. |
| 1 | échalote sèche, épluchée et hachée | 1 |
| 135 ml | huile d'olive | 9 c. à s. |
| 3 | filets d'anchois, égouttés et hachés | 3 |
| 250 ml | gruyère râpé | 1 tasse |
| | sel et poivre fraîchement moulu | |
| | jus de ½ citron | |

**1** Déchiqueter les feuilles des laitues et des endives. Les mettre dans un grand bol avec les œufs tranchés. Bien assaisonner.

**2** Dans un petit bol, bien mélanger les filets d'anchois en purée, le vinaigre, l'échalote sèche, le sel et le poivre. Incorporer l'huile en fouettant.

**3** Verser la vinaigrette sur la salade et mélanger. Ajouter le jus de citron et mélanger de nouveau. Incorporer les filets d'anchois hachés et servir. Parsemer les portions de fromage râpé. Garnir de mâche et de basilic, si désiré.

# SALADE DE LÉGUMES CUITS, À LA SAUCE CRÉMEUSE

*(6 PORTIONS)*

| | | |
|---|---|---|
| 1 | **grosse pomme de terre bouillie, épluchée et coupée en dés** | 1 |
| 225 g | **haricots verts, parés, cuits et coupés en morceaux** | ½ lb |
| 125 ml | **petits pois cuits** | ½ tasse |
| 250 ml | **haricots blancs cuits** | 1 tasse |
| 1 | **botte d'asperges, cuites et coupées en dés** | 1 |
| 125 ml | **mayonnaise** | ½ tasse |
| 45 ml | **crème sure** | 3 c. à s. |
| 1 | **petit chou-fleur, cuit** | 1 |
| | **sel et poivre fraîchement moulu** | |
| | **paprika et piment de Cayenne au goût** | |
| | **jus de 1 citron** | |
| | **feuilles de laitue** | |
| | **persil frais haché** | |

**1** Dans un grand bol, mettre tous les légumes, sauf le chou-fleur. Bien assaisonner, puis incorporer les ¾ de la mayonnaise et 30 ml (2 c. à s.) de crème sure. Ajouter la moitié du jus de citron, bien mélanger et rectifier l'assaisonnement.

**2** Disposer la salade sur un lit de feuilles de laitue et creuser un puits au centre.

**3** Diviser le chou-fleur en bouquets et le mettre dans un bol. Ajouter les restes de mayonnaise, de crème sure et de jus de citron. Bien assaisonner et mélanger. Ajouter du paprika, du piment de Cayenne et du persil haché, au goût.

**4** Dresser le chou-fleur dans le puits, au centre de la salade, et servir.

# SALADE D'AVOCATS AUX GRAINES DE SÉSAME

*(4 PORTIONS)*

| | | |
|---|---|---|
| 30 ml | vinaigre de vin | 2 c. à s. |
| 15 ml | moutarde forte | 1 c. à s. |
| 90 ml | huile d'olive | 6 c. à s. |
| 2 | gousses d'ail, épluchées et coupées en 2 | 2 |
| 2 | gros avocats | 2 |
| 30 ml | graines de sésame grillées | 2 c. à s. |
| | jus de citron | |
| | laitue en feuilles rouge | |

*Couper les avocats en deux et les dénoyauter.*

**1** Mettre le vinaigre et la moutarde dans un bol. Bien assaisonner et ajouter l'huile. Fouetter. Ajouter l'ail et laisser reposer 15 minutes.

**2** Entre-temps, couper les avocats en deux, dans le sens de la longueur. Séparer en moitiés et dénoyauter. Les peler, puis trancher la chair. L'enduire de jus de citron et la disposer sur les feuilles de laitue.

**3** Retirer l'ail de la vinaigrette et le jeter. En fouettant, incorporer les graines de sésame grillées, puis verser sur les avocats. Garnir de feuilles de trévise et de champignons, si désiré.

*Les éplucher.*

*Les trancher.*

# Vinaigrette de base
## (4 à 6 portions)

| | | |
|---|---|---|
| 30 ml | vinaigre de vin blanc ou rouge | 2 c. à s. |
| 90 ml | huile d'olive | 6 c. à s. |
| 5 ml | persil frais haché (facultatif) | I c. à t. |
| 5 ml | estragon frais haché (facultatif) | I c. à t. |
| 5 ml | ciboulette fraîche hachée (facultatif) | I c. à t. |
| | sel et poivre fraîchement moulu | |

**1** Mettre le vinaigre dans un bol. Saler et poivrer.

**2** En fouettant, bien incorporer l'huile. Ajouter les fines herbes, au goût, et bien mélanger.

**3** Rectifier l'assaisonnement et servir avec des salades vertes.

*Verser le vinaigre dans un bol; saler et poivrer.*

*Incorporer l'huile en fouettant.*

*Ajouter les fines herbes et bien mélanger.*

# Vinaigrette à la tomate
## (6 à 8 portions)

| | | |
|---|---|---|
| 2 | gousses d'ail, épluchées et tranchées | 2 |
| 45 ml | jus de citron | 3 c. à s. |
| 45 ml | vinaigre de vin | 3 c. à s. |
| 125 ml | huile d'olive | ½ tasse |
| 2 ml | sucre | ½ c. à t. |
| 30 ml | sauce tomate | 2 c. à s. |
| 1 ml | moutarde douce | ¼ c. à t. |
| 15 ml | persil frais haché | I c. à s. |
| | poivre fraîchement moulu | |

**1** Dans un bol, mélanger tous les ingrédients. Couvrir et laisser mariner 1 heure au réfrigérateur.

**2** Retirer l'ail avant d'utiliser. Servir avec des salades de légumes.

# Mayonnaise

*(8 À 10 PORTIONS)*

| | | |
|---|---|---|
| 2 | jaunes d'œufs | 2 |
| 15 ml | moutarde forte | 1 c. à s. |
| 300 ml | huile d'olive | 1¼ tasse |
| 15 ml | jus de citron ou vinaigre de vin blanc | 1 c. à s. |
| | sel et poivre fraîchement moulu | |

**1** Mettre les jaunes d'œufs dans un bol. Ajouter le sel, le poivre et la moutarde. Fouetter pendant 1 minute.

**2** Lorsque les jaunes d'œufs ont épaissi, ajouter l'huile, goutte à goutte, en fouettant continuellement. À mesure que le mélange épaissit, verser l'huile en un mince filet. Goûter la mayonnaise et ajouter de l'huile, si désiré.

**3** Incorporer, en fouettant, le jus de citron ou le vinaigre. Rectifier l'assaisonnement.

**4** Pour conserver la mayonnaise, incorporer, en fouettant, 15 ml (1 c. à s.) d'eau chaude. Couvrir d'une pellicule de plastique qui touche la surface de la mayonnaise. Se garde jusqu'à 3 jours, au réfrigérateur.

Mettre les jaunes d'œufs dans un bol. Au fouet, ajouter le sel, le poivre et la moutarde.

Incorporer l'huile peu à peu.

Incorporer le jus de citron.

# Vinaigrette à la moutarde

*(6 À 8 PORTIONS)*

| | | |
|---|---|---|
| 1 | jaune d'œuf | 1 |
| 15 ml | moutarde forte | 1 c. à s. |
| 1 | échalote sèche, épluchée et hachée | 1 |
| 50 ml | vinaigre balsamique | ¼ tasse |
| 250 ml | huile d'olive | 1 tasse |
| 15 ml | persil frais haché | 1 c. à s. |
| | sel et poivre fraîchement moulu | |
| | quelques gouttes de jus de citron | |
| | piment de Cayenne au goût | |

**1** Mettre le jaune d'œuf et la moutarde dans un bol. Ajouter l'échalote et le vinaigre; bien assaisonner.

**2** Incorporer l'huile, en un mince filet, en fouettant continuellement. Ajouter quelques gouttes de jus de citron, le piment de Cayenne et le persil.

*Cette vinaigrette se garde jusqu'à 3 jours, au réfrigérateur, dans un bocal hermétique.*

# VINAIGRETTE CUITE

*(4 à 6 PORTIONS)*

| | | |
|---|---|---|
| 5 ml | sucre | 1 c. à t. |
| 30 ml | farine | 2 c. à s. |
| 30 ml | eau | 2 c. à s. |
| 10 ml | moutarde douce | 2 c. à t. |
| 50 ml | vinaigre de vin blanc | ¼ tasse |
| 125 ml | eau | ½ tasse |
| 2 | œufs, battus | 2 |
| 15 ml | beurre ramolli | 1 c. à s. |
| | sel et poivre fraîchement moulu | |
| | quelques gouttes de tabasco | |
| | lait froid | |

**1** Dans un bol, mettre le sucre, la farine, le sel et le poivre. Ajouter 30 ml (2 c. à s.) d'eau et mélanger au fouet. Incorporer la moutarde, le vinaigre et 125 ml (½ tasse) d'eau, toujours en fouettant.

**2** Verser le mélange dans une casserole et faire cuire 3 minutes, à feu doux. Remuer continuellement pendant la cuisson. Retirer la casserole du feu.

**3** Au fouet, incorporer les œufs et le beurre pour obtenir un mélange lisse.

**4** Verser le mélange dans le haut d'un bain-marie. Faire cuire 2 minutes, à feu doux, en remuant continuellement. Assaisonner avec le tabasco.

**5** Mettre la vinaigrette dans un bol et laisser refroidir. Diluer avec du lait froid pour obtenir la consistance désirée. Servir avec des salades vertes ou des salades de légumes.

# SAUCE AU FROMAGE À LA CRÈME

*(4 à 6 PORTIONS)*

| | | |
|---|---|---|
| 250 ml | fromage à la crème | 1 tasse |
| 125 ml | mayonnaise | ½ tasse |
| 50 ml | yogourt nature | ¼ tasse |
| 2 | gousses d'ail, blanchies et en purée | 2 |
| 5 ml | moutarde forte | 1 c. à t. |
| 15 ml | vinaigre de vin blanc | 1 c. à s. |
| 1 | pincée de sucre | 1 |
| | quelques gouttes de jus de citron | |
| | quelques gouttes de tabasco | |
| | sel et poivre fraîchement moulu | |

**1** Au robot culinaire, réduire en purée le fromage à la crème. Ajouter le reste des ingrédients et mélanger pour bien incorporer.

**2** Rectifier l'assaisonnement et servir avec des salades de légumes.

# SAUCE AU FROMAGE BLEU

*(4 à 6 PORTIONS)*

| | | |
|---|---|---|
| 75 ml | yogourt nature | ⅓ tasse |
| 75 ml | fromage à la crème | ⅓ tasse |
| 125 ml | mayonnaise légère | ½ tasse |
| 125 ml | bleu émietté | ½ tasse |
| 1 | pincée de paprika | 1 |
| | quelques gouttes de sauce Worcestershire | |
| | quelques gouttes de jus de citron | |
| | sel et poivre fraîchement moulu | |

**1** Mélanger tous les ingrédients, sauf le bleu, jusqu'à l'obtention d'une préparation lisse.

**2** Bien assaisonner et ajouter le bleu. Mélanger et servir avec une salade verte.

# Sauce Ranch

*(4 À 6 PORTIONS)*

| | | |
|---|---|---|
| 2 | gousses d'ail, blanchies, épluchées et en purée | 2 |
| 250 ml | babeurre | 1 tasse |
| 175 ml | mayonnaise | ¾ tasse |
| 2 ml | graines de céleri | ½ c. à t. |
| 5 ml | aneth | 1 c. à t. |
| 2 ml | moutarde douce | ½ c. à t. |
| 1 | pincée de paprika | 1 |
| | jus de citron au goût | |
| | sel et poivre fraîchement moulu | |

**1** Pour blanchir les gousses d'ail, les faire cuire dans de l'eau bouillante salée pendant 4 minutes environ. Retirer les gousses d'ail de l'eau et les laisser refroidir; peler et réduire en purée.

**2** Au robot culinaire, mélanger tous les ingrédients pour obtenir une préparation lisse. Rectifier l'assaisonnement et servir.

*Faire cuire les gousses d'ail dans de l'eau bouillante, 4 minutes.*

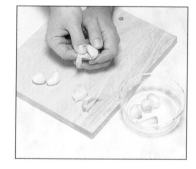

*Les peler.*

*Mélanger tous les ingrédients pour obtenir une préparation lisse.*

# Vinaigrette épaisse aux œufs

*(4 À 6 PORTIONS)*

| | | |
|---|---|---|
| 15 ml | moutarde forte | 1 c. à s. |
| 1 | jaune d'œuf | 1 |
| 30 ml | vinaigre de vin | 2 c. à s. |
| 90 ml | huile d'olive | 6 c. à s. |
| 2 | gousses d'ail, blanchies, épluchées et en purée | 2 |
| 30 ml | crème sure | 2 c. à s. |
| | sel et poivre fraîchement moulu | |
| | jus de citron au goût | |

**1** Dans un petit bol, mélanger en fouettant la moutarde, le jaune d'œuf, le sel et le poivre. Ajouter le vinaigre et mélanger de nouveau.

**2** Ajouter l'huile et fouetter jusqu'à ce que la vinaigrette épaississe. Incorporer l'ail et la crème sure. Bien assaisonner.

**3** Ajouter du jus de citron, au goût, et servir.

# Poulet

**E**n plus d'être excellent pour la santé et très économique,
le poulet se prête à bien des préparations
et des modes de cuisson.

Les recettes de ce chapitre sauront vous séduire
tant par leur simplicité que par la rapidité avec laquelle
vous les réaliserez. De plus, elles répondent à tous les goûts
et certaines ont même un petit côté exotique et raffiné.

Des techniques telles que le dépeçage d'un poulet
et la façon de désosser les poitrines sont si bien expliquées
que vous ne pourrez résister à l'envie de concocter
des petits plats à base de poulet.

# Comment dépecer un poulet

**1** Tirer la cuisse vers l'extérieur du poulet et couper la peau qui la relie au corps. La faire pivoter sur elle-même en l'éloignant de sa position naturelle, jusqu'à ce que l'articulation craque. À l'aide d'un couteau tranchant, couper au niveau de l'articulation.

**2** Mettre la cuisse le côté peau vers le bas et couper au niveau de l'articulation pour séparer le pilon du haut de la cuisse. Recommencer avec l'autre cuisse.

**3** Tenir l'aile loin du corps et tirer fermement jusqu'à ce que l'articulation craque. Couper au niveau de l'articulation pour la séparer du corps.

**4** Faire glisser la lame du couteau le long de la cage thoracique et de la colonne vertébrale pour séparer la poitrine de la carcasse.

**5** Couper la poitrine de poulet en deux, dans le sens de la longueur, pour obtenir deux suprêmes de poulet.

**6** Vous obtiendrez six morceaux de poulet. Pour obtenir huit morceaux, couper chaque demi-poitrine en deux.

# Désosser les suprêmes de poulet

**1** Enlever la peau des morceaux de poulet.

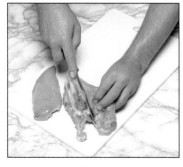

**2** Faire glisser la lame du couteau entre la chair du poulet et le morceau de cartilage le long de chaque demi-poitrine. Couper le long du cartilage en tirant la chair doucement pour l'en éloigner.

# Conseils pour préparer le poulet

Lavez toujours le poulet à l'eau froide et asséchez-le bien avec du papier absorbant avant de l'apprêter. Travaillez sur une surface facile à nettoyer et à désinfecter.

•

Un poulet coupé en 6 morceaux comprend : 2 demi-poitrines, 2 pilons et 2 cuisses

•

Un poulet coupé en 8 morceaux comprend : 4 morceaux de poitrine, 2 pilons et 2 cuisses

•

La grosseur des morceaux de poulet peut varier. Utilisez les temps de cuisson recommandés comme guide seulement; modifiez-les selon la grosseur des morceaux.

## BEURRE À L'AIL

*(QUANTITÉ : 225 G OU ½ LB)*

| 225 g | beurre, ramolli | ½ lb |
|---|---|---|
| 1 | échalote sèche, épluchée et hachée fin | 1 |
| 2 | grosses gousses d'ail, épluchées, écrasées et hachées | 2 |
| 5 ml | persil frais haché | 1 c. à t. |
| | quelques gouttes de tabasco | |
| | sel et poivre fraîchement moulu | |
| | jus de citron, au goût | |

**1** Mettre tous les ingrédients dans un grand bol. Bien incorporer à l'aide d'une cuillère de bois.

**2** Déposer le beurre sur une double feuille de papier d'aluminium épais. Façonner en cylindre et enrouler dans le papier d'aluminium. Torsader les extrémités du papier d'aluminium.

**3** Faire durcir au réfrigérateur ou congeler pour une utilisation ultérieure.

**4** Pour utiliser, développer et couper la quantité de beurre désirée. Envelopper de nouveau et ranger au congélateur.

## MARINADE

| 50 ml | jus de lime | ¼ tasse |
|---|---|---|
| 125 ml | huile d'olive | ½ tasse |
| 3 | gousses d'ail, épluchées et tranchées | 3 |
| 1 | piment jalapeño, épépiné et haché | 1 |
| 45 ml | poivre moulu | 3 c. à s. |
| 5 | feuilles d'oseille fraîche | 5 |
| 2 ml | thym | ½ c. à t. |

**1** Mettre tous les ingrédients dans une casserole. Bien mélanger et faire cuire 3 minutes, à feu moyen.

**2** Verser sur le poulet et faire mariner au moins 1 heure au réfrigérateur.

*Utiliser cette marinade pour faire griller ou sauter une volaille.*

## MARINADE AU MADÈRE ET À LA SAUCE TERIYAKI

| 50 ml | sauce teriyaki | ¼ tasse |
|---|---|---|
| 15 ml | miel | 1 c. à s. |
| 15 ml | sauce soya | 1 c. à s. |
| 2 | gousses d'ail, épluchées et tranchées | 2 |
| 50 ml | madère | ¼ tasse |
| | poivre fraîchement moulu | |

**1** Mélanger tous les ingrédients dans un bol.

**2** Verser sur le poulet et laisser mariner 1 heure au réfrigérateur.

*Utiliser cette marinade pour faire griller ou sauter les volailles, ou encore pour badigeonner un poulet rôti pendant la cuisson.*

# ASSAISONNEMENT

| | | |
|---|---|---|
| 5 ml | huile d'olive | 1 c. à t. |
| 15 ml | graines de cumin | 1 c. à s. |
| 5 ml | graines de coriandre | 1 c. à t. |
| 5 | gousses d'ail, blanchies, épluchées et en purée | 5 |
| 1 | piment jalapeño, épépiné et haché fin | 1 |
| 5 ml | thym | 1 c. à t. |
| 5 ml | graines de céleri | 1 c. à t. |
| 2 ml | poudre de chili | ½ c. à t. |
| 45 ml | jus de lime | 3 c. à s. |

**1** Faire chauffer l'huile dans une petite poêle, à feu moyen. Ajouter les graines de cumin et de coriandre; faire cuire 1 minute ou jusqu'à ce qu'elles soient dorées.

**2** Ajouter le reste des ingrédients, sauf le jus de lime, mélanger et faire cuire 1 minute.

**3** Faire pénétrer ce mélange dans la chair entaillée du poulet. Arroser de jus de lime et préparer le poulet pour la cuisson.

# MARINADE TRADITIONNELLE AU VIN

| | | |
|---|---|---|
| 50 ml | huile d'olive | ¼ tasse |
| 125 ml | vin blanc sec | ½ tasse |
| 1 | gousse d'ail, épluchée et tranchée | 1 |
| 15 ml | moutarde forte | 1 c. à s. |
| 15 ml | vinaigre de vin | 1 c. à s. |
| 2 ml | thym | ½ c. à t. |
| 5 ml | estragon | 1 c. à t. |
| 5 ml | basilic | 1 c. à t. |
| | poivre fraîchement moulu | |

**1** Mélanger tous les ingrédients dans un bol.

**2** Verser sur le poulet et laisser mariner au réfrigérateur.

*Utiliser cette marinade pour toutes les méthodes de cuisson.*

# SAUCE D'ACCOMPAGNEMENT POUR POULET RÔTI

*(4 À 6 PORTIONS)*

| | | |
|---|---|---|
| 1 | oignon, épluché et haché | 1 |
| ½ | branche de céleri, coupée en dés | ½ |
| 1 | carotte, pelée et coupée en dés | 1 |
| 45 ml | farine | 3 c. à s. |
| 500 ml | bouillon de poulet, chaud | 2 tasses |
| 2 ml | thym | ½ c. à t. |
| 1 ml | marjolaine | ¼ c. à t. |
| 2 ml | graines de céleri | ½ c. à t. |
| | sel et poivre fraîchement moulu | |

**1** Préparer la sauce dès que le poulet est rôti. Jeter la moitié de la graisse de cuisson de la rôtissoire.

**2** Déposer la rôtissoire sur la cuisinière, à feu moyen. Ajouter l'oignon, le céleri et la carotte; faire cuire 5 minutes. Remuer souvent.

**3** Saupoudrer de farine et bien mélanger. Faire cuire 2 minutes, à feu doux.

**4** Mouiller avec le bouillon de poulet et incorporer au fouet. Ajouter les assaisonnements et faire cuire 6 à 8 minutes, à feu doux.

**5** Filtrer la sauce et servir avec le poulet rôti.

# ROULEAUX DE POITRINES DE POULET AU PROSCIUTTO ET AU FROMAGE

*(4 PORTIONS)*

| | | |
|---|---|---|
| 2 | poitrines de poulet désossées | 2 |
| 4 | tranches de prosciutto | 4 |
| 4 | tranches de gruyère | 4 |
| 45 ml | beurre | 3 c. à s. |
| 2 | carottes, pelées et tranchées | 2 |
| 2 | échalotes sèches, épluchées et émincées | 2 |
| 375 ml | bouillon de poulet, chaud | 1½ tasse |
| 15 ml | fécule de maïs | 1 c. à s. |
| 45 ml | eau froide | 3 c. à s. |
| | sel et poivre fraîchement moulu | |

Préchauffer le four à 180 °C (350 °F).

**1** Enlever la peau des poitrines de poulet, les couper en deux et les dégraisser. Avec un rouleau à pâte, les aplatir entre deux feuilles de papier ciré, jusqu'à 5 mm (¼ po) d'épaisseur.

**2** Assaisonner et déposer sur un plan de travail. Couvrir chaque morceau d'une tranche de prosciutto et d'une tranche de fromage. Replier le prosciutto par-dessus la garniture, puis rouler et ficeler.

**3** Faire chauffer le beurre à feu moyen dans une poêle allant au four. Ajouter les rouleaux, les carottes et les échalotes; bien assaisonner. Faire saisir 3 minutes afin que les rouleaux soient bien brunis.

**4** Couvrir et terminer la cuisson au four, 8 à 10 minutes, ou jusqu'à ce que les rouleaux soient cuits. Les retirer de la poêle et réserver au chaud.

**5** Mettre la poêle sur la cuisinière, à feu vif. Y verser le bouillon de poulet et laisser cuire 3 minutes.

**6** Diluer la fécule de maïs dans l'eau froide. Incorporer à la sauce et faire cuire 1 minute, à feu doux. En napper le poulet; servir accompagné de pommes de terre et de courgettes.

*Aplatir les poitrines de poulet entre deux feuilles de papier ciré jusqu'à environ 5 mm (¼ po) d'épaisseur.*

*Couvrir chaque morceau d'une tranche de prosciutto et d'une tranche de fromage.*

*Replier les bords du prosciutto par-dessus la garniture, puis rouler et ficeler.*

*Faire saisir 3 minutes afin que les rouleaux soient bien brunis.*

# POITRINES DE POULET À L'ESTRAGON

*(4 PORTIONS)*

| | | |
|---|---|---|
| 2 | poitrines de poulet désossées | 2 |
| 30 ml | beurre | 2 c. à s. |
| 4 | brins d'estragon frais | 4 |
| 375 ml | bouillon de poulet, chaud | 1½ tasse |
| 15 ml | fécule de maïs | 1 c. à s. |
| 45 ml | eau froide | 3 c. à s. |
| 250 ml | petits pois surgelés | 1 tasse |
| | jus de ½ citron | |
| | sel et poivre fraîchement moulu | |

Préchauffer le four à 180 °C (350 °F).

**1** Enlever la peau des poitrines de poulet et les couper en deux. Faire chauffer le beurre dans une poêle, à feu moyen. Ajouter les demi-poitrines de poulet et faire cuire 2 minutes de chaque côté.

**2** Disposer les demi-poitrines de poulet en une seule couche, dans un plat allant au four. Bien assaisonner et ajouter l'estragon et le jus de citron. Couvrir de papier d'aluminium et faire cuire au four 18 minutes.

**3** Retirer le poulet du plat et réserver.

**4** Mettre le plat de cuisson sur la cuisinière, à feu vif. Y verser le bouillon de poulet et faire cuire 3 minutes.

**5** Diluer la fécule de maïs dans l'eau froide; incorporer à la sauce. Baisser le feu à moyen et faire cuire 30 secondes.

**6** Ajouter les petits pois et les demi-poitrines de poulet. Laisser mijoter 3 minutes, à feu doux, puis servir. Accompagner d'asperges et de patates douces en purée, si désiré.

# POULET BOURGUIGNON

*(4 PORTIONS)*

| 1,8 kg | poulet lavé et coupé en 6 morceaux | 4 lb |
|---|---|---|
| 5 ml | huile d'olive | 1 c. à t. |
| 125 g | bacon, coupé en gros morceaux | ¼ lb |
| 24 | petits oignons blancs, épluchés | 24 |
| 3 | gousses d'ail, épluchées, écrasées et hachées | 3 |
| 225 g | têtes de champignon frais, nettoyées | ½ lb |
| 750 ml | vin rouge corsé | 3 tasses |
| 3 | brins de persil | 3 |
| 1 | brin de thym | 1 |
| 2 | feuilles de laurier | 2 |
| 30 ml | farine | 2 c. à s. |
| 45 ml | beurre | 3 c. à s. |
| 1 | pincée de sucre | 1 |
| | sel et poivre fraîchement moulu | |

Préchauffer le four à 180 °C (350 °F).

**1** Enlever la peau du poulet et bien assaisonner. Faire chauffer l'huile dans une casserole allant au four. Y faire cuire le bacon 4 minutes, à feu doux. Ajouter les oignons; faire cuire 4 minutes.

**2** Égoutter le bacon et les oignons; réserver. Ajouter le poulet; faire brunir 4 minutes de chaque côté, à feu doux.

**3** Remettre le bacon et les oignons dans la casserole. Ajouter l'ail et les champignons, mélanger et faire cuire 1 minute.

**4** Ajouter le vin et le sucre. Nouer ensemble les fines herbes et le laurier; mettre dans la casserole; saler et poivrer. Couvrir et faire cuire au four, 40 à 45 minutes.

**5** Retirer le poulet cuit, les oignons et les champignons; réserver. Jeter les fines herbes.

**6** Déposer la casserole sur la cuisinière, à feu vif. Faire une pâte avec la farine et le beurre, et incorporer à la sauce en fouettant vivement. Faire cuire 2 minutes.

**7** Ajouter le poulet, les oignons et les champignons. Laisser mijoter 3 minutes, à feu doux. Servir sur des nouilles.

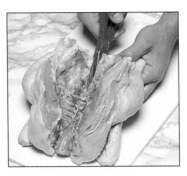

*Couper le poulet en deux.*

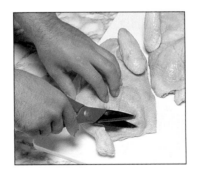

*Pratiquer une incision dans la chair de la cuisse pour y insérer le pilon.*

*Entailler le tendon de l'aile pour éviter qu'elle ne se redresse pendant la cuisson.*

# POULET À LA DIABLE

*(4 PORTIONS)*

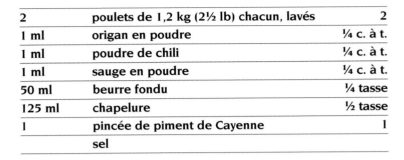

| 2 | poulets de 1,2 kg (2½ lb) chacun, lavés | 2 |
|---|---|---|
| 1 ml | origan en poudre | ¼ c. à t. |
| 1 ml | poudre de chili | ¼ c. à t. |
| 1 ml | sauge en poudre | ¼ c. à t. |
| 50 ml | beurre fondu | ¼ tasse |
| 125 ml | chapelure | ½ tasse |
| 1 | pincée de piment de Cayenne | 1 |
| | sel | |

Préchauffer le four à 180 °C (350 °F).

**1** Couper le poulet en deux. Pratiquer une incision dans la chair de la cuisse pour y insérer le pilon. Entailler légèrement le tendon de l'aile pour éviter qu'elle ne se redresse pendant la cuisson.

**2** Mélanger les assaisonnements. Badigeonner le poulet avec un peu de beurre fondu, puis l'enrober d'assaisonnements.

**3** Mettre le four à gril. Disposer les morceaux de poulet dans une rôtissoire, le côté peau vers le haut. Enfourner à 15 cm (6 po) de l'élément supérieur. Faire cuire 15 minutes en arrosant souvent.

**4** Retourner le poulet, le saler et poursuivre la cuisson 15 minutes, en arrosant souvent.

**5** Remettre le four à 180 °C (350 °F) et poursuivre la cuisson environ 30 minutes; retourner 2 fois pendant la cuisson. Arroser souvent.

**6** Environ 6 minutes avant la fin de la cuisson, badigeonner le poulet avec le reste de beurre fondu et l'enrober de chapelure.

# PILONS DE POULET
## À LA SAUCE AIGRE-DOUCE

*(4 PORTIONS)*

| | | |
|---|---|---|
| 12 | pilons de poulet | 12 |
| 45 ml | sauce soya | 3 c. à s. |
| 30 ml | sauce teriyaki | 2 c. à s. |
| 3 | gousses d'ail, épluchées et tranchées | 3 |
| 15 ml | gingembre frais, haché | 1 c. à s. |
| 1 ml | coriandre | ¼ c. à t. |
| 60 ml | miel | 4 c. à s. |
| | sel et poivre fraîchement moulu | |

**1** Laisser la peau sur les pilons, assaisonner et mettre dans un bol.

**2** Mélanger le reste des ingrédients dans une petite casserole. Faire cuire 3 minutes, à feu moyen, puis verser sur le poulet. Bien l'en enrober et réfrigérer 1 heure.

**3** Préchauffer le four à 180 °C (350 °F).

**4** Ranger les pilons dans un plat allant au four. Faire cuire au four 40 à 45 minutes pour des pilons de grosseur moyenne. Ajuster le temps de cuisson selon la grosseur. Badigeonner de marinade pendant la cuisson.

**5** À la fin de la cuisson, mettre le four à gril. Faire brunir les pilons quelques minutes et servir avec des légumes, au choix.

# CUISSES DE POULET MARINÉES

*(4 PORTIONS)*

| | | |
|---|---|---:|
| 50 ml | huile d'olive | ¼ tasse |
| 30 ml | sauce chili | 2 c. à s. |
| 250 ml | jus d'orange | 1 tasse |
| 15 ml | basilic frais haché | 1 c. à s. |
| 2 ml | thym | ½ c. à t. |
| 2 | gousses d'ail, épluchées, écrasées et hachées | 2 |
| 15 ml | moutarde forte | 1 c. à s. |
| 30 ml | vinaigre balsamique | 2 c. à s. |
| 4 | cuisses de poulet | 4 |
| | poivre fraîchement moulu | |

**1** Mettre 30 ml (2 c. à s.) d'huile dans un bol. Ajouter le reste des ingrédients, sauf le poulet, et bien mélanger.

**2** Ranger le poulet dans une rôtissoire et l'arroser de marinade. Couvrir et réfrigérer 1 heure. Retourner les cuisses de poulet 4 fois.

**3** Préchauffer le four à 180 °C (350 °F).

**4** Retirer les cuisses de poulet de la marinade et les assécher. Faire chauffer le reste de l'huile dans une cocotte allant au four, à feu moyen. Ajouter le poulet et faire cuire 8 minutes, à feu doux. Retourner souvent les cuisses pour éviter qu'elles ne brûlent.

**5** Terminer la cuisson au four, 35 à 40 minutes. Si nécessaire, modifier le temps de cuisson selon la grosseur des cuisses de poulet. Badigeonner souvent de marinade pendant la cuisson.

**6** Vérifier la cuisson du poulet en enfonçant une brochette en métal dans la partie la plus charnue. Il devrait s'en écouler un jus clair. Servir avec une salade du jardin.

# POITRINES DE POULET AU POIVRE VERT

*(4 PORTIONS)*

| | | |
|---|---|---|
| 2 | poitrines de poulet entières désossées | 2 |
| 50 ml | beurre | ¼ tasse |
| 1 | échalote sèche, épluchée et hachée | 1 |
| 225 g | têtes de champignon frais, nettoyées et coupées en 4 | ½ lb |
| 125 ml | vin blanc sec | ½ tasse |
| 500 ml | bouillon de poulet, chaud | 2 tasses |
| 45 ml | grains de poivre vert | 3 c. à s. |
| 15 ml | fécule de maïs | 1 c. à s. |
| 45 ml | eau froide | 3 c. à s. |
| | sel et piment de Cayenne | |

**1** Enlever la peau des poitrines de poulet et les couper en deux. Faire chauffer la moitié du beurre dans une poêle, à feu moyen. Ajouter le poulet, assaisonner et couvrir partiellement. Faire cuire 8 à 10 minutes, à feu doux, en retournant une fois pendant la cuisson.

**2** Retirer le poulet de la poêle et réserver.

**3** Faire fondre le reste du beurre dans la poêle. Ajouter l'échalote sèche et les champignons; bien assaisonner. Faire cuire 4 minutes, à feu vif.

**4** Mouiller avec le vin et faire cuire 2 minutes. Ajouter le bouillon de poulet et les grains de poivre vert écrasés; poursuivre la cuisson 4 minutes, à feu moyen.

**5** Diluer la fécule de maïs dans l'eau froide. Incorporer à la sauce. Remettre le poulet dans la poêle et laisser mijoter 3 minutes, à feu doux.

**6** Servir avec des carottes miniatures glacées, des asperges et du riz, si désiré.

# Poulet aux légumes-racines

*(4 portions)*

| | | |
|---|---|---|
| 2 | carottes, pelées et coupées en bâtonnets | 2 |
| ½ | navet, pelé et coupé en bâtonnets | ½ |
| 1,6 kg | poulet lavé et coupé en 6 morceaux | 3½ lb |
| 30 ml | huile d'olive | 2 c. à s. |
| 24 | petits oignons blancs, épluchés | 24 |
| 5 ml | zeste de citron râpé | 1 c. à t. |
| 15 ml | persil frais haché | 1 c. à s. |
| 1 ml | thym | ¼ c. à t. |
| 2 ml | graines de céleri | ½ c. à t. |
| 375 ml | bouillon de poulet, chaud | 1½ tasse |
| 15 ml | fécule de maïs | 1 c. à s. |
| 45 ml | eau froide | 3 c. à s. |
| | sel et poivre fraîchement moulu | |

**1** Faire cuire les carottes et le navet dans de l'eau bouillante salée jusqu'à ce qu'ils soient encore croquants. Les passer sous l'eau froide, bien égoutter et réserver.

**2** Enlever la peau du poulet et bien assaisonner. Faire chauffer l'huile dans une poêle. Y faire cuire le poulet 18 minutes, à feu doux; retourner 2 à 3 fois pendant la cuisson.

**3** Retirer les demi-poitrines de poulet de la poêle et réserver.

**4** Dans la poêle, ajouter les légumes cuits, les oignons, le zeste et les assaisonnements. Mélanger et poursuivre la cuisson 10 minutes.

**5** Remettre les demi-poitrines de poulet dans la poêle. Faire cuire 2 à 3 minutes, à feu doux.

**6** Retirer le poulet et garder au chaud sur un plat de service.

**7** À feu vif, ajouter le bouillon à la poêle et faire cuire 4 minutes.

**8** Diluer la fécule de maïs dans l'eau froide; incorporer à la sauce. Poursuivre la cuisson 1 minute, puis verser sur le poulet. Servir avec des pommes de terre, si désiré.

# POULET AUX CHAMPIGNONS À LA SAUCE AU PORTO

*(4 PORTIONS)*

| | | |
|---|---|---|
| 2 | poitrines de poulet désossées | 2 |
| 60 ml | beurre | 4 c. à s. |
| 450 g | champignons frais, nettoyés et coupés en 3 | 1 lb |
| 2 | échalotes sèches, épluchées et hachées | 2 |
| 50 ml | porto | ¼ tasse |
| 300 ml | crème à 35 % | 1¼ tasse |
| 15 ml | basilic frais haché | 1 c. à s. |
| | sel et poivre fraîchement moulu | |

**1** Enlever la peau des poitrines de poulet et couper la chair en lanières de 1 cm (½ po) de large. Faire chauffer la moitié du beurre dans une grande poêle, à feu moyen. Ajouter la moitié du poulet et bien assaisonner. Faire cuire 3 à 4 minutes, à feu vif, en retournant les morceaux 1 fois pendant la cuisson. Retirer le poulet et réserver.

**2** Faire cuire le reste du poulet dans la poêle. Réserver avec le poulet déjà cuit.

**3** Faire chauffer le reste du beurre dans la poêle. Y faire cuire les champignons et les échalotes sèches 6 minutes, à feu moyen; bien assaisonner.

**4** Ajouter le porto et poursuivre la cuisson 2 minutes. Incorporer la crème à 35 %, assaisonner et faire cuire 4 minutes.

**5** Remettre le poulet dans la poêle, mélanger et parsemer de basilic. Laisser mijoter 2 minutes à feu doux, et servir. Accompagner de riz, de haricots verts et de courgettes jaunes tranchées, si désiré.

*Enlever la peau des poitrines de poulet et couper la chair en lanières de 1 cm (½ po) de large.*

*Faire cuire dans la poêle.*

*Faire chauffer le reste du beurre dans la poêle. Y faire cuire les champignons et les échalotes sèches 6 minutes, à feu moyen; bien assaisonner.*

*Remettre le poulet dans la poêle, mélanger et parsemer de basilic. Laisser mijoter 2 minutes à feu doux, et servir.*

# POITRINES DE POULET MARINÉES AU ROMARIN

*(4 PORTIONS)*

| | | |
|---|---|---|
| 2 | poitrines de poulet entières et désossées | 2 |
| 125 ml | vin blanc sec | ½ tasse |
| 45 ml | huile d'olive | 3 c. à s. |
| 5 ml | basilic | 1 c. à t. |
| 5 ml | romarin | 1 c. à t. |
| 2 | gousses d'ail, épluchées | 2 |
| 50 ml | huile d'olive | ¼ tasse |
| 225 g | têtes de champignon frais, nettoyées | ½ lb |
| 24 | tomates cerises, coupées en 2 | 24 |
| 15 ml | persil frais haché | 1 c. à s. |
| | sel et poivre fraîchement moulu | |

**1** Enlever la peau du poulet et couper la chair en morceaux de 2,5 cm (1 po). Les mettre dans un bol avec le vin, 45 ml (3 c. à s.) d'huile d'olive, le basilic, le romarin et l'ail. Bien assaisonner, mélanger et couvrir d'une pellicule de plastique. Faire mariner 1 heure au réfrigérateur.

**2** À feu vif, faire chauffer la moitié du reste de l'huile dans une poêle, puis y faire sauter la moitié du poulet 2 à 3 minutes. Retirer le poulet de la poêle et réserver.

**3** Recommencer avec le reste du poulet. Réserver avec le poulet déjà cuit.

**4** Faire chauffer le reste de l'huile dans la poêle. Y faire cuire les têtes de champignon 3 minutes, à feu vif. Ajouter les tomates, assaisonner et faire cuire encore 2 minutes.

**5** Remettre le poulet dans la poêle et ajouter le persil. Mélanger et faire cuire 1 minute avant de servir. Accompagner de riz, si désiré.

# BROCHETTES DE POULET GRILLÉES

*(4 PORTIONS)*

| | | |
|---|---|---|
| 2 | poitrines de poulet entières et désossées | 2 |
| 50 ml | saké | ¼ tasse |
| 45 ml | sauce soya | 3 c. à s. |
| 5 ml | huile de sésame | 1 c. à t. |
| 2 | gousses d'ail, épluchées et tranchées | 2 |
| 2 ml | piments forts écrasés | ½ c. à t. |
| 2 ml | graines de coriandre | ½ c. à t. |
| 5 ml | cumin | 1 c. à t. |
| 15 ml | miel | 1 c. à s. |
| 5 ml | graines de sésame | 1 c. à t. |
| | jus de 1 citron | |
| | poivre fraîchement moulu | |

**1** Enlever la peau des poitrines de poulet et couper la chair en morceaux de 2,5 cm (1 po). Mettre dans un bol.

**2** Mélanger le reste des ingrédients, sauf les graines de sésame, et verser sur le poulet.

**3** Bien mélanger, couvrir et réfrigérer 1 heure.

**4** Enfiler les morceaux de poulet sur des brochettes de métal. Faire griller au four, 6 à 8 minutes. Si nécessaire, modifier le temps de cuisson selon la grosseur des morceaux. Badigeonner de marinade et tourner les brochettes pendant la cuisson.

**5** Parsemer de graines de sésame et servir sur du riz. Accompagner de pois mangetout, de poivrons jaunes et de champignons, si désiré.

# POULET À L'ESPAGNOLE

*(4 PORTIONS)*

| | | |
|---|---|---|
| 1,6 kg | poulet lavé et coupé en 6 morceaux | 3½ lb |
| 30 ml | huile d'olive | 2 c. à s. |
| 1 | oignon, épluché et haché | 1 |
| 2 | gousses d'ail, épluchées, écrasées et hachées | 2 |
| 125 g | petits pois surgelés | ¼ lb |
| 2 | tranches de bacon de dos, cuites et coupées en julienne | 2 |
| 2 | poivrons jaunes | 2 |
| 2 | poivrons rouges | 2 |
| 2 | tomates, évidées et coupées en 2 | 2 |
| 15 ml | persil frais haché | 1 c. à s. |
| | sel et poivre fraîchement moulu | |

**1** Enlever la peau des morceaux de poulet et bien les assaisonner. Faire chauffer 30 ml (2 c. à s.) d'huile dans une poêle, à feu moyen. Y faire cuire le poulet 18 minutes à feu doux, en retournant les morceaux 2 à 3 fois pendant la cuisson.

**2** Retirer les demi-poitrines de poulet de la poêle et réserver.

**3** Ajouter l'oignon et l'ail au reste du poulet dans la poêle; poursuivre la cuisson 8 minutes. Remettre les demi-poitrines de poulet dans la poêle et ajouter les petits pois et le bacon. Faire cuire 4 minutes.

**4** Entre-temps, couper les poivrons en deux et les épépiner. Badigeonner la peau d'huile et les mettre sur une plaque à biscuits, le côté coupé vers le bas. Huiler la face coupée des tomates et les ranger sur la plaque à biscuits, le côté coupé vers le haut. Faire griller au four 8 à 10 minutes. Peler les poivrons.

**5** Servir le poulet avec les poivrons rôtis et les tomates. Parsemer de persil. Accompagner de riz, si désiré.

# POULET À LA TEXANE

*(4 PORTIONS)*

| 1,6 kg | poulet lavé et coupé en 6 morceaux | 3½ lb |
|---|---|---|
| 30 ml | huile végétale | 2 c. à s. |
| 250 ml | sauce chili | 1 tasse |
| 50 ml | oignon haché | ¼ tasse |
| 2 | gousses d'ail, épluchées et tranchées | 2 |
| 15 ml | vinaigre de vin | 1 c. à s. |
| 1 ml | piments forts écrasés | ¼ c. à t. |
| 1 ml | poudre de chili | ¼ c. à t. |
| 2 ml | origan moulu | ½ c. à t. |
| 15 ml | sauce Worcestershire | 1 c. à s. |
| | sel et poivre fraîchement moulu | |

Préchauffer le four à 180 °C (350 °F).

**1** Enlever la peau des morceaux de poulet et bien les assaisonner. Faire chauffer l'huile dans une poêle allant au four, à feu moyen. Y faire brunir le poulet 4 minutes de chaque côté. S'il y a trop de graisse dans la poêle, en jeter un peu.

**2** Mélanger tous les autres ingrédients dans une casserole. Faire cuire jusqu'à ce que le mélange soit chaud.

**3** Verser sur le poulet et bien assaisonner. Couvrir et faire cuire au four, 15 minutes.

**4** Retirer les demi-poitrines de poulet et réserver.

**5** Poursuivre la cuisson du reste du poulet 16 à 18 minutes. Si nécessaire, modifier le temps de cuisson selon la grosseur des morceaux.

**6** Quatre minutes avant la fin de la cuisson, remettre les demi-poitrines de poulet dans la poêle. Terminer la cuisson à découvert. Servir avec des frites et du maïs, si désiré.

# POULET EN LANIÈRES, À LA SAUCE WORCESTERSHIRE

*(4 PORTIONS)*

| | | |
|---|---|---|
| 2 | poitrines de poulet désossées | 2 |
| 50 ml | huile d'olive | ¼ tasse |
| 5 | oignons verts, coupés en morceaux de 2,5 cm (1 po) | 5 |
| 4 | échalotes sèches, épluchées et tranchées | 4 |
| 24 | tomates cerises, coupées en 2 | 24 |
| 2 | poivrons rouges, émincés | 2 |
| 3 | gousses d'ail, épluchées et tranchées | 3 |
| 30 ml | sauce Worcestershire | 2 c. à s. |
| | sel et poivre fraîchement moulu | |

**1** Enlever la peau du poulet et découper la chair en lanières de 1 cm (½ po) de large. Faire chauffer la moitié de l'huile dans une grande poêle, à feu vif. Ajouter le poulet et bien assaisonner. Faire cuire 3 à 4 minutes, à feu vif, en retournant le poulet une fois pendant la cuisson.

**2** Retirer le poulet de la poêle et réserver.

**3** Faire chauffer le reste de l'huile dans la poêle. Ajouter les légumes et l'ail; bien assaisonner. Faire cuire 3 minutes, à feu vif.

**4** Remettre le poulet dans la poêle. Ajouter la sauce Worcestershire, mélanger et faire cuire 1 minute. Servir avec du riz, si désiré.

# POITRINES DE POULET POCHÉES AUX ÉPINARDS

*(4 PORTIONS)*

| | | |
|---|---|---|
| 2 | bottes d'épinards, bien lavés | 2 |
| 2 | poitrines de poulet désossées, sans la peau et coupées en 2 | 2 |
| ½ | branche de céleri, coupée en dés | ½ |
| 1 | carotte, pelée et tranchée | 1 |
| 1 | oignon, épluché et coupé en quartiers | 1 |
| 1 | feuille de laurier | 1 |
| 625 ml | eau | 2½ tasses |
| 60 ml | beurre | 4 c. à s. |
| 45 ml | farine | 3 c. à s. |
| 1 | gousse d'ail, épluchée et tranchée | 1 |
| 15 ml | basilic frais haché | 1 c. à s. |
| 125 ml | gruyère râpé | ½ tasse |
| | sel et poivre fraîchement moulu | |

Préchauffer le four à 180 °C (350 °F).

**1** Faire cuire les épinards à la vapeur, égoutter, hacher, réserver.

**2** Mettre les poitrines de poulet dans une poêle, avec le céleri, la carotte, l'oignon, le laurier et bien assaisonner. Ajouter l'eau; porter à ébullition à feu moyen-vif. Puis à feu doux, faire mijoter 10 minutes.

**3** Retirer le poulet; réserver. Poursuivre la cuisson du liquide 5 minutes, à feu vif. Filtrer et réserver.

**4** Faire fondre 30 ml (2 c. à s.) de beurre dans une casserole. Bien y mélanger la farine; faire cuire 1 minute à feu doux. Bien incorporer le liquide filtré en fouettant. Assaisonner et faire cuire 12 minutes, à feu doux.

**5** Faire chauffer le reste du beurre dans une poêle, à feu moyen. Y faire cuire l'ail 1 minute. Ajouter les épinards et le basilic; faire cuire 3 minutes, à feu moyen.

**6** Disposer les épinards dans un plat allant au four. Couvrir du poulet et napper de sauce. Parsemer de gruyère et faire cuire 8 minutes au four. Servir avec des pommes de terre et des carottes, si désiré.

# Poitrines de poulet aux légumes variés

*(4 portions)*

| 2 | poitrines de poulet désossées, sans la peau et coupées en 2 | 2 |
|---|---|---|
| 45 ml | beurre | 3 c. à s. |
| 2 | échalotes sèches, épluchées et tranchées | 2 |
| 1 | concombre, pelé, épépiné, coupé en tranches de 1 cm (½ po) d'épaisseur | 1 |
| 125 ml | châtaignes d'eau tranchées | ½ tasse |
| 45 ml | xérès | 3 c. à s. |
| 500 ml | bouillon de poulet, chaud | 2 tasses |
| 30 ml | fenouil frais haché | 2 c. à s. |
| 15 ml | fécule de maïs | 1 c. à s. |
| 45 ml | eau froide | 3 c. à s. |
| | sel et poivre fraîchement moulu | |

**1** Bien assaisonner les poitrines de poulet. Faire chauffer le beurre dans une poêle, à feu moyen, et y faire cuire le poulet 4 à 5 minutes de chaque côté. Si nécessaire, modifier le temps de cuisson selon la grosseur des morceaux.

**2** Retirer le poulet cuit de la poêle et réserver.

**3** Ajouter les échalotes sèches, le concombre et les châtaignes d'eau à la poêle chaude. Faire cuire 2 minutes. Augmenter le feu à vif et ajouter le xérès; faire cuire 1 minute.

**4** Ajouter le bouillon de poulet et le fenouil; bien assaisonner. Poursuivre la cuisson 2 minutes.

**5** Diluer la fécule de maïs dans l'eau froide. Incorporer à la sauce et faire cuire 1 minute, à feu doux.

**6** Remettre le poulet dans la poêle et laisser mijoter 3 minutes avant de servir. Accompagner de pommes de terre et de haricots verts, si désiré.

# CUISSES DE POULET AU FENOUIL

*(4 PORTIONS)*

| | | |
|---|---|---|
| 1 | gros bulbe de fenouil | 1 |
| 4 | cuisses de poulet | 4 |
| 30 ml | huile d'olive | 2 c. à s. |
| 2 | gousses d'ail, épluchées et tranchées | 2 |
| 3 | tomates, pelées, épépinées et hachées | 3 |
| 5 ml | basilic | 1 c. à t. |
| 1 | feuille de laurier | 1 |
| 250 ml | bouillon de poulet, chaud | 1 tasse |
| | sel et poivre fraîchement moulu | |

**1** Enlever les tiges et les feuilles vertes du bulbe de fenouil. Le couper en deux et enlever le cœur. Émincer et réserver.

**2** Couper les cuisses de poulet à l'articulation, entre le pilon et le haut de la cuisse. Enlever la peau.

**3** Faire chauffer l'huile dans une poêle, à feu moyen. Ajouter les morceaux de poulet et faire cuire 6 minutes de chaque côté.

**4** Ajouter l'ail et faire cuire 1 minute. Ajouter les tomates et les assaisonnements. Faire cuire 5 minutes, à feu doux.

**5** Ajouter le fenouil émincé et le bouillon de poulet. Couvrir et faire cuire 20 minutes, à feu doux.

**6** Retirer le poulet de la poêle et réserver.

**7** Poursuivre la cuisson 5 à 6 minutes, à découvert. La sauce devrait être épaisse et le fenouil, bien cuit.

**8** Remettre le poulet dans la poêle et laisser mijoter 2 minutes. Servir avec des pâtes et du brocoli, si désiré.

*Enlever les tiges et les feuilles vertes du bulbe de fenouil.*

*Le couper en deux et enlever le cœur.*

*Émincer et réserver.*

# POULET AU VIN BLANC

*(4 PORTIONS)*

| 1,6 kg | poulet lavé et coupé en 6 morceaux | 3½ lb |
|--------|-------------------------------------|--------|
| 30 ml | huile d'olive | 2 c. à s. |
| 24 | petits oignons blancs, épluchés | 24 |
| 24 | pommes de terre parisiennes, cuites 6 minutes | 24 |
| 1 | gros poivron rouge, coupé en gros dés | 1 |
| 2 | gousses d'ail, épluchées, écrasées et hachées | 2 |
| 250 ml | vin blanc sec | 1 tasse |
| 15 ml | basilic frais haché | 1 c. à s. |
| | sel et poivre fraîchement moulu | |

**1** Enlever la peau des morceaux de poulet et bien les assaisonner. Faire chauffer l'huile dans une poêle, à feu moyen. Y faire cuire le poulet 10 minutes, à feu doux, en retournant les morceaux 1 à 2 fois pendant la cuisson.

**2** Ajouter les petits oignons blancs et poursuivre la cuisson 8 minutes, à feu doux, en retournant les morceaux de poulet une fois.

**3** Retirer les demi-poitrines de poulet de la poêle et réserver.

**4** Ajouter les pommes de terre parisiennes, le poivron et l'ail; bien assaisonner. Poursuivre la cuisson 8 minutes.

**5** Remettre les poitrines de poulet dans la poêle et poursuivre la cuisson 2 minutes. Retirer le poulet et les légumes de la poêle et garder au chaud, sur un plat de service.

**6** Augmenter le feu à vif sous la poêle et y verser le vin. Faire réduire 3 minutes.

**7** Napper le poulet de sauce, parsemer de basilic et servir. Accompagner de haricots verts, si désiré.

# CUISSES DE POULET LOUIS

*(4 PORTIONS)*

| | | |
|---|---|---|
| 4 | grosses cuisses de poulet | 4 |
| 2 | grosses gousses d'ail, épluchées | 2 |
| 250 ml | farine | 1 tasse |
| 2 ml | poivre noir | ½ c. à t. |
| 2 ml | poivre blanc | ½ c. à t. |
| 1 ml | piment de Cayenne | ¼ c. à t. |
| 1 ml | gingembre moulu | ¼ c. à t. |
| 50 ml | huile végétale | ¼ tasse |
| 500 ml | bouillon de poulet, chaud | 2 tasses |
| 30 ml | beurre | 2 c. à s. |
| 125 ml | chacun des ingrédients suivants, coupé en dés : oignon, céleri, poivron | ½ tasse |

Préchauffer le four à 180 °C (350 °F).

**1** Couper les cuisses de poulet à l'articulation. Enlever la peau. Frotter la chair avec les gousses d'ail. Mettre 175 ml (¾ tasse) de farine dans un sac en plastique, avec les assaisonnements. Secouer pour mélanger. Ajouter le poulet et secouer pour l'enrober du mélange.

**2** Faire chauffer l'huile dans une poêle en fonte, à feu moyen. Y faire cuire le poulet 6 minutes de chaque côté. Retirer le poulet et réserver. Filtrer l'huile dans une passoire tapissée d'une mousseline, puis la verser dans la poêle.

**3** Remettre la poêle sur la cuisinière, à feu moyen. Ajouter le reste de la farine et faire brunir, en remuant sans cesse. Baisser le feu à doux. Ajouter le bouillon de poulet et laisser mijoter 2 minutes, à feu doux.

**4** Faire chauffer le beurre dans une autre poêle, à feu moyen. Y faire cuire les légumes 5 minutes. Les ajouter à la sauce, dans la poêle en fonte.

**5** Ajouter le poulet à la sauce, couvrir et faire cuire au four, environ 40 à 45 minutes. Servir avec du riz et des carottes, si désiré.

# Poulet aux champignons

*(4 PORTIONS)*

| | | |
|---|---|---|
| 1,6 kg | poulet lavé et coupé en 8 morceaux | 3½ lb |
| 45 ml | huile d'olive | 3 c. à s. |
| 12 | échalotes sèches, épluchées | 12 |
| 225 g | têtes de champignon, nettoyées et coupées en 4 | ½ lb |
| 45 ml | vinaigre balsamique | 3 c. à s. |
| 375 ml | bouillon de poulet, chaud | 1½ tasse |
| 15 ml | fécule de maïs | 1 c. à s. |
| 45 ml | eau froide | 3 c. à s. |
| 15 ml | persil frais haché | 1 c. à s. |
| | sel et poivre fraîchement moulu | |

**1** Enlever la peau des morceaux de poulet et bien les assaisonner. Faire chauffer l'huile dans une poêle, à feu moyen. Ajouter le poulet et les échalotes sèches. Faire cuire 18 minutes, à feu doux, en retournant les morceaux 2 à 3 fois pendant la cuisson.

**2** Retirer les morceaux de poitrines de poulet de la poêle et réserver.

**3** Poursuivre la cuisson du reste du poulet pendant 5 minutes. Ajouter les têtes de champignon, assaisonner et faire cuire 8 minutes ou jusqu'à ce que le poulet soit cuit. Retirer les morceaux de poulet et réserver.

**4** Ajouter le vinaigre à la poêle, et faire cuire 2 minutes, à feu vif. Mouiller avec le bouillon de poulet et poursuivre la cuisson 2 minutes.

**5** Diluer la fécule de maïs dans l'eau froide; l'incorporer à la sauce dans la poêle. Remettre les morceaux de poulet dans la poêle et laisser mijoter de 3 à 4 minutes, à feu doux.

**6** Parsemer de persil et servir. Accompagner d'asperges et de polenta, si désiré.

# POULET SAUTÉ À LA SAUCE AU VIN ET CHAMPIGNONS

*(4 PORTIONS)*

| | | |
|---|---|---|
| 1,6 kg | poulet lavé et coupé en 6 morceaux | 3½ lb |
| 15 ml | huile d'olive | 1 c. à s. |
| 30 ml | beurre | 2 c. à s. |
| 12 | échalotes sèches, épluchées | 12 |
| 225 g | champignons frais, nettoyés et coupés en 2 | ½ lb |
| 15 ml | persil frais haché | 1 c. à s. |
| 15 ml | basilic frais haché | 1 c. à s. |
| 30 ml | farine | 2 c. à s. |
| 250 ml | vin blanc sec | 1 tasse |
| 125 ml | bouillon de poulet, chaud | ½ tasse |
| | sel et poivre fraîchement moulu | |

**1** Enlever la peau des morceaux de poulet et bien les assaisonner. Faire chauffer l'huile et le beurre dans une poêle, à feu moyen. Ajouter le poulet et les échalotes sèches. Faire cuire 18 minutes, à feu doux, en retournant les morceaux 2 à 3 fois pendant la cuisson.

**2** Retirer les demi-poitrines de poulet de la poêle et réserver.

**3** Ajouter les champignons et les assaisonnements au reste du poulet, dans la poêle. Faire cuire 4 minutes, à feu moyen.

**4** Saupoudrer de farine et bien mélanger. Mouiller avec le vin et le bouillon de poulet; bien mélanger. Faire cuire 6 minutes, à feu doux.

**5** Remettre les demi-poitrines de poulet dans la poêle et laisser mijoter 3 à 4 minutes, à feu doux, avant de servir. Accompagner de pâtes et de courgettes, si désiré.

# POULET RÔTI, EN MORCEAUX

*(4 PORTIONS)*

| 1,6 kg | poulet lavé et coupé en 6 morceaux | 3½ lb |
|--------|-------------------------------------|--------|
| 45 ml | beurre fondu | 3 c. à s. |
| | assaisonnement (voir p. 66) | |
| | sel et poivre fraîchement moulu | |

Préchauffer le four à 200 °C (400 °F). Préchauffer la rôtissoire.

**1** Enlever la peau des morceaux de poulet et entailler la chair.

**2** Mélanger les ingrédients de l'assaisonnement avec le beurre fondu. Faire pénétrer ce mélange dans les entailles du poulet et réfrigérer 1 heure.

**3** Bien saler et poivrer le poulet. Le déposer directement sur la grille de la rôtissoire préchauffée et faire cuire au four, 18 minutes.

**4** Retirer les demi-poitrines de poulet et réserver; garder au chaud.

**5** Baisser la température du four à 180 °C (350 °F). Poursuivre la cuisson du reste du poulet 15 à 20 minutes. Ajuster le temps de cuisson selon la grosseur des morceaux.

**6** Réchauffer rapidement les demi-poitrines de poulet. Servir les morceaux de poulet avec une salade verte.

# POITRINES DE POULET MARINÉES AU MIEL

*(4 PORTIONS)*

| 2 | poitrines de poulet désossées | 2 |
|---|---|---|
| 45 ml | vinaigre de vin aux fines herbes | 3 c. à s. |
| 25 ml | miel | 1½ c. à s. |
| 30 ml | sauce Worcestershire | 2 c. à s. |
| 10 ml | huile d'olive | 2 c. à t. |
| 1 | gousse d'ail, épluchée, écrasée et hachée | 1 |
| 1 ml | origan | ¼ c. à t. |
| 1 | pincée de thym | 1 |
| | poivre fraîchement moulu | |

**1** Enlever la peau des poitrines de poulet et les couper en deux. Mettre dans un plat avec tous les autres ingrédients. Couvrir d'une pellicule de plastique et réfrigérer 1 heure.

**2** Préchauffer le four à 200 °C (400 °F).

**3** Disposer les demi-poitrines de poulet dans un plat allant au four. Faire chauffer le four à gril. Lorsque l'élément supérieur est chaud, enfourner le poulet sur la grille du haut. Faire griller 5 minutes.

**4** Baisser la température du four à 180 °C (350 °F). Retourner les demi-poitrines de poulet et faire cuire 10 à 12 minutes. Si nécessaire, modifier le temps de cuisson selon la grosseur des morceaux. Retourner de nouveau les demi-poitrines de poulet à mi-cuisson.

**5** Servir avec une salade verte, ou sur des petits pains grillés.

# POULET RÔTI, FARCI AUX FIGUES

*(4 À 6 PORTIONS)*

| | | |
|---|---|---:|
| 50 ml | beurre | ¼ tasse |
| 6 | échalotes sèches, épluchées et coupées en 4 | 6 |
| ½ | branche de céleri, coupée en dés | ½ |
| 12 | figues fraîches, épluchées et hachées grossièrement | 12 |
| 1 | gousse d'ail, épluchée et tranchée | 1 |
| 2 ml | marjolaine | ½ c. à t. |
| 250 ml | riz à grains longs | 1 tasse |
| 500 ml | bouillon de poulet, chaud | 2 tasses |
| 1,8 kg | poulet | 4 lb |
| | sel et poivre fraîchement moulu | |

Préchauffer le four à 220 °C (425 °F).

**1** Faire chauffer 15 ml (1 c. à s.) de beurre dans une casserole, à feu moyen. Ajouter les échalotes, le céleri et les figues; faire cuire 3 minutes.

**2** Ajouter l'ail et la marjolaine. Mélanger et faire cuire 1 minute. Ajouter le riz et bien mélanger; faire cuire 2 minutes.

**3** Ajouter le bouillon de poulet, bien assaisonner et porter à ébullition. Couvrir et faire cuire 20 minutes, à feu très doux.

**4** Laver le poulet et bien l'assécher. L'assaisonner à l'intérieur et à l'extérieur. Le remplir de farce aux figues et le trousser pour le faire rôtir.

**5** Mettre le poulet dans une rôtissoire beurrée. Badigeonner la peau avec le reste du beurre. Faire cuire au four, 20 minutes.

**6** Baisser la température du four à 180 °C (350 °F). Poursuivre la cuisson du poulet 1¼ heure, en arrosant toutes les 10 minutes. Si nécessaire, modifier le temps de cuisson selon la grosseur du poulet.

**7** Servir avec une sauce, si désiré.

# POULET EN COCOTTE

*(4 PORTIONS)*

| | | |
|---|---|---|
| 125 g | bacon, en morceaux | ¼ lb |
| 24 | petits oignons blancs, épluchés | 24 |
| 1,6 kg | poulet lavé et troussé | 3½ lb |
| 8 | petites pommes de terre nouvelles, pelées | 8 |
| 2 | grosses carottes, pelées et coupées en morceaux de 2,5 cm (1 po) | 2 |
| 375 ml | bouillon de poulet, chaud | 1½ tasse |
| 2 | brins de persil | 2 |
| 1 | brin de thym | 1 |
| 15 ml | beurre | 1 c. à s. |
| 4 | fonds d'artichaut, coupés en 2 | 4 |
| 15 ml | fécule de maïs | 1 c. à s. |
| 45 ml | eau froide | 3 c. à s. |
| | sel et poivre fraîchement moulu | |

Préchauffer le four à 160°C (325°F).

**1** Faire cuire le bacon dans une cocotte, 3 minutes, à feu moyen. Ajouter les oignons et baisser le feu à doux; faire cuire 3 minutes. Retirer le bacon et les oignons; réserver.

**2** Ajouter le poulet. Faire cuire 16 minutes, à feu doux, en le faisant dorer sur toutes les faces.

**3** Ajouter les pommes de terre et les carottes; bien assaisonner. Poursuivre la cuisson 15 minutes. Mouiller avec le bouillon; ajouter les fines herbes, le bacon et les oignons. Couvrir et poursuivre la cuisson au four, 35 à 40 minutes.

**4** Environ 8 minutes avant la fin de la cuisson, faire chauffer le beurre dans une poêle, à feu moyen. Y faire revenir les fonds d'artichaut 2 minutes. Ajouter au poulet.

**5** Dresser le poulet et les légumes dans un plat chaud.

**6** Déposer la cocotte sur la cuisinière, à feu moyen. Diluer la fécule de maïs dans l'eau froide et l'incorporer à la sauce. Faire cuire 1 minute. Servir avec le poulet.

*Faire cuire le bacon dans une cocotte, 3 minutes, à feu moyen. Ajouter les petits oignons blancs et baisser le feu à doux; faire cuire 3 minutes.*

*Ajouter les pommes de terre et les carottes; bien assaisonner. Poursuivre la cuisson 15 minutes.*

*Mouiller avec le bouillon de poulet, ajouter les fines herbes ainsi que le bacon et les petits oignons blancs réservés.*

*Ajouter les fonds d'artichaut.*

# POULET FRIT AU GINGEMBRE

*(4 PORTIONS)*

| | | |
|---|---|---|
| 2 | petites poitrines de poulet désossées | 2 |
| 30 ml | gingembre frais haché | 2 c. à s. |
| 2 | échalotes sèches, épluchées et hachées | 2 |
| 45 ml | sauce teriyaki | 3 c. à s. |
| 50 ml | xérès | ¼ tasse |
| 45 ml | huile végétale | 3 c. à s. |
| 1 | poivron rouge, émincé | 1 |
| 1 | petite courgette, tranchée | 1 |
| 2 | gousses d'ail, épluchées et tranchées | 2 |
| 1 | piment fort, épépiné et haché | 1 |
| 6 | tomates cerises, coupées en 2 | 6 |
| 375 ml | bouillon de poulet, chaud | 1½ tasse |
| 2 ml | fécule de maïs | ½ c. à t. |
| 15 ml | eau froide | 1 c. à s. |
| | sel et poivre fraîchement moulu | |

**1** Enlever la peau du poulet et couper la chair en lanières de 5 mm (¼ po) de large; les mettre dans un bol. Ajouter le gingembre, les échalotes sèches, la sauce teriyaki et le xérès; saler et poivrer. Couvrir d'une pellicule de plastique et faire mariner 30 minutes, au réfrigérateur.

**2** Faire chauffer la moitié de l'huile dans une poêle profonde, à feu vif. Y faire revenir les lanières de poulet 2 à 3 minutes, à feu vif. Les retirer et réserver.

**3** Faire chauffer le reste de l'huile dans le wok. Y faire sauter les légumes 2 à 3 minutes, à feu vif.

**4** Mouiller avec le bouillon de poulet. Diluer la fécule de maïs dans l'eau froide; incorporer à la sauce. Faire cuire 30 secondes. Remettre le poulet dans le wok pour le réchauffer, puis servir immédiatement avec du riz.

# LANIÈRES DE POULET FRIT MARINÉES

*(4 PORTIONS)*

| | | |
|---|---|---|
| 2 | poitrines de poulet désossées | 2 |
| 45 ml | huile d'olive | 3 c. à s. |
| 45 ml | jus de lime | 3 c. à s. |
| 2 | gousses d'ail, épluchées, écrasées et hachées | 2 |
| 2 ml | origan | ½ c. à t. |
| 1 ml | thym | ¼ c. à t. |
| 2 ml | marjolaine | ½ c. à t. |
| 375 ml | farine assaisonnée | 1½ tasse |
| 2 | gros œufs, battus | 2 |
| 500 ml | chapelure | 2 tasses |
| | sel et poivre fraîchement moulu | |
| | huile d'arachide pour grande friture | |

**1** Enlever la peau des poitrines de poulet et couper la chair en lanières épaisses. Réserver.

**2** Mélanger l'huile, le jus de lime, l'ail et les assaisonnements. Verser sur le poulet, mélanger et faire mariner 1 heure, au réfrigérateur.

**3** Mettre la farine assaisonnée dans un sac en plastique. Ajouter les lanières de poulet et secouer pour bien les enrober de farine.

**4** Tremper le poulet dans les œufs battus, puis l'enrober de chapelure.

**5** Faire chauffer l'huile d'arachide et y faire frire le poulet jusqu'à ce qu'il soit doré et bien cuit, environ 3 à 4 minutes selon la grosseur des lanières. Égoutter sur du papier absorbant avant de servir.

# ESCALOPES DE POULET

*(4 PORTIONS)*

| | | |
|---|---|---:|
| 2 | poitrines de poulet désossées | 2 |
| 125 ml | parmesan râpé | ½ tasse |
| 2 | œufs, battus | 2 |
| 375 ml | chapelure | 1 ½ tasse |
| 50 ml | huile végétale | ¼ tasse |
| 4 | rondelles de citron, garnies de filets d'anchois | 4 |
| | sel et poivre fraîchement moulu | |

**1** Enlever la peau des poitrines de poulet, les couper en deux et les dégraisser. À l'aide d'un maillet de bois, les aplatir entre deux feuilles de papier ciré jusqu'à une épaisseur d'environ 5 mm (¼ po).

**2** Bien assaisonner les morceaux de poulet et les enrober de parmesan. Les tremper dans les œufs battus, puis les rouler dans la chapelure.

**3** Faire chauffer l'huile dans une grande poêle, à feu moyen. Y faire cuire les morceaux de poulet 3 à 4 minutes de chaque côté, ou jusqu'à ce qu'ils soient bien cuits.

**4** Garnir de rondelles de citron et accompagner d'une sauce tomate, si désiré.

# BROCHETTES DE POULET MARINÉES

*(4 PORTIONS)*

| | | |
|---|---|---|
| 30 ml | jus de citron | 2 c. à s. |
| 30 ml | vinaigre balsamique | 2 c. à s. |
| 30 ml | huile d'olive | 2 c. à s. |
| 5 ml | miel | 1 c. à t. |
| 2 ml | origan | ½ c. à t. |
| 1 | pincée de thym | 1 |
| 1½ | poitrine de poulet désossée | 1½ |
| 1 | oignon rouge, épluché | 1 |
| 1 | poivron vert | 1 |
| 16 | têtes de gros champignons, nettoyées | 16 |
| | quelques gouttes de tabasco | |
| | sel et poivre fraîchement moulu | |

**1** Mélanger le jus de citron avec le vinaigre, l'huile, le miel, l'origan, le thym, le tabasco, le sel et le poivre.

**2** Enlever la peau du poulet et couper la chair en morceaux de 2,5 cm (1 po). Mettre les morceaux de poulet dans la marinade, couvrir et réfrigérer au moins 1 heure.

**3** Préchauffer le four à 180 °C (350 °F).

**4** Couper l'oignon rouge et le poivron vert en morceaux.

**5** En alternant, enfiler sur des brochettes en métal des morceaux de poulet, d'oignon rouge, de poivron vert et de champignon. Disposer dans un plat allant au four et badigeonner d'un peu de marinade.

**6** Dans un four préchauffé à gril, faire griller les brochettes 8 minutes, en les retournant 2 à 3 fois pendant la cuisson. Si les brochettes commencent à brûler, les placer sur une grille plus bas dans le four.

**7** Servir sur du riz.

# POULET PAYSAN

(*4 PORTIONS*)

| 1,6 kg | poulet lavé et coupé en 6 morceaux | 3½ lb |
|--------|-------------------------------------|--------|
| 45 ml | beurre | 3 c. à s. |
| 2 | blancs de poireaux | 2 |
| 4 | fonds d'artichaut, coupés en 3 | 4 |
| 125 ml | vin blanc sec | ½ tasse |
| 250 ml | crème à 35 % | I tasse |
| 15 ml | persil frais haché | I c. à s. |
| | sel et poivre fraîchement moulu | |
| | piment de Cayenne, au goût | |

**1** Enlever la peau des morceaux de poulet et bien les assaisonner de sel, de poivre et de piment de Cayenne. Faire chauffer le beurre dans une poêle, à feu moyen. Y faire cuire le poulet 8 minutes, à feu doux, en retournant les morceaux 1 fois pendant la cuisson.

**2** Entre-temps, parer les poireaux pour la cuisson. Les fendre en quatre dans le sens de la longueur, jusqu'à 2,5 cm (1 po) de la base. Bien les laver à l'eau froide, les égoutter et les trancher.

**3** Ajouter les poireaux à la poêle et faire cuire 10 minutes, à feu doux. Retourner les morceaux de poulet 1 fois.

**4** Retirer les demi-poitrines de poulet de la poêle et réserver.

**5** Ajouter les fonds d'artichaut et le vin au reste du poulet, dans la poêle; faire cuire 4 minutes. Ajouter la crème et bien assaisonner. Faire cuire 6 minutes, à feu doux.

**6** Remettre les demi-poitrines de poulet dans la poêle et laisser mijoter 3 minutes. Parsemer de persil et servir. Accompagner de riz, si désiré.

# POULET ET CREVETTES SAUTÉS

*(4 PORTIONS)*

| | | |
|---|---|---|
| 1,6 kg | poulet lavé et coupé en 6 morceaux | 3½ lb |
| 30 ml | huile d'olive | 2 c. à s. |
| 6 | gousses d'ail, épluchées | 6 |
| 225 g | champignons frais, nettoyés et coupés en 2 | ½ lb |
| 15 ml | estragon frais, haché | 1 c. à s. |
| 225 g | crevettes fraîches, décortiquées et déveinées | ½ lb |
| 125 ml | vin blanc sec | ½ tasse |
| 15 ml | basilic frais haché | 1 c. à s. |
| | sel et poivre fraîchement moulu | |

**1** Enlever la peau des morceaux de poulet et bien les assaisonner. Faire chauffer l'huile dans une poêle, à feu moyen. Ajouter le poulet et l'ail. Faire cuire 18 minutes, à feu doux, en retournant les morceaux 2 à 3 fois pendant la cuisson.

**2** Retirer les demi-poitrines de poulet de la poêle et réserver dans un four chaud.

**3** Ajouter l'estragon et les champignons à la poêle. Poursuivre la cuisson 6 minutes.

**4** Augmenter le feu à moyen. Ajouter les crevettes et faire cuire 4 minutes. Assaisonner et bien mélanger.

**5** Mettre les crevettes et le reste du poulet avec les demi-poitrines de poulet; garder dans un four chaud.

**6** Augmenter le feu à vif sous la poêle. Verser le vin et faire cuire 3 minutes. Napper de sauce les crevettes et le poulet et les parsemer de basilic frais. Servir avec du riz, si désiré.

# Hamburgers au poulet

*(4 PORTIONS)*

| 600 g | poulet haché | 1 ¼ lb |
|---|---|---|
| 3 | gousses d'ail, blanchies | 3 |
| 45 ml | chutney | 3 c. à s. |
| 30 ml | huile végétale | 2 c. à s. |
| | quelques gouttes de sauce de piments | |
| | sel et poivre fraîchement moulu | |

**1** Mettre tous les ingrédients, sauf l'huile, dans le bol du robot culinaire. Mélanger juste pour incorporer, puis façonner en petites galettes.

**2** Faire chauffer l'huile dans une grande poêle, à feu moyen. Y faire cuire les galettes de poulet 7 à 8 minutes, à feu moyen. Si nécessaire, modifier le temps de cuisson selon l'épaisseur des galettes. Retourner à la mi-cuisson.

**3** Servir sur des petits pains grillés, avec des tranches de tomates, de la laitue et du chutney.

# POULET À LA SAUCE AU CITRON

*(4 PORTIONS)*

| | | |
|---|---|---|
| 2 | poitrines de poulet désossées | 2 |
| 30 ml | beurre | 2 c. à s. |
| 15 ml | huile d'olive | 1 c. à s. |
| 1 | gousse d'ail, épluchée et tranchée | 1 |
| 375 ml | bouillon de poulet, chaud | 1½ tasse |
| 15 ml | fécule de maïs | 1 c. à s. |
| 30 ml | eau froide | 2 c. à s. |
| 5 ml | sauce soya | 1 c. à t. |
| 5 ml | zeste de citron râpé | 1 c. à t. |
| | jus de 1½ citron | |
| | sel et poivre fraîchement moulu | |

**1** Enlever la peau du poulet et découper la chair en lanières de 1 cm (½ po) de large. Faire chauffer la moitié du beurre et la moitié de l'huile dans un wok ou dans une grande poêle, à feu vif. Ajouter la moitié du poulet et bien assaisonner. Faire revenir 3 à 4 minutes, à feu vif. Retirer le poulet et réserver.

**2** Faire chauffer le reste du beurre et de l'huile dans le wok et y faire cuire le reste du poulet. Réserver avec le poulet déjà cuit.

**3** Ajouter l'ail au wok et faire revenir 20 secondes. Mouiller avec le jus de citron et le bouillon de poulet; faire cuire 2 à 3 minutes, à feu vif.

**4** Diluer la fécule de maïs dans l'eau froide; incorporer à la sauce. Ajouter la sauce soya, assaisonner et bien mélanger.

**5** Remettre le poulet dans la sauce, dans le wok, et incorporer le zeste de citron. Laisser mijoter 1 minute et servir avec un riz à la vapeur.

# POULET AUX POIS MANGE-TOUT ET AU BROCOLI

*(4 PORTIONS)*

| | | |
|---|---|---|
| 2 | poitrines de poulet désossées | 2 |
| 45 ml | huile végétale | 3 c. à s. |
| 1 | brocoli, coupé en bouquets et blanchi | 1 |
| 225 g | pois mange-tout, blanchis | ½ lb |
| 12 | petits oignons blancs, cuits | 12 |
| 2 | gousses d'ail, épluchées, écrasées et hachées | 2 |
| 15 ml | gingembre frais haché | 1 c. à s. |
| 375 ml | bouillon de poulet, chaud | 1½ tasse |
| 5 ml | sauce soya | 1 c. à t. |
| 5 ml | sucre | 1 c. à t. |
| 15 ml | vinaigre | 1 c. à s. |
| 5 ml | fécule de maïs | 1 c. à t. |
| 15 ml | eau froide | 1 c. à s. |
| | sel et poivre fraîchement moulu | |

**1** Enlever la peau du poulet et couper la chair en lanières d'environ 1 cm (½ po) de large. Faire chauffer la moitié de l'huile dans une grande poêle, à feu vif. Ajouter le poulet et bien assaisonner. Faire cuire 3 à 4 minutes, à feu vif, en retournant une fois pendant la cuisson.

**2** Retirer le poulet de la poêle et garder au chaud.

**3** Faire chauffer le reste de l'huile dans la poêle. Ajouter les légumes et faire cuire 1 minute, à feu vif. Retirer de la poêle et réserver.

**4** Ajouter l'ail et le gingembre à la poêle chaude; faire sauter 30 secondes. Mouiller avec le bouillon de poulet et ajouter la sauce soya, le sucre et le vinaigre; bien mélanger. Faire cuire 4 minutes, à feu moyen.

**5** Diluer la fécule de maïs dans l'eau froide; incorporer à la sauce. Baisser le feu à doux. Remettre le poulet et les légumes dans la poêle; rectifier l'assaisonnement. Laisser mijoter 2 minutes et servir avec du riz.

# POULET AUX POIVRONS RÔTIS

*(4 PORTIONS)*

| | | |
|---|---|---|
| 1 | poivron rouge | 1 |
| 1 | poivron vert | 1 |
| 1 | poivron jaune | 1 |
| 2 | piments forts | 2 |
| 45 ml | huile d'olive | 3 c. à s. |
| 1,6 kg | poulet lavé et coupé en 8 morceaux | 3½ lb |
| 2 | gousses d'ail, épluchées et tranchées | 2 |
| 45 ml | jus de lime | 3 c. à s. |
| | sel et poivre fraîchement moulu | |

**1** Couper les poivrons et les piments forts en deux et les épépiner. Badigeonner la peau d'huile et placer sur une plaque à biscuits, le côté coupé vers le bas; faire griller 6 minutes au four. Retirer les piments forts du four et laisser refroidir. Continuer à faire griller les poivrons 6 à 8 minutes, en les retournant une fois. Les peler, les couper en cubes et réserver.

**2** Préchauffer le four à 180 °C (350 °F).

**3** Enlever la peau des morceaux de poulet et bien les assaisonner. Faire chauffer le reste de l'huile dans une poêle allant au four, à feu moyen. Y faire cuire le poulet 4 minutes de chaque côté.

**4** Ajouter l'ail et mélanger. Couvrir et faire cuire 15 minutes, au four.

**5** Retirer les demi-poitrines de poulet de la poêle et garder au chaud.

**6** Ajouter les poivrons rôtis et poursuivre la cuisson du reste du poulet, 12 minutes. Si nécessaire, modifier le temps de cuisson selon la grosseur des morceaux.

**7** Remettre les demi-poitrines de poulet dans la poêle et incorporer le jus de lime. Poursuivre la cuisson 3 minutes et servir avec du riz.

# Pilons à la sichuanaise

*(4 portions)*

| 12 | pilons de poulet | 12 |
|---|---|---|
| 50 ml | sauce sichuan | ¼ tasse |
| 3 | gousses d'ail, blanchies, épluchées et en purée | 3 |
| 30 ml | huile de sésame | 2 c. à s. |
| 125 ml | vin blanc sec | ½ tasse |
| 1 ml | clou de girofle moulu | ¼ c. à t. |
| 15 ml | graines de céleri | 1 c. à s. |
| 50 ml | miel | ¼ tasse |
| | sel et poivre fraîchement moulu | |
| | jus de ½ citron | |

**1** Ne pas enlever la peau des pilons. Dans un bol, mélanger la sauce sichuan, l'ail, l'huile, le vin et les assaisonnements. Mettre le poulet dans la marinade et bien mélanger. Réfrigérer au moins 1 heure.

**2** Préchauffer le four à 180 °C (350 °F).

**3** Ranger les pilons dans un plat allant au four. Faire cuire au four, 40 à 45 minutes pour les pilons de grosseur moyenne. Si nécessaire, modifier le temps de cuisson selon la grosseur des pilons.

**4** Mélanger le miel et le jus de citron. Lorsque le poulet est cuit, le badigeonner de ce mélange. Faire griller quelques minutes en prenant garde de ne pas faire brûler le miel et servir. Accompagner de tomates cerises et d'une julienne de poivrons verts, si désiré.

# POULET BEAULIEU

*(4 PORTIONS)*

| 1,6 kg | poulet lavé et coupé en 6 morceaux | 3½ lb |
|--------|-----------------------------------|--------|
| 45 ml | huile d'olive | 3 c. à s. |
| 125 ml | olives noires dénoyautées | ½ tasse |
| 4 | fonds d'artichaut, coupés en 3 | 4 |
| 1 | gousse d'ail, épluchée, écrasée et hachée | 1 |
| 2 | tomates, pelées, épépinées et grossièrement hachées | 2 |
| 250 ml | vin blanc sec | 1 tasse |
| | sel et poivre fraîchement moulu | |
| | jus de citron, au goût | |

**1** Enlever la peau des morceaux de poulet et bien les assaisonner. Faire chauffer l'huile dans une poêle, à feu moyen. Y faire cuire le poulet 18 minutes, à feu doux, en retournant les morceaux 2 à 3 fois pendant la cuisson.

**2** Retirer les demi-poitrines de la poêle et réserver.

**3** Ajouter les olives, les fonds d'artichaut et l'ail au reste du poulet, dans la poêle. Faire cuire 2 minutes. Incorporer les tomates et poursuivre la cuisson 8 minutes.

**4** Remettre les demi-poitrines de poulet dans la poêle et faire mijoter 3 minutes. Bien assaisonner et retirer tous les morceaux de poulet; garder au chaud.

**5** Ajouter le vin à la sauce, dans la poêle. Faire cuire 3 minutes, à feu vif. Ajouter du jus de citron, au goût, faire cuire 2 minutes et verser sur le poulet. Servir avec des pommes de terre et des haricots verts, si désiré.

# BOUCHÉES DE POULET ÉPICÉES

*(4 PORTIONS)*

| | | |
|---|---|---|
| 50 ml | vinaigre balsamique | ¼ tasse |
| 1 | piment jalapeño, épépiné et haché | 1 |
| 30 ml | sauce soya | 2 c. à s. |
| 15 ml | jus de citron | 1 c. à s. |
| 5 ml | moutarde douce | 1 c. à t. |
| 1 | gousse d'ail, épluchée, écrasée et hachée | 1 |
| 15 ml | miel | 1 c. à s. |
| 1 ml | thym | ¼ c. à t. |
| 5 ml | origan | 1 c. à t. |
| 2 | poitrines de poulet désossées | 2 |
| 250 ml | farine | 1 tasse |
| 2 | œufs, battus | 2 |
| 250 ml | chapelure | 1 tasse |
| | sel et poivre fraîchement moulu | |
| | huile d'arachide | |

*Enrober les morceaux de poulet de farine.*

*Les tremper dans les œufs battus.*

*Les rouler dans la chapelure.*

**1** Dans un grand bol, mélanger le vinaigre, le piment, la sauce soya et le jus de citron. Incorporer la moutarde, l'ail, le miel et les assaisonnements.

**2** Enlever la peau du poulet et découper la chair en morceaux de 2,5 cm (1 po). Mettre les morceaux de poulet dans la marinade, bien mélanger, couvrir et faire mariner 1 heure, au réfrigérateur.

**3** Enrober les morceaux de poulet de farine. Les tremper dans les œufs battus et les rouler dans la chapelure.

**4** Les faire cuire dans l'huile chaude 3 à 4 minutes, puis bien les égoutter. Servir avec des morceaux d'ananas, si désiré.

# POULET AU CURRY ET AUX TOMATES

*(4 PORTIONS)*

| | | |
|---|---|---|
| 1,6 kg | poulet lavé, coupé en 8 morceaux | 3½ lb |
| 45 ml | huile d'olive | 3 c. à s. |
| 2 | oignons, épluchés et hachés | 2 |
| 2 | gousses d'ail épluchées, écrasées et hachées | 2 |
| 30 ml | poudre de curry | 2 c. à s. |
| 3 | tomates, pelées, épépinées et hachées | 3 |
| | sel et poivre fraîchement moulu | |

**1** Enlever la peau des morceaux de poulet et bien les assaisonner. Faire chauffer l'huile dans une poêle, à feu moyen. Y faire cuire le poulet, les oignons et l'ail 4 minutes, à feu doux. Ne pas laisser les oignons brûler.

**2** Incorporer le curry. Poursuivre la cuisson 4 minutes. Ajouter les tomates, assaisonner et faire cuire encore 8 minutes, à feu doux.

**3** Retirer les morceaux de poitrine de poulet de la poêle et réserver.

**4** Poursuivre la cuisson du reste du poulet pendant 10 à 12 minutes, à feu doux.

**5** Remettre les morceaux de poitrine de poulet dans la poêle, faire cuire 4 minutes. Servir sur du riz.

# POULET À LA CRÈME ET À LA CIBOULETTE

*(4 PORTIONS)*

| | | |
|---|---|---|
| 1,6 kg | poulet lavé et coupé en 6 morceaux | 3½ lb |
| 30 ml | beurre | 2 c. à s. |
| 15 ml | huile d'olive | 1 c. à s. |
| 1 | oignon rouge, épluché et coupé en rondelles | 1 |
| 225 g | têtes de champignon frais, nettoyées | ½ lb |
| 175 ml | vin blanc sec | ¾ tasse |
| 30 ml | ciboulette fraîche hachée | 2 c. à s. |
| 50 ml | crème à 35 % | ¼ tasse |
| | sel et poivre fraîchement moulu | |

Préchauffer le four à 180 °C (350 °F).

**1** Enlever la peau des morceaux de poulet et bien les assaisonner. Faire chauffer le beurre et l'huile dans une poêle allant au four, à feu moyen. Y faire cuire le poulet 2 minutes de chaque côté.

**2** Ajouter l'oignon et mélanger. Couvrir et faire cuire au four, 18 minutes.

**3** Retirer les demi-poitrines de poulet de la poêle et garder au chaud.

**4** Ajouter les champignons, assaisonner et poursuivre la cuisson du reste du poulet au four, 10 à 12 minutes.

**5** Retirer les morceaux de poulet de la poêle et garder au chaud. Déposer la poêle sur la cuisinière, à feu vif. Y verser le vin et faire cuire 4 minutes, sans couvrir.

**6** Incorporer la ciboulette et la crème; bien assaisonner. Poursuivre la cuisson 3 minutes, à feu vif.

**7** Baisser le feu à doux. Remettre le poulet dans la poêle et faire mijoter 3 minutes. Servir avec des betteraves, si désiré.

# POULET AU CONCOMBRE ET AUX PETITS OIGNONS BLANCS

*(4 PORTIONS)*

| | | |
|---|---|---|
| 1,6 kg | poulet lavé et coupé en 6 morceaux | 3½ lb |
| 45 ml | beurre | 3 c. à s. |
| 24 | petits oignons blancs, épluchés et blanchis | 24 |
| 1 | gros concombre, épluché, épépiné et coupé en morceaux de 1 cm (½ po) | 1 |
| 15 ml | basilic frais haché | 1 c. à s. |
| 15 ml | persil frais haché | 1 c. à s. |
| | sel et poivre fraîchement moulu | |
| | jus de 1 citron | |

**1** Enlever la peau des morceaux de poulet et bien les assaisonner. Faire chauffer le beurre dans une poêle, à feu moyen. Y faire cuire le poulet 18 minutes, à feu doux, en retournant les morceaux 2 à 3 fois pendant la cuisson.

**2** Retirer les demi-poitrines de poulet de la poêle et réserver.

**3** Ajouter les petits oignons blancs au reste du poulet, dans la poêle, et faire cuire 4 minutes. Ajouter le concombre et les fines herbes; bien assaisonner. Faire cuire 6 minutes, à feu doux.

**4** Remettre les demi-poitrines de poulet dans la poêle et arroser du jus de citron. Faire mijoter 3 minutes avant de servir. Accompagner de pommes de terre, si désiré.

# BOULETTES DE POULET AU CURRY

*(4 PORTIONS)*

| | | |
|---|---|---|
| 700 g | poulet haché | 1 ½ lb |
| 30 ml | chapelure | 2 c. à s. |
| 15 ml | persil haché | 1 c. à s. |
| 1 | petit œuf | 1 |
| 50 ml | huile d'olive | ¼ tasse |
| 2 | oignons, épluchés et émincés | 2 |
| 30 ml | poudre de curry | 2 c. à s. |
| 5 ml | cumin | 1 c. à t. |
| 30 ml | farine | 2 c. à s. |
| 500 ml | bouillon de poulet, chaud | 2 tasses |
| | quelques gouttes de sauce Worcestershire | |
| | quelques gouttes de tabasco | |
| | sel et poivre fraîchement moulu | |

**1** Au robot culinaire, mélanger rapidement le poulet haché, la chapelure, les sauces Worcestershire et tabasco et le persil. Ajouter l'œuf, saler et poivrer. Mélanger de nouveau pour obtenir une pâte.

**2** Avec les mains, façonner le mélange en petites boulettes, couvrir et réfrigérer 15 minutes ou jusqu'à ce que les boulettes soient fermes.

**3** Faire chauffer la moitié de l'huile dans une poêle, à feu moyen. Y faire cuire les boulettes de poulet 4 à 5 minutes, afin qu'elles soient brunies sur toutes leurs faces. Lorsqu'elles sont cuites, les retirer de la poêle et les réserver sur du papier absorbant.

**4** Faire chauffer le reste de l'huile dans la poêle et y faire cuire les oignons 12 minutes, à feu doux. Incorporer le curry et le cumin; poursuivre la cuisson 5 minutes.

**5** Saupoudrer de farine et bien mélanger. Ajouter le bouillon de poulet et faire cuire 4 minutes, à feu moyen-doux.

**6** Remettre les boulettes de poulet dans la poêle et laisser mijoter 4 minutes. Servir.

# POULETS DE CORNOUAILLES RÔTIS

*(4 PORTIONS)*

| | | |
|---|---|---:|
| 2 | poulets de Cornouailles | 2 |
| 50 ml | beurre, ramolli | ¼ tasse |
| 2 | échalotes sèches, épluchées et hachées | 2 |
| 24 | raisins verts sans pépins | 24 |
| 375 ml | bouillon de poulet, chaud | 1½ tasse |
| 15 ml | basilic frais haché | 1 c. à s. |
| 15 ml | estragon frais haché | 1 c. à s. |
| 15 ml | fécule de maïs | 1 c. à s. |
| 45 ml | eau froide | 3 c. à s. |
| | sel et poivre fraîchement moulu | |

Préchauffer le four à 230 °C (450 °F).

**1** Laver les poulets et bien les assécher. Les assaisonner à l'intérieur et à l'extérieur, et les trousser pour les faire rôtir.

**2** Badigeonner la peau des poulets de beurre et les ranger dans une rôtissoire. Faire cuire 30 à 40 minutes, au four. Si nécessaire, modifier le temps de cuisson selon la grosseur des poulets. Les badigeonner toutes les 12 minutes et les retourner pendant la cuisson.

**3** Lorsque les poulets sont cuits, les retirer de la rôtissoire et réserver au chaud.

**4** Mettre la rôtissoire sur feu moyen. Ajouter les échalotes sèches et les raisins; faire cuire 2 minutes.

**5** Mouiller avec le bouillon de poulet, ajouter les fines herbes; faire cuire 2 minutes.

**6** Diluer la fécule de maïs dans l'eau; incorporer à la sauce. Laisser mijoter 2 minutes, à feu doux. Servir avec les poulets. Accompagner de haricots verts, de pommes et de navets hachés, si désiré.

# CAILLES FARCIES AU RIZ ÉPICÉ

*(2 À 4 PORTIONS)*

### FARCE AU RIZ ÉPICÉ

| | | |
|---|---|---|
| 45 ml | beurre | 3 c. à s. |
| 1 | oignon, épluché et haché | 1 |
| 1 | gousse d'ail, épluchée et tranchée | 1 |
| 1 ml | poivre noir | ¼ c. à t. |
| 1 ml | piment de Cayenne | ¼ c. à t. |
| 1 ml | poivre blanc | ¼ c. à t. |
| 1 | piment fort, épépiné et haché | 1 |
| 250 ml | riz à grains longs, rincé | 1 tasse |
| 375 ml | bouillon de poulet, chaud | 1 ½ tasse |

Préchauffer le four à 180 °C (350 °F).

**1** À feu moyen, faire chauffer le beurre dans une casserole allant au four. Ajouter l'oignon, l'ail, les épices et le piment fort. Mélanger et faire cuire 2 minutes.

**2** Ajouter le riz et saler. Faire cuire 3 minutes pour que le liquide s'évapore. Lorsque le riz commence à coller au fond de la casserole, ajouter le bouillon de poulet. Porter à ébullition, couvrir et faire cuire au four, 18 minutes.

### CAILLES

| | | |
|---|---|---|
| 4 | cailles, lavées | 4 |
| 45 ml | beurre fondu | 3 c. à s. |
| | sel et poivre fraîchement moulu | |

Préchauffer le four à 220 °C (425 °F).

**1** Assaisonner les cailles à l'intérieur et à l'extérieur. Remplir les cavités de farce au riz épicé. Trousser.

**2** Badigeonner la peau de beurre et mettre dans une rôtissoire. Faire cuire environ 25 à 30 minutes, ou jusqu'à ce que les cailles soient cuites. Arroser de temps à autre.

**3** Servir avec des légumes frais.

# POULETS DE CORNOUAILLES FARCIS AU RIZ

*(4 PORTIONS)*

| | | |
|---|---|---|
| 4 | poulets de Cornouailles | 4 |
| 50 ml | beurre | ¼ tasse |
| 1 | oignon, épluché et finement haché | 1 |
| 1 | gousse d'ail, épluchée, écrasée et hachée | 1 |
| 15 ml | estragon frais haché | 1 c. à s. |
| 250 ml | riz à grains longs, rincé | 1 tasse |
| 500 ml | bouillon de poulet, chaud | 2 tasses |
| 125 ml | noix de Grenoble hachées | ½ tasse |
| | sel et poivre fraîchement moulu | |

Préchauffer le four à 230 °C (450 °F).

**1** Laver les poulets, bien les assécher, puis les assaisonner à l'intérieur et à l'extérieur.

**2** Faire chauffer 15 ml (1 c. à s.) de beurre dans une casserole, à feu moyen. Y faire cuire l'oignon, l'ail et l'estragon 3 minutes, à feu doux.

**3** Incorporer le riz et faire cuire 2 minutes. Mouiller avec le bouillon de poulet, mélanger et poivrer. Couvrir et faire cuire 18 à 20 minutes, à feu doux. Le riz sera cuit lorsque le liquide sera entièrement absorbé.

**4** Incorporer les noix et 5 ml (1 c. à t.) de beurre au riz cuit.

**5** Farcir les poulets de ce mélange et les trousser pour les faire rôtir. Badigeonner la peau avec le reste du beurre et disposer dans une rôtissoire. Faire cuire 30 à 40 minutes au four. Si nécessaire, modifier le temps de cuisson selon la grosseur des poulets. Arroser toutes les 10 minutes.

**6** Servir avec des tranches de pommes caramélisées. Accompagner d'épinards et de carottes, si désiré.

# Viande

Voici un chapitre dont les recettes vous permettront de sortir des sentiers battus et de découvrir un monde de goûts et de textures, tout en variant agréablement vos menus.

De plus, des photos en couleurs et des explications étape par étape vous aideront à réussir des plats qui, jusqu'à ce jour, pouvaient vous sembler compliqués.

Vous vous rendrez vite compte, avec joie, que bien des coupes de viande, souvent méconnues, sont des plus savoureuses lorsqu'elles sont bien apprêtées.

# PETITES CÔTES AU POT
### (4 À 6 PORTIONS)

| | | |
|---|---|---|
| 2,7 kg | bout de côtes de bœuf, en morceaux de 5 cm (2 po) | 6 lb |
| 4 | blancs de poireaux | 4 |
| 4 | grosses carottes, épluchées | 4 |
| 2 | oignons rouges, épluchés | 2 |
| 2 | petits navets blancs, épluchés | 2 |
| 2 | cœurs de céleri | 2 |
| 2 | clous de girofle | 2 |
| 1 | bouquet garni (thym, laurier, basilic et persil) | 1 |
| 375 ml | vin blanc sec | 1 ½ tasse |
| | sel et poivre fraîchement moulu | |

**1** Dégraisser partiellement la viande et la placer dans une grande casserole. Couvrir complètement d'eau et porter à ébullition, à feu moyen. Ajouter 250 ml (1 tasse) d'eau froide et porter à ébullition une seconde fois. Bien écumer pendant la cuisson.

**2** Fendre les poireaux en quatre dans le sens de la longueur, jusqu'à 2,5 cm de la base. Bien les laver.

**3** Ajouter les poireaux à la casserole ainsi que le reste des ingrédients. Porter à ébullition, à feu moyen. Continuer la cuisson à feu doux, sans couvrir, pendant 3 heures.

**4** Retirer les légumes au fur et à mesure qu'ils sont cuits. Cinq minutes avant la fin de la cuisson, remettre les légumes dans la casserole pour les réchauffer. Accompagner de moutarde forte.

# Pâté de bœuf aux tomates

*(4 portions)*

| | | |
|---|---|---|
| 15 ml | huile | 1 c. à s. |
| 1 | oignon, finement haché | 1 |
| 1 | branche de céleri, hachée | 1 |
| 1 | poivron vert, haché | 1 |
| 3 | gousses d'ail, épluchées, écrasées et hachées | 3 |
| 5 ml | basilic | 1 c. à t. |
| 2 ml | thym | ½ c. à t. |
| 450 g | bœuf maigre haché | 1 lb |
| 5 ml | moutarde en poudre | 1 c. à t. |
| 796 ml | tomates en conserve, égouttées et hachées | 28 oz |
| 175 ml | jus de tomate | ¾ tasse |
| 750 ml | purée de pommes de terre | 3 tasses |
| | beurre fondu | |
| | sel et poivre fraîchement moulu | |

Préchauffer le four à 190 °C (375 °F).

**1** Faire chauffer l'huile dans une poêle à frire, à feu moyen. Y faire cuire l'oignon, le céleri, le poivron et l'ail 3 minutes.

**2** Ajouter les aromates, le bœuf et la moutarde. Saler, poivrer et faire cuire 8 minutes, à feu moyen.

**3** Incorporer les tomates et le jus de tomate. Poursuivre la cuisson 3 minutes.

**4** Verser le mélange dans un plat à gratin. Recouvrir de purée de pommes de terre. Arroser légèrement de beurre fondu. Faire cuire 20 minutes, au four.

# RÔTI DE RONDE DE BŒUF
*(4 À 6 PORTIONS)*

| | | |
|---|---|---|
| 2 ml | poivre noir | ½ c. à t. |
| 1 ml | piment de Cayenne | ¼ c. à t. |
| 2 ml | clous de girofle | ½ c. à t. |
| 5 ml | thym | 1 c. à t. |
| 5 ml | basilic | 1 c. à t. |
| 2 | gousses d'ail, blanchies, épluchées et en purée | 2 |
| 2,3 kg | rôti de ronde de bœuf désossé | 5 lb |
| 30 ml | huile d'olive | 2 c. à s. |
| 2 | oignons, en dés | 2 |
| 1 | branche de céleri, en dés | 1 |
| 45 ml | farine | 3 c. à s. |
| 375 ml | bouillon de bœuf, chaud | 1½ tasse |
| 45 ml | pâte de tomates | 3 c. à s. |
| 125 ml | vin de xérès | ½ tasse |
| | sel | |

Préchauffer le four à 180 °C (350 °F).

**1** Mettre les épices, l'ail et les aromates dans un petit bol; bien mélanger.

**2** Pratiquer de profondes incisions dans le rôti et y insérer le mélange aux épices.

**3** Verser l'huile dans une grande casserole allant au four et faire chauffer, à feu moyen. Y faire saisir le rôti sur tous les côtés. Saler, poivrer. Retirer et réserver.

**4** Mettre les légumes dans la casserole chaude et faire cuire 5 minutes.

**5** Ajouter la farine, bien mélanger et faire dorer 5 minutes, à feu doux.

**6** Incorporer le bouillon de bœuf et la pâte de tomates. Bien remuer et ajouter le rôti. Saler, couvrir et faire cuire au four de 2½ heures à 3 heures.

**7** Quinze minutes avant la fin de la cuisson, ajouter le vin de xérès.

**8** Servir avec des légumes.

*Pratiquer de profondes incisions dans le rôti et y insérer le mélange aux épices.*

*Faire saisir le rôti dans l'huile chaude. Saler, poivrer.*

*Faire cuire les légumes dans la casserole chaude, 5 minutes.*

*Ajouter la farine, bien mélanger et faire dorer 5 minutes, à feu doux.*

# À LA FORTUNE DU POT

*(4 À 6 PORTIONS)*

| | | |
|---|---|---|
| 45 ml | farine | 3 c. à s. |
| 1,8 kg | rôti de ronde de bœuf, ficelé | 4 lb |
| 2 ml | chacun des ingrédients suivants : poivre noir, piment de Cayenne, sauge, thym et origan | ½ c. à t. |
| 3 | gousses d'ail blanchies, épluchées et en purée | 3 |
| 30 ml | huile d'olive | 2 c. à s. |
| 250 ml | sauce aux canneberges | 1 tasse |
| 500 ml | bouillon de bœuf, chaud | 2 tasses |
| 60 ml | raifort | 4 c. à s. |
| 3 | clous de girofle | 3 |
| 2 | oignons, coupés en 6 | 2 |
| 8 | échalotes sèches, entières, épluchées | 8 |
| 2 | grosses carottes, épluchées et coupées en 3 | 2 |
| | sel | |

Préchauffer le four à 180 °C (350 °F).

**1** Frotter le rôti de bœuf avec la farine; réserver.

**2** Mélanger les épices avec les aromates et l'ail. Bien incorporer l'huile.

**3** Faire chauffer, à feu moyen, une casserole allant au four.

Y faire cuire le mélange aux épices et aux aromates, 1 minute.

**4** Ajouter le rôti et le faire saisir sur tous les côtés. Saler. Ajouter la sauce aux canneberges et le bouillon de bœuf. Porter à ébullition, couvrir et faire cuire au four de 2½ heures à 3 heures.

**5** Une heure avant la fin de la cuisson, ajouter le raifort, les clous de girofle et les légumes.

**6** Si la sauce n'est pas assez épaisse, y incorporer 15 ml (1 c. à s.) de fécule de maïs délayée dans 45 ml (3 c. à s.) d'eau froide. Porter à ébullition et faire cuire 1 minute.

**117**

# BROCHETTES DE BŒUF AUX LÉGUMES

*(4 PORTIONS)*

| | | |
|---|---|---|
| 700 g | steak de surlonge, en cubes | 1 ½ lb |
| 30 ml | sauce teriyaki | 2 c. à s. |
| 30 ml | vinaigre de vin | 2 c. à s. |
| 2 | gousses d'ail, blanchies, épluchées et hachées | 2 |
| 15 ml | gingembre frais haché | 1 c. à s. |
| 1 ml | poivre noir | ¼ c. à t. |
| 8 | grosses échalotes sèches, épluchées et blanchies | 8 |
| 2 | branches de chou chinois, en morceaux de 2,5 cm (1 po) | 2 |
| 1 | courge d'été jaune, coupée en 2 dans le sens de la longueur et tranchée | 1 |
| 4 | piments verts forts | 4 |
| | jus de 1 citron | |
| | sel | |

**1** Mélanger la viande avec la sauce teriyaki, le vinaigre de vin, l'ail, le gingembre, le jus de citron et le poivre noir; laisser mariner 1 heure.

**2** Préchauffer le gril à feu vif.

**3** Sur des brochettes enfiler, en alternant, la viande, les échalotes, le chou chinois et la courge d'été. Terminer par un piment fort et badigeonner de marinade.

**4** Huiler la grille. Placer les brochettes sur la grille chaude et les faire cuire, sans couvrir, 2 minutes de chaque côté. Assaisonner au goût et badigeonner de marinade durant la cuisson. Accompagner de légumes ou de riz.

# BŒUF STROGANOV

*(8 PORTIONS)*

| | | |
|---|---|---|
| 1 kg | bifteck de ronde | 2¼ lb |
| 50 ml | huile | ¼ tasse |
| 45 ml | beurre | 3 c. à s. |
| 1 | branche de céleri, tranchée | 1 |
| 1 | oignon, tranché | 1 |
| 225 g | champignons, tranchés | ½ lb |
| 75 ml | farine | ⅓ tasse |
| 300 ml | bouillon de bœuf | 1¼ tasse |
| 175 ml | sherry | ¾ tasse |
| 30 ml | sauce Worcestershire | 2 c. à s. |
| 30 ml | moutarde préparée | 2 c. à s. |
| 50 ml | pâte de tomate | ¼ tasse |
| 1 | feuille de laurier | 1 |
| 10 ml | paprika | 2 c. à t. |
| 2 ml | thym | ½ c. à t. |
| 250 ml | crème sure | 1 tasse |
| 1 litre | nouilles aux œufs, cuites et chaudes | 4 tasses |

**1** Couper le bifteck en lanières.

**2** Faire chauffer l'huile et le beurre. Y faire saisir le bœuf, puis y faire revenir les légumes jusqu'à ce qu'ils soient tendres. Ajouter la farine et mélanger pendant 2 minutes.

**3** Ajouter le bouillon de bœuf, le sherry, la sauce Worcestershire, la moutarde, la pâte de tomate et les assaisonnements.

**4** Couvrir et laisser mijoter 1¼ heure.

**5** Ajouter la crème sure et bien mélanger. Verser sur les nouilles et servir.

# BIFTECK AU POIVRON

*(4 PORTIONS)*

| | | |
|---|---|---|
| 700 g | bifteck de ronde, en fines lanières | 1 ½ lb |
| 125 ml | farine | ½ tasse |
| 45 ml | huile | 3 c. à s. |
| 1 | oignon, tranché | 1 |
| 1 | poivron vert, tranché | 1 |
| 1 | branche de céleri, tranchée | 1 |
| 60 g | champignons, tranchés | 2 oz |
| 2 | tomates, en quartiers | 2 |
| 125 ml | bouillon de bœuf | ½ tasse |
| 50 ml | sherry | ¼ tasse |
| 30 ml | sauce soja | 2 c. à s. |
| 5 ml | sauce Worcestershire | 1 c. à t. |

**1** Fariner le bœuf. Faire chauffer l'huile dans une grande poêle ou dans un wok.

**2** Y faire saisir le bœuf. Ajouter l'oignon, le poivron vert, le céleri et les champignons. Faire frire 2 minutes.

**3** Ajouter le reste des ingrédients. Laisser cuire encore 2 minutes. Servir avec du riz.

# BIFTECKS AU POIVRE

*(6 PORTIONS)*

| 6 | biftecks d'aloyau de 285 g (10 oz) chacun | 6 |
|---|---|---|
| 50 ml | poivre noir en grains, concassé | ¼ tasse |
| 50 ml | beurre | ¼ tasse |
| 30 ml | brandy | 2 c. à s. |
| 250 ml | sauce demi-glace (voir p. 315) | 1 tasse |
| 30 ml | sherry | 2 c. à s. |
| 50 ml | crème à 35% | ¼ tasse |

**1** Rouler les biftecks dans le poivre concassé.

**2** Faire chauffer le beurre et y faire cuire les biftecks selon le degré de cuisson désiré. Retirer du feu et réserver au chaud. Verser le brandy dans la poêle et flamber. Ajouter le sherry et la sauce demi-glace.

**3** Laisser mijoter 1 minute. Ajouter la crème et bien mélanger.

**4** Verser la sauce sur les biftecks et servir immédiatement.

# BIFTECKS DE FLANC À LA FLORENTINE
*(6 PORTIONS)*

| | | |
|---|---|---|
| 1 kg | bifteck de flanc | 2¼ lb |
| 45 ml | beurre | 3 c. à s. |
| 1 | petit oignon, en dés | 1 |
| 1 | gousse d'ail, hachée fin | 1 |
| 60 g | champignons, tranchés | 2 oz |
| 285 g | épinards | 10 oz |
| 375 ml | chapelure | 1½ tasse |
| 5 ml | basilic | 1 c. à t. |
| 125 ml | bouillon de poulet ou vin blanc | ½ tasse |
| 375 ml | fromage cheddar, râpé | 1½ tasse |
| 50 ml | noix d'acajou | ¼ tasse |

Préchauffer le four à 180 °C (350 °F).

**1** Attendrir les deux côtés de la viande avec un maillet.

**2** Dans une grande poêle à frire, faire chauffer le beurre. Y faire sauter l'oignon, l'ail et les champignons 3 minutes.

**3** Hacher les épinards. Les mettre dans la poêle avec la chapelure, le basilic et le bouillon de poulet.

**4** Étaler sur le bifteck. Parsemer de fromage et de noix d'acajou. Rouler comme pour un gâteau roulé, attacher avec de la ficelle tous les 5 cm (2 po).

**5** Faire cuire au four, à couvert, 2 heures. Découper en tranches de 2,5 cm (1 po) d'épaisseur. Servir avec une sauce demi-glace (voir p. 315), si désiré.

# ROSBIF DE CÔTES DE BŒUF ÉPICÉ

*(6 PORTIONS)*

| | | |
|---|---|---|
| ½ | branche de céleri, en dés | ½ |
| 1 | piment jalapeño, haché | 1 |
| 4 | échalotes sèches, épluchées et hachées | 4 |
| 45 ml | beurre | 3 c. à s. |
| 2 | gousses d'ail, épluchées, écrasées et hachées | 2 |
| 2 ml | piment de Cayenne | ½ c. à t. |
| 5 ml | poivre noir | 1 c. à t. |
| 5 ml | thym | 1 c. à t. |
| 1,8 kg | rosbif de côtes de bœuf, désossé | 4 lb |
| | sel | |

SAUCE

| | | |
|---|---|---|
| 1 | branche de céleri, en gros dés | 1 |
| 1 | gros oignon, en gros dés | 1 |
| 2 ml | thym | ½ c. à t. |
| 1 | feuille de laurier | 1 |
| 375 ml | bouillon de bœuf, chaud | 1 ½ tasse |

Préchauffer le four à 200 °C (400 °F).

**1** Bien mélanger le céleri, le piment, les échalotes, le beurre, l'ail, les épices et le thym.

**2** Si nécessaire, dégraisser le rosbif. Pratiquer au moins 6 incisions de 2,5 cm (1 po) de profondeur et les remplir du mélange au beurre.

**3** Mettre au four et faire saisir 35 minutes. Baisser la température du four à 190 °C (375 °F) et continuer la cuisson. Après 15 minutes, bien assaisonner le rosbif. Le temps total de cuisson est de 1 heure 40 minutes.

**4** Dix-huit minutes avant la fin de la cuisson, placer les légumes et les aromates dans le plat à rôtir.

**5** Retirer le rosbif cuit du plat et laisser reposer quelques minutes avant de le trancher.

**6** Entre-temps, mettre le plat à rôtir sur feu vif, et faire cuire 3 minutes. Si nécessaire, dégraisser.

**7** Incorporer le bouillon de bœuf et prolonger la cuisson, 6 minutes.

**8** Filtrer la sauce et servir avec le rosbif.

# PAIN DE VIANDE
## AVEC SAUCE AUX CHAMPIGNONS
*(6 PORTIONS)*

PAIN

| | | |
|---|---|---|
| 1 kg | **bœuf haché, extra maigre** | 2¼ lb |
| 2 | **œufs** | 2 |
| 150 ml | **chapelure** | ⅔ tasse |
| 50 ml | **persil, haché** | ¼ tasse |
| 5 ml | **basilic** | 1 c. à t. |
| 4 | **tranches de bacon** | 4 |
| | **sel et poivre fraîchement moulu** | |

SAUCE

| | | |
|---|---|---|
| 45 ml | **beurre** | 3 c. à s. |
| 225 g | **champignons, tranchés** | 8 oz |
| 45 ml | **farine** | 3 c. à s. |
| 250 ml | **crème à 35%** | 1 tasse |
| 500 ml | **bouillon de bœuf** | 2 tasses |
| 50 ml | **sherry** | ¼ tasse |
| 50 ml | **pâte de tomate** | ¼ tasse |

Préchauffer le four à 180 °C (350 °F).

**1** Mélanger le bœuf avec les œufs, la chapelure et les assaisonnements. Façonner en pain de 22 cm sur 12 cm (9 po sur 5 po). Étaler le bacon dessus. Faire cuire au four 1¼ à 1½ heure.

**2** Dans une casserole, faire chauffer le beurre; y faire sauter les champignons. Ajouter la farine et laisser cuire 2 minutes.

**3** Incorporer la crème, le bouillon et le sherry. Baisser le feu et laisser mijoter jusqu'à ce que la sauce épaississe. Au fouet, incorporer la pâte de tomate.

**4** Verser sur le pain de viande.

# BŒUF BRAISÉ

*(4 À 6 PORTIONS)*

| | | |
|---|---|---|
| 30 ml | huile d'olive | 2 c. à s. |
| 1,8 kg | rôti de ronde de bœuf, ficelé | 4 lb |
| 3 | gros oignons, coupés en 6 | 3 |
| 2 | gousses d'ail, épluchées, écrasées et hachées | 2 |
| 250 ml | sauce aux canneberges | 1 tasse |
| 796 ml | tomates en conserve, égouttées et hachées | 28 oz |
| 125 ml | vin de xérès | ½ tasse |
| 750 ml | bouillon de bœuf, chaud | 3 tasses |
| 5 ml | basilic | 1 c. à t. |
| 2 ml | thym | ½ c. à t. |
| 5 ml | origan | 1 c. à t. |
| | sel et poivre fraîchement moulu | |

Préchauffer le four à 180 °C (350 °F).

**1** Faire chauffer l'huile dans une casserole allant au four, à feu vif. Ajouter la viande et la faire saisir sur tous les côtés. Saler, poivrer.

**2** Ajouter les oignons et l'ail; poursuivre la cuisson 8 minutes pour faire saisir les oignons. Remuer 1 ou 2 fois pendant la cuisson.

**3** Ajouter le reste des ingrédients. Saler, poivrer et porter à ébullition. Couvrir et faire cuire au four 2½ à 3 heures.

**4** Servir avec des légumes frais.

***Note :*** *pour une sauce plus épaisse, verser 500 ml (2 tasses) de sauce dans une casserole. Délayer 15 ml (1 c. à s.) de fécule de maïs dans 45 ml (3 c. à s.) d'eau froide. Incorporer à la sauce et faire cuire 1 minute, à feu vif.*

# LONGE DE VEAU RÔTIE

*(4 PORTIONS)*

| | | |
|---|---|---|
| 15 ml | huile d'olive | 1 c. à s. |
| 700 g | longe de veau désossée | 1 ½ lb |
| 5 ml | beurre | 1 c. à t. |
| 1 | oignon, finement haché | 1 |
| ½ | branche de céleri, en dés | ½ |
| 2 ml | basilic | ½ c. à t. |
| 2 ml | estragon | ½ c. à t. |
| 15 ml | persil haché | 1 c. à s. |
| 250 ml | vin blanc sec | 1 tasse |
| 300 ml | bouillon de poulet, chaud | 1 ¼ tasse |
| 15 ml | fécule de maïs | 1 c. à s. |
| 45 ml | eau froide | 3 c. à s. |
| | sel et poivre fraîchement moulu | |

Préchauffer le four à 190 °C (375 °F).

**1** Faire chauffer, à feu vif, l'huile dans une poêle en fonte. Y faire saisir le veau sur les deux faces, puis le mettre dans un plat à rôtir.

**2** Saler, poivrer. Badigeonner de beurre et faire cuire au four, en comptant 20 minutes par 450 g (1 lb).

**3** Retirer la viande cuite du plat et tenir au chaud.

**4** Mettre le plat à rôtir sur feu vif. Ajouter l'oignon, le céleri et les aromates. Saler, poivrer et faire cuire 3 minutes.

**5** Mouiller avec le vin et poursuivre la cuisson 5 minutes, à feu vif.

**6** Incorporer le bouillon de poulet et porter à ébullition.

**7** Délayer la fécule de maïs dans l'eau froide. Incorporer à la sauce, bien remuer et faire cuire 2 minutes.

**8** Filtrer la sauce et la servir avec le rôti.

*Faire saisir la viande sur les deux faces dans une poêle en fonte, à feu vif.*

*Mettre la viande dans un plat à rôtir. La badigeonner de beurre et faire cuire au four.*

*Mouiller avec le vin et poursuivre la cuisson. Incorporer le bouillon de poulet et porter à ébullition.*

*Filtrer la sauce et la servir avec le rôti.*

# Escalopes de veau parmigiana

*(6 PORTIONS)*

| 6 | escalopes de veau | 6 |
|---|---|---|
| 2 | œufs | 2 |
| 50 ml | lait | ¼ tasse |
| 125 ml | farine | ½ tasse |
| 250 ml | chapelure | 1 tasse |
| 45 ml | huile | 3 c. à s. |
| 45 ml | beurre | 3 c. à s. |
| 250 ml | sauce tomate (voir p. 308) | 1 tasse |
| 250 ml | fromage mozzarella, râpé | 1 tasse |

**1** Bien aplatir les escalopes.

**2** Mélanger les œufs avec le lait. Fariner les escalopes, les tremper dans le mélange aux œufs et les rouler dans la chapelure.

**3** Faire sauter les escalopes dans l'huile et le beurre chauds, 3 minutes de chaque côté.

**4** Couvrir de sauce tomate et de fromage. Faire gratiner au four.

# CÔTES DE VEAU ET SAUCE AUX MÛRES

*(4 PORTIONS)*

| | | |
|---|---|---|
| 15 ml | huile d'olive | 1 c. à s. |
| 8 | côtes de veau, dégraissées | 8 |
| 1 | échalote sèche, épluchée et hachée | 1 |
| 125 ml | vin blanc sec | ½ tasse |
| 375 ml | bouillon de veau ou de bœuf, chaud | 1½ tasse |
| 15 ml | fécule de maïs | 1 c. à s. |
| 30 ml | eau froide | 2 c. à s. |
| 250 ml | mûres, lavées | 1 tasse |
| 15 ml | persil frais haché | 1 c. à s. |
| | sel et poivre fraîchement moulu | |

Préchauffer le four à 180 °C (350 °F).

**1** Faire chauffer l'huile dans une poêle à frire allant au four, à feu moyen. Y faire cuire les côtes de veau 4 minutes de chaque côté, ou selon l'épaisseur. Les retirer de la poêle et réserver.

**2** Mettre l'échalote et le vin dans la poêle chaude. Faire cuire 3 minutes, à feu vif. Incorporer le bouillon de veau, saler, poivrer et faire cuire 5 minutes.

**3** Délayer la fécule de maïs dans l'eau froide. Incorporer à la sauce. Ajouter les mûres et les côtes de veau. Mettre au four et faire cuire 5 minutes.

**4** Parsemer de persil et servir.

# ESCALOPES DE VEAU FARCIES
### (4 PORTIONS)

| | | |
|---|---|---|
| 1 | aubergine moyenne | 1 |
| 30 ml | huile d'olive | 2 c. à s. |
| 4 | grandes escalopes de veau | 4 |
| 3 | oignons verts, hachés | 3 |
| 50 ml | vin blanc sec | ¼ tasse |
| 250 ml | bouillon de poulet, chaud | 1 tasse |
| 15 ml | fécule de maïs | 1 c. à s. |
| 45 ml | eau froide | 3 c. à s. |
| | sel et poivre fraîchement moulu | |

Préchauffer le four à 190 °C (375 °F).

**1** Peler l'aubergine et la couper en rondelles de 1,2 cm (½ po) d'épaisseur. Placer les rondelles sur une plaque à biscuits et les badigeonner légèrement d'huile d'olive. Saler, poivrer. Mettre au four et faire cuire 12 minutes. Sortir du four et réserver.

**2** Placer chaque escalope de veau entre deux feuilles de papier ciré et l'aplatir au maillet. Retirer le papier.

**3** Disposer deux rondelles d'aubergine sur chaque escalope de veau, replier les côtés, fermer les extrémités et ficeler le tout.

**4** Faire chauffer le reste de l'huile dans une sauteuse, à feu moyen. Y faire cuire les escalopes sur toutes les faces, 4 minutes.

**5** Ajouter les oignons verts et faire cuire 2 minutes. Mouiller avec le vin, saler et poivrer, faire cuire 3 minutes.

**6** Retirer les escalopes et réserver.

**7** Verser le bouillon de poulet dans la sauteuse et faire cuire 2 minutes, à feu moyen. Délayer la fécule de maïs dans l'eau froide. Incorporer à la sauce et faire cuire 1 minute.

**8** Remettre les escalopes dans la sauce et laisser mijoter, à feu très doux, 3 minutes. Servir.

Badigeonner d'huile les rondelles d'aubergine. Saler, poivrer et faire cuire au four.

Aplatir les escalopes entre deux feuilles de papier ciré.

Placer deux rondelles d'aubergine sur chaque tranche de veau. Replier les côtés.

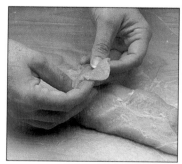

Fermer les extrémités et ficeler.

# ESCALOPES DE VEAU PANÉES

*(4 PORTIONS)*

| | | |
|---|---|---|
| 4 | escalopes de veau de taille moyenne | 4 |
| 2 ml | poivre blanc | ½ c. à t. |
| 1 ml | paprika | ¼ c. à t. |
| 5 ml | persil finement haché | 1 c. à t. |
| 2 | gousses d'ail, blanchies, épluchées et en purée | 2 |
| 125 ml | farine | ½ tasse |
| 2 | œufs, battus | 2 |
| 50 ml | crème à 15% | ¼ tasse |
| 30 ml | beurre | 2 c. à s. |
| 15 ml | huile d'olive | 1 c. à s. |
| | chapelure | |
| | sel | |

**1** Placer chaque escalope entre deux feuilles de papier ciré et l'aplatir au maillet.

**2** Mélanger les épices, le persil et l'ail dans un petit bol. Étaler la moitié du mélange sur un côté des escalopes.

**3** Incorporer à la farine le reste du mélange aux épices. Passer les escalopes dans cette préparation.

**4** Mélanger les œufs battus avec la crème. Tremper les escalopes dans ce mélange, puis bien les enrober de chapelure. Saler.

**5** Faire chauffer le beurre et l'huile dans une poêle à frire, à feu moyen. Ajouter les escalopes et faire cuire 2 minutes de chaque côté. Servir.

# Rôti de longe de porc aux figues

*(4 à 6 portions)*

### COMPOTE DE FIGUES

| | | |
|---|---|---|
| 4 | **rondelles de citron, finement hachées avec le zeste** | 4 |
| 125 ml | **sucre** | ½ tasse |
| 450 g | **figues fraîches, lavées et coupées en 2** | 1 lb |
| 5 ml | **vanille** | 1 c. à t. |
| 250 ml | **eau** | 1 tasse |
| 90 ml | **vin blanc** | 6 c. à s. |

### RÔTI DE PORC

| | | |
|---|---|---|
| 900 g | **rôti de longe de porc** | 2 lb |
| 15 ml | **huile d'olive** | 1 c. à s. |
| 12 | **petits oignons blancs entiers, épluchés** | 12 |
| 6 | **échalotes sèches entières, épluchées** | 6 |
| 2 ml | **paprika** | ½ c. à t. |
| | **sel et poivre fraîchement moulu** | |

**1** Mettre tous les ingrédients de la compote de figues dans une casserole. Porter à ébullition, à feu moyen.

**2** Baisser le feu et poursuivre la cuisson 20 minutes.

**3** Préchauffer le four à 180 °C (350 °F).

**4** Mettre la longe de porc dans un plat à rôtir. La badigeonner d'huile; saler et poivrer. Ajouter les oignons et les échalotes. Saupoudrer de paprika. Faire cuire 30 minutes, au four.

**5** Sortir du four. Étaler la compote de figues sur le rôti. Remettre au four et poursuivre la cuisson 30 minutes. Servir.

# FILET DE PORC SAUTÉ AUX PÂTES

*(4 PORTIONS)*

| | | |
|---|---|---|
| 45 ml | huile d'olive | 3 c. à s. |
| 1 | filet de porc, dégraissé et coupé en tranches de 1 cm (½ po) d'épaisseur | 1 |
| ½ | branche de céleri, émincée | ½ |
| 1 | poivron jaune, émincé | 1 |
| 1 | poivron vert, émincé | 1 |
| 1 | petit piment fort, haché | 1 |
| 2 | gousses d'ail, épluchées, écrasées et hachées | 2 |
| 125 ml | vin blanc sec | ½ tasse |
| 125 ml | pignons | ½ tasse |
| 350 g | penne ou conchiglie, cuites *al dente* | ¾ lb |
| 125 ml | fromage asiago râpé | ½ tasse |
| | sel et poivre fraîchement moulu | |

*Faire cuire le porc dans l'huile chaude, 2 minutes de chaque côté, à feu moyen.*

**1** Faire chauffer l'huile dans une poêle, à feu moyen. Y faire cuire le porc 2 minutes. Retourner la viande, l'assaisonner et poursuivre la cuisson 2 minutes. La retirer de la poêle et réserver.

**2** Mettre le céleri, les poivrons et le piment fort dans la poêle. Ajouter l'ail et faire cuire 4 minutes, à feu vif. Bien assaisonner, mouiller avec le vin et poursuivre la cuisson 2 minutes.

**3** Remettre le porc dans la poêle. Ajouter les pignons et les pâtes chaudes. Bien mélanger et incorporer la moitié du fromage. Assaisonner et laisser mijoter 2 minutes.

**4** Servir avec le reste du fromage.

*Mettre le céleri, les poivrons et le piment fort dans la poêle.*

*Remettre le porc dans la poêle. Ajouter les pignons et les pâtes chaudes.*

# CÔTES LEVÉES ÉPICÉES

*(6 À 8 PORTIONS)*

CÔTES LEVÉES

| | | |
|---|---|---|
| **2,3 kg** | **côtes levées de porc, maigres** | **5 lb** |
| **1** | **oignon, épluché et coupé en quartier** | **1** |
| **1** | **carotte, pelée et émincée** | **1** |
| **1** | **branche de céleri, émincée** | **1** |
| **2** | **feuilles de laurier** | **2** |
| | **thym frais** | |
| | **sel et poivre fraîchement moulu** | |
| | **piment de Cayenne et paprika, au goût** | |

SAUCE

| | | |
|---|---|---|
| **50 ml** | **sauce soya** | **¼ tasse** |
| **30 ml** | **sauce teriyaki** | **2 c. à s.** |
| **50 ml** | **cassonade** | **¼ tasse** |
| **2** | **gousses d'ail, épluchées et émincées** | **2** |
| **50 ml** | **vin blanc sec** | **¼ tasse** |
| **15 ml** | **gingembre frais haché** | **1 c. à s.** |
| **1** | **piment jalapeño, épépiné et haché** | **1** |
| **1 ml** | **cinq épices** | **¼ c. à t.** |
| **1 ml** | **muscade** | **¼ c. à t.** |

**1** Mettre tous les ingrédients des côtes levées dans une lèchefrite, couvrir à peine d'eau froide et faire cuire 30 minutes, à feu moyen.

**2** Égoutter les côtes levées, les couper en deux et les disposer côte à côte dans un plat creux.

**3** Faire cuire tous les ingrédients de la sauce 3 minutes, ou jusqu'à ce que la cassonade soit bien dissoute. Verser sur les côtes levées et laisser mariner 15 minutes.

**4** Retirer les côtes levées de la marinade et les faire griller au barbecue de 20 à 25 minutes. Rectifier le temps de cuisson selon leur taille. Retourner souvent et badigeonner de marinade pendant la cuisson.

# Porc sauté aux courgettes

*(4 portions)*

| | | |
|---|---|---|
| 30 ml | huile d'olive | 2 c. à s. |
| 1 | courgette, coupée en 2, dans le sens de la longueur, et émincée | 1 |
| 2 | branches de céleri, émincées | 2 |
| 1 | poivron rouge, coupé en gros morceaux | 1 |
| 2 | pommes, pelées, évidées et en quartiers | 2 |
| 2 | gousses d'ail, épluchées, écrasées et hachées | 2 |
| 8 | côtelettes de porc, dégraissées et coupées en lanières | 8 |
| 15 ml | persil frais haché | 1 c. à s. |
| | sel, poivre, paprika | |

**1** Faire chauffer la moitié de l'huile dans une poêle à frire, à feu vif. Ajouter les légumes, les pommes et l'ail. Saler, poivrer et faire cuire 3 minutes.

**2** Remuer les légumes et les pommes et poursuivre leur cuisson 3 minutes, à feu moyen. Les retirer de la poêle et réserver.

**3** Faire chauffer le reste de l'huile dans la poêle à frire, à feu moyen. Y faire revenir la viande 2 minutes de chaque côté. Saler, poivrer.

**4** Remettre les légumes et les pommes dans la poêle. Ajouter le persil. Saler, poivrer et saupoudrer légèrement de paprika. Faire cuire 2 minutes pour réchauffer les légumes.

# LONGE DE PORC RÔTIE

*(4 À 6 PORTIONS)*

| | | |
|---|---|---|
| 30 ml | beurre | 2 c. à s. |
| 2 ml | chacun des ingrédients suivants : poivre noir, piment de Cayenne et thym | ½ c. à t. |
| 5 ml | origan | 1 c. à t. |
| 2 ml | moutarde en poudre | ½ c. à t. |
| 2 | gousses d'ail, hachées | 2 |
| 1,8 kg | rôti de longe de porc | 4 lb |
| 15 ml | huile d'olive | 1 c. à s. |
| 1 | branche de céleri, en dés | 1 |
| 2 | carottes, épluchées, en dés | 2 |
| 1 | gros oignon, en dés | 1 |
| 1 | poivron rouge, en dés | 1 |
| 45 ml | farine | 3 c. à s. |
| 125 ml | bouillon de poulet, chaud | ½ tasse |
| | sel et poivre fraîchement moulu | |

Préchauffer le four à 150 °C (300 °F).

**1** Faire chauffer le beurre dans une poêle à frire, à feu moyen. Y faire cuire les épices, les aromates, la moutarde et l'ail 1 minute.

**2** Pratiquer de petites incisions profondes dans le rôti de porc et les remplir du mélange aux épices cuit. Étaler le reste du mélange sur le rôti. Saler.

**3** Faire chauffer l'huile dans un plat à rôtir, à feu moyen. Y déposer le rôti et l'entourer des légumes. Saler, poivrer et faire cuire au four 2 heures.

**4** Quinze minutes avant la fin de la cuisson, augmenter la chaleur du four à 220 °C (425 °F) pour bien dorer le rôti.

**5** Retirer le rôti du plat et laisser reposer 10 minutes.

**6** Mettre le plat à rôtir sur feu moyen. Saupoudrer les légumes de farine, mélanger et faire cuire 3 minutes. Incorporer le bouillon de poulet et poursuivre la cuisson 6 minutes. Passer la sauce. Servir avec le rôti.

*Faire cuire le mélange aux épices et aux aromates dans le beurre chaud.*

*Remplir les incisions du mélange aux épices cuit. Étaler le reste du mélange sur le rôti.*

*Mettre le rôti dans le plat à rôtir et l'entourer des légumes.*

*Mettre le plat à rôtir sur feu moyen. Saupoudrer les légumes de farine et mouiller avec le bouillon de poulet.*

# FILET DE PORC À L'ITALIENNE

*(8 PORTIONS)*

| | | |
|---|---|---|
| 50 ml | huile d'olive | ¼ tasse |
| 1 kg | filet de porc, en cubes | 2¼ lb |
| 1 | gousse d'ail, hachée fin | 1 |
| 1 | oignon, en dés | 1 |
| 1 | poivron vert, en dés | 1 |
| 2 | branches de céleri, en dés | 2 |
| 225 g | petits champignons | ½ lb |
| 750 ml | tomates, épépinées et hachées | 3 tasses |
| 5 ml | thym | 1 c. à t. |
| 5 ml | sel | 1 c. à t. |
| 2 ml | poivre, concassé | ½ c. à t. |
| 2 ml | origan | ½ c. à t. |
| 2 ml | basilic | ½ c. à t. |
| 450 g | linguine | 1 lb |

**1** Faire chauffer l'huile dans une grande poêle. Y faire revenir le porc. Retirer du feu et garder au chaud.

**2** Faire sauter dans la poêle l'ail, l'oignon, le poivron vert, le céleri et les champignons, jusqu'à ce qu'ils soient tendres.

**3** Incorporer les tomates et les assaisonnements. Laisser mijoter doucement 20 minutes.

**4** Mettre le porc dans la poêle et poursuivre la cuisson jusqu'à ce qu'il soit bien cuit.

**5** Pendant que la sauce réduit, faire bouillir de l'eau dans une casserole. Saler et ajouter les linguine. Les faire cuire *al dente*.

**6** Égoutter les pâtes et les dresser dans un plat de service; couvrir de filet de porc.

# CÔTELETTES DE PORC BARBECUE À L'ANCIENNE

*(4 PORTIONS)*

| | | |
|---|---|---|
| 75 ml | vinaigre de cidre | ⅓ tasse |
| 50 ml | ketchup | ¼ tasse |
| 25 ml | cassonade | 1½ c. à s. |
| ½ | oignon, finement haché | ½ |
| 5 ml | romarin | 1 c. à t. |
| 5 ml | sauce Worcestershire | 1 c. à t. |
| 2 ml | poivre noir | ½ c. à t. |
| 4 | côtelettes de porc de 2 cm (¾ po) d'épaisseur, partiellement dégraissées | 4 |

**1** Mélanger tous les ingrédients, sauf la viande, dans un bol. Verser le mélange dans une petite casserole et faire cuire, à feu moyen, 5 minutes. Sortir du four et laisser refroidir.

**2** Badigeonner les côtelettes de porc de marinade. Laisser mariner 15 minutes.

**3** Préchauffer le gril à feu moyen.

**4** Huiler la grille et y faire cuire les côtelettes de porc, sans couvrir, 8 à 9 minutes de chaque côté. Badigeonner 4 à 5 fois de marinade pendant la cuisson.

**5** Accompagner de petites pommes de terre cuites dans du papier d'aluminium.

# CÔTELETTES DE PORC CAJUN

*(4 PORTIONS)*

| | | |
|---|---|---|
| 1 ml | poivre noir | ¼ c. à t. |
| 1 ml | paprika | ¼ c. à t. |
| 1 ml | piment de Cayenne | ¼ c. à t. |
| 1 ml | origan en poudre | ¼ c. à t. |
| 1 ml | thym en poudre | ¼ c. à t. |
| 1 ml | gingembre moulu | ¼ c. à t. |
| 8 | côtelettes de longe de porc | 8 |
| 30 ml | beurre | 2 c. à s. |
| 1 | oignon, émincé | 1 |
| 1 | poivron vert, en grosses lanières | 1 |
| 1 | poivron rouge, en grosses lanières | 1 |
| 30 ml | farine | 2 c. à s. |
| 375 ml | bouillon de poulet, chaud | 1½ tasse |
| 5 ml | miel | 1 c. à t. |
| | sel | |

**1** Mélanger les épices et les aromates dans un bol. Frotter les côtelettes avec la moitié de ce mélange. Réserver.

**2** Faire chauffer le beurre dans une grande poêle à frire, à feu moyen. Y faire cuire les côtelettes 3 minutes de chaque côté. Saler et réserver.

**3** Mettre l'oignon dans la poêle chaude et le faire cuire 3 minutes, à feu moyen. Ajouter les poivrons et le reste du mélange aux épices et aux aromates. Mélanger et faire cuire 7 minutes.

**4** Saupoudrer de farine, bien mélanger et faire cuire 3 minutes.

**5** Incorporer le bouillon de poulet et le miel. Faire cuire 5 minutes, à feu doux. Remettre les côtelettes dans la poêle et laisser mijoter 2 minutes.

**6** Si désiré, servir avec des pommes de terre bouillies.

# ESCALOPES DE PORC FARCIES AU FROMAGE

*(4 PORTIONS)*

| | | |
|---|---|---|
| 1 ml | moutarde en poudre | ¼ c. à t. |
| 1 ml | poivre noir | ¼ c. à t. |
| 2 ml | origan moulu | ½ c. à t. |
| 1 ml | thym moulu | ¼ c. à t. |
| 1 ml | gingembre moulu | ¼ c. à t. |
| 1 ml | piment de Cayenne | ¼ c. à t. |
| 8 | grandes escalopes de porc, de 0,65 cm (¼ po) d'épaisseur | 8 |
| 4 | tranches de prosciutto | 4 |
| 4 | tranches de fromage havarti | 4 |
| 1 | œuf, battu | 1 |
| 375 ml | chapelure | 1 ½ tasse |
| 30 ml | huile d'olive | 2 c. à s. |
| | sel | |

Préchauffer le four à 180 °C (350 °F).

**1** Mélanger les épices et les aromates; réserver.

**2** Placer chaque escalope entre deux feuilles de papier ciré et l'aplatir au maillet.

**3** Assaisonner les escalopes du mélange aux épices et aux aromates. Placer une tranche de prosciutto sur quatre escalopes et ajouter une tranche de fromage, sans la faire dépasser des côtés de la viande.

**4** Couvrir d'une escalope. À l'aide d'un maillet, aplatir les côtés. Saler.

**5** Tremper chaque escalope farcie dans l'œuf battu et bien l'enrober de chapelure.

**6** Faire chauffer l'huile dans une poêle à frire allant au four, à feu moyen. Y faire cuire les escalopes farcies 3 minutes de chaque côté. Puis, prolonger la cuisson au four, 8 à 10 minutes.

**7** Sortir du four et servir avec des légumes et des pâtes, si désiré.

# FILETS DE PORC FARCIS GRILLÉS
*(4 PORTIONS)*

FARCE

| 45 ml | beurre | 3 c. à s. |
|---|---|---|
| ½ | branche de céleri, en dés | ½ |
| ½ | oignon, haché | ½ |
| 2 ml | romarin | ½ c. à t. |
| 15 ml | basilic frais, haché | 1 c. à s. |
| 6 | champignons, nettoyés et hachés | 6 |
| 30 ml | madère | 2 c. à s. |
| 125 ml | chapelure | ½ tasse |
| | sel et poivre fraîchement moulu | |

PORC

| 2 | filets de porc, dégraissés | 2 |
|---|---|---|
| 15 ml | huile d'olive | 1 c. à s. |
| 5 ml | sauce teriyaki | 1 c. à t. |
| | jus de 1 citron | |
| | poivre fraîchement moulu | |

**1** Faire chauffer, à feu moyen, le beurre dans une poêle à frire. Ajouter le céleri et l'oignon, et faire cuire, à feu doux, 5 minutes.

**2** Ajouter les aromates, saler, poivrer et faire cuire, à feu moyen, 2 minutes. Ajouter les champignons et poursuivre la cuisson 4 minutes.

**3** Incorporer le madère et continuer la cuisson 2 minutes.

**4** Ajouter la chapelure, bien mélanger et faire cuire 1 minute. Retirer du feu. Verser dans le bol du robot culinaire et mélanger 30 secondes.

**5** Couper chaque filet de porc en deux, aux ¾ de leur épaisseur. Ouvrir les filets en papillon, les placer entre deux feuilles de papier ciré et les aplatir au maillet.

**6** Farcir les filets de porc, les rouler et les ficeler.

**7** Mélanger l'huile, la sauce teriyaki, le jus de citron et le poivre. Badigeonner les filets de ce mélange.

**8** Préchauffer le gril à feu moyen. Huiler la grille. Placer les filets sur la grille chaude. Couvrir et faire cuire 30 minutes. Assaisonner au goût. Retourner les filets 2 à 3 fois pendant la cuisson et les badigeonner 5 à 6 fois du mélange à l'huile.

**9** Accompagner d'une sauce demi-glace ou d'une sauce de votre choix, si désiré.

# Porc aux pousses de bambou

*(4 PORTIONS)*

| | | |
|---|---|---|
| 45 ml | huile végétale | 3 c. à s. |
| 30 ml | gingembre frais haché | 2 c. à s. |
| 3 | oignons verts, hachés | 3 |
| 2 | branches de céleri, émincées | 2 |
| 225 g | champignons, nettoyés et coupés en 3 | ½ lb |
| 900 g | filet de porc, dégraissé et coupé en lanières | 2 lb |
| 30 ml | sauce soya | 2 c. à s. |
| 125 ml | vin blanc sec | ½ tasse |
| 125 ml | pousses de bambou en conserve, bien égouttées et émincées | ½ tasse |
| 1 | gousse d'ail, épluchée, écrasée et hachée | 1 |
| 375 ml | bouillon de poulet, chaud | 1½ tasse |
| 5 ml | fécule de maïs | 1 c. à t. |
| 30 ml | eau froide | 2 c. à s. |
| | sel et poivre fraîchement moulu | |

**1** Faire chauffer l'huile dans une sauteuse, à feu moyen. Y faire cuire le gingembre, les oignons verts et le céleri, 1 minute, à feu vif. Ajouter les champignons. Saler, poivrer et poursuivre la cuisson 3 minutes. Retirer les légumes et réserver.

**2** Faire cuire le porc dans la sauteuse 4 minutes, à feu vif. Assaisonner durant la cuisson. Retirer le porc et réserver.

**3** Verser la sauce soya et le vin dans la sauteuse; faire chauffer 3 minutes. Incorporer les pousses de bambou, l'ail et le bouillon de poulet; porter à ébullition.

**4** Diluer la fécule de maïs dans l'eau froide. Incorporer à la sauce. Remettre les légumes et la viande dans la sauce et bien assaisonner; faire cuire 6 minutes, à feu doux.

# Escalopes de Porc aux Champignons

*(8 PORTIONS)*

| | | |
|---|---|---|
| 8 | tranches de bacon | 8 |
| 8 | escalopes de porc très maigre | 8 |
| 50 ml | beurre | ¼ tasse |
| 30 ml | oignon, haché fin | 2 c. à s. |
| 45 ml | poivron vert, en dés | 3 c. à s. |
| 115 g | champignons, tranchés | 4 oz |
| 45 ml | farine | 3 c. à s. |
| 500 ml | sauce demi-glace (voir p. 315) | 2 tasses |
| 50 ml | sherry | ¼ tasse |
| 125 ml | crème à 35 % | ½ tasse |
| 50 ml | oignons verts, hachés | ¼ tasse |

**1** Enrouler le bacon autour des escalopes. Faire griller les escalopes au charbon de bois ou au four, jusqu'à ce qu'elles soient bien cuites.

**2** Faire chauffer le beurre dans une poêle. Y faire sauter les légumes jusqu'à ce qu'ils soient tendres. Saupoudrer de farine; laisser cuire 2 minutes.

**3** Ajouter la sauce demi-glace et le sherry et faire mijoter 5 minutes.

**4** Ajouter la crème. Laisser mijoter 1 minute. Ajouter les oignons verts et poursuivre la cuisson 3 minutes.

**5** Verser la sauce sur les escalopes. Servir immédiatement.

# CÔTELETTES DE PORC À LA DIJONNAISE

### (6 PORTIONS)

| | | |
|---|---|---|
| 6 | côtelettes de porc dans l'épaule | 6 |
| 30 ml | beurre | 2 c. à s. |
| 5 ml | huile | 1 c. à t. |
| 2 | échalotes, tranchées | 2 |
| 2 | gousses d'ail, hachées fin | 2 |
| 12 | cornichons, en julienne | 12 |
| 125 ml | sherry | ½ tasse |
| 125 ml | crème à 35 % | ½ tasse |
| 30 ml | moutarde forte | 2 c. à s. |

**1** Faire sauter les côtelettes de porc dans la moitié du beurre et l'huile, environ 8 à 10 minutes de chaque côté.

**2** Dans une casserole, faire chauffer le reste du beurre. Y faire revenir les échalotes et l'ail jusqu'à ce qu'ils soient tendres.

**3** Ajouter les cornichons et le sherry. Laisser mijoter jusqu'à l'évaporation presque complète du liquide.

**4** Mélanger la crème avec la moutarde, ajouter à la sauce et laisser mijoter 2 minutes.

**5** Verser sur les côtelettes de porc et servir.

143

# Saucisses polonaises en pâte
*(8 tranches)*

| 1 | abaisse de pâte feuilletée surgelée de 18 cm sur 20 cm (7 po sur 8 po) | 1 |
|---|---|---|
| 450 g | saucisse polonaise | 1 lb |
| 1 | œuf, légèrement battu | 1 |

Préchauffer le four à 220 °C (425 °F).

**1** Faire dégeler la pâte. Retirer l'enveloppe de la saucisse. Envelopper la saucisse dans la pâte.

**2** Badigeonner d'œuf. Faire dorer au four, environ 20 à 25 minutes.

**3** Sortir du four, trancher et servir avec une sauce au goût.

# Curry d'agneau
*(8 portions)*

| 75 ml | beurre | ⅓ tasse |
|---|---|---|
| 1 kg | agneau, désossé et en lanières de 5 cm (2 po) | 2¼ lb |
| 1 | gros oignon, en dés | 1 |
| 500 ml | céleri, en dés | 2 tasses |
| 45 ml | farine | 3 c. à s. |
| 250 ml | sauce tomate | 1 tasse |
| 250 ml | bouillon de poulet | 1 tasse |
| 250 ml | yogourt nature | 1 tasse |
| 5 ml | sel | 1 c. à t. |
| 30 ml | poudre de curry | 2 c. à s. |

**1** Dans une grande poêle, faire chauffer le beurre.

**2** Y faire sauter l'agneau, l'oignon et le céleri pendant 5 minutes. Saupoudrer de farine et poursuivre la cuisson 3 minutes.

**3** Ajouter la sauce tomate, le bouillon, le yogourt et les assaisonnements.

**4** Baisser le feu et laisser mijoter doucement jusqu'à ce que l'agneau soit tendre, environ 30 à 40 minutes.

**5** Servir avec des nouilles ou du riz, si désiré.

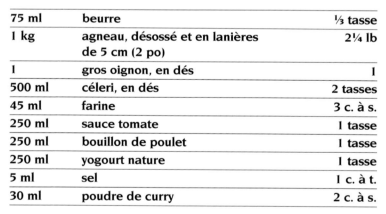

# CASSEROLE À L'AGNEAU ET AUX LÉGUMES

*(4 PORTIONS)*

| | | |
|---|---|---|
| 5 ml | basilic | 1 c. à t. |
| 1 ml | thym | ¼ c. à t. |
| 60 ml | farine | 4 c. à s. |
| 30 ml | huile d'olive | 2 c. à s. |
| 1,2 kg | épaule d'agneau, dégraissée et en cubes | 2½ lb |
| 50 ml | vin de xérès | ¼ tasse |
| 500 ml | bouillon de poulet, chaud | 2 tasses |
| 15 ml | beurre | 1 c. à s. |
| 24 | petits oignons blancs, épluchés | 24 |
| 6 | échalotes sèches, entières, épluchées | 6 |
| 1 | branche de céleri, coupée en gros morceaux et blanchie | 1 |
| 4 | carottes épluchées, coupées en gros morceaux et blanchies | 4 |
| 1 | poivron jaune, en morceaux | 1 |
| 1 | poivron rouge, en morceaux | 1 |
| | sel et poivre fraîchement moulu | |

Préchauffer le four à 180 °C (350 °F).

**1** Mélanger le basilic, le thym et la farine. En enrober les cubes de viande. Assaisonner.

**2** Faire chauffer l'huile à feu vif. Y faire saisir la viande sur toutes les faces, 8 minutes. Ajouter le vin et faire cuire 3 minutes.

**3** Incorporer le bouillon. Saler, poivrer. Porter à ébullition, couvrir et faire cuire au four 2 à 2½ heures.

**4** Faire chauffer le beurre dans une poêle à frire, à feu moyen. Y faire cuire les oignons et les échalotes 8 minutes en mélangeant de temps à autre.

**5** Une heure et demie avant la fin de la cuisson, ajouter les oignons à la viande.

**6** Quinze minutes avant la fin de la cuisson, ajouter tous les autres légumes. Saler, poivrer, couvrir et finir la cuisson.

*Faire saisir la viande dans l'huile chaude.*

*Ajouter le vin de xérès.*

*Une heure et demie avant la fin de la cuisson, ajouter les oignons à la viande.*

*Quinze minutes avant la fin de la cuisson, ajouter tous les autres légumes.*

# CURRY D'AGNEAU CRÉOLE

*(4 À 6 PORTIONS)*

| | | |
|---|---|---|
| 1,8 kg | **épaule d'agneau désossée** | 4 lb |
| 15 ml | **gingembre frais haché** | 1 c. à s. |
| 15 ml | **coriandre moulue** | 1 c. à s. |
| 15 ml | **cumin** | 1 c. à s. |
| 5 ml | **poudre de curry** | 1 c. à t. |
| 5 ml | **basilic** | 1 c. à t. |
| 1 ml | **piment de Cayenne** | ¼ c. à t. |
| 30 ml | **huile d'olive** | 2 c. à s. |
| 2 | **gros oignons, en cubes** | 2 |
| 3 | **gousses d'ail blanchies, épluchées et en purée** | 3 |
| 60 ml | **farine** | 4 c. à s. |
| 1 litre | **bouillon de poulet, chaud** | 4 tasses |
| 1 | **piment jalapeño, haché** | 1 |
| 15 ml | **beurre** | 1 c. à s. |
| 1 | **banane plantain verte, en rondelles** | 1 |
| | **sel et poivre fraîchement moulu** | |

Préchauffer le four à 180 °C (350 °F).

**1** Dégraisser l'agneau et le couper en cubes de 2,5 cm (1 po). Réserver.

**2** Mélanger les épices et les aromates dans un petit bol. Réserver.

**3** Faire chauffer l'huile dans une sauteuse allant au four, à feu vif. Ajouter la moitié de la viande et la faire saisir sur toutes les faces. Saler et poivrer. Retirer l'agneau et réserver.

**4** Faire saisir le reste de la viande dans la poêle chaude. Saler et poivrer. Retirer l'agneau et réserver.

**5** Mettre les oignons et l'ail dans la poêle chaude. Faire cuire 6 minutes, à feu moyen-vif. Mélanger une fois pendant la cuisson.

**6** Incorporer le mélange aux épices et aux aromates et faire cuire 4 minutes. Remettre la viande dans la poêle et bien mélanger. Saupoudrer de farine, mélanger et faire cuire 5 minutes.

**7** Ajouter le bouillon de poulet et le piment. Saler, mélanger et porter à ébullition. Couvrir, mettre au four et faire cuire 1½ heure.

**8** Quelques minutes avant la fin de la cuisson, faire chauffer le beurre dans une poêle à frire, à feu moyen. Ajouter les rondelles de banane et faire cuire 1 minute de chaque côté. Incorporer délicatement au curry d'agneau.

# CÔTELETTES D'AGNEAU PANÉES AU PORTO

*(4 PORTIONS)*

| | | |
|---|---|---|
| 12 | côtelettes de longe d'agneau | 12 |
| 125 ml | farine assaisonnée | ½ tasse |
| 2 | œufs, battus | 2 |
| 250 ml | chapelure | 1 tasse |
| 30 ml | huile d'olive | 2 c. à s. |
| 30 ml | gelée de groseille | 2 c. à s. |
| 375 ml | bouillon de bœuf, chaud | 1½ tasse |
| 50 ml | porto | ¼ tasse |
| 15 ml | fécule de maïs | 1 c. à s. |
| 45 ml | eau froide | 3 c. à s. |
| 15 ml | persil frais haché | 1 c. à s. |
| | sel et poivre fraîchement moulu | |

Préchauffer le four à 190 °C (375 °F).

**1** Dégraisser les côtelettes et gratter l'os sur 2,5 cm (1 po). Placer chaque côtelette entre 2 feuilles de papier ciré et les aplatir avec un maillet. Les fariner, les tremper dans les œufs battus et les enrober de chapelure.

**2** Faire chauffer l'huile dans une poêle à frire allant au four, à feu moyen. Ajouter les côtelettes et faire cuire 3 minutes. Retourner les côtelettes; saler, poivrer et poursuivre la cuisson 2 minutes. Enfourner et faire cuire 6 à 8 minutes, ou selon le degré de cuisson désiré.

**3** Faire fondre la gelée dans une casserole, à feu moyen. Ajouter le bouillon de bœuf et le porto; assaisonner, remuer et porter à ébullition. Faire cuire 5 minutes.

**4** Diluer la fécule de maïs dans l'eau froide. Incorporer à la sauce. Ajouter le persil et laisser mijoter 3 minutes, à feu doux. Verser sur les côtelettes d'agneau et servir.

# CÔTELETTES D'AGNEAU PARFUMÉES

*(4 PORTIONS)*

| | | |
|---|---|---|
| 1,5 ml | gingembre moulu | ⅓ c. à t. |
| 1 ml | quatre-épices moulu | ¼ c. à t. |
| 5 ml | poudre de curry | 1 c. à t. |
| 5 ml | origan | 1 c. à t. |
| 250 ml | sauce tomate | 1 tasse |
| 45 ml | vinaigre de cidre | 3 c. à s. |
| 3 | gousses d'ail, épluchées, écrasées et hachées | 3 |
| 8 | côtelettes d'agneau de 2,5 cm (1 po) d'épaisseur, dégraissées | 8 |
| | sel et poivre fraîchement moulu | |

**1** Mettre tous les ingrédients, sauf la viande, dans une casserole et faire bouillir 10 minutes.

**2** Placer les côtelettes dans un plat creux. Les couvrir de sauce et faire mariner 1 heure.

**3** Préchauffer le gril à feu moyen-élevé.

**4** Huiler la grille et placer les côtelettes sur la grille chaude. Couvrir et faire cuire 6 à 7 minutes de chaque côté. Badigeonner de marinade durant la cuisson et bien assaisonner.

# CÔTELETTES D'AGNEAU SAUTÉES AUX ÉCHALOTES

### (4 PORTIONS)

| | | |
|---|---|---|
| 375 ml | eau | 1½ tasse |
| 350 g | échalotes sèches, entières et épluchées | ¾ lb |
| 15 ml | beurre | 1 c. à s. |
| 5 ml | estragon haché | 1 c. à t. |
| 125 ml | vin blanc sec | ½ tasse |
| 300 ml | bouillon de poulet, chaud | 1¼ tasse |
| 15 ml | fécule de maïs | 1 c. à s. |
| 45 ml | eau froide | 3 c. à s. |
| 5 ml | huile d'olive | 1 c. à t. |
| 12 | côtelettes d'agneau, dégraissées | 12 |
| 5 ml | persil frais haché | 1 c. à t. |
| | zeste de ¼ d'orange, taillé en julienne | |
| | sel et poivre fraîchement moulu | |

**1** Verser 375 ml (1½ tasse) d'eau dans une casserole, à feu moyen. Saler et porter à ébullition. Ajouter les échalotes et faire cuire 8 minutes. Retirer du feu et bien égoutter.

**2** Remettre les échalotes dans la casserole vide. Ajouter le beurre, l'estragon et le zeste; faire cuire 2 minutes, à feu vif. Incorporer le vin et poursuivre la cuisson 2 minutes.

**3** Mouiller avec le bouillon de poulet, porter à ébullition et faire cuire 3 minutes, à feu doux. Diluer la fécule de maïs dans l'eau froide. Incorporer à la sauce. Saler, poivrer et laisser mijoter, à feu doux.

**4** Faire chauffer l'huile dans une poêle, à feu moyen. Y faire cuire les côtelettes 3 minutes. Les retourner, saler, poivrer et poursuivre la cuisson 3 minutes. Si les côtelettes sont très épaisses, prolonger la cuisson de 2 minutes.

**5** Dresser les côtelettes dans un plat de service. Les napper de sauce aux échalotes. Parsemer de persil et servir.

Faire cuire les échalotes dans l'eau bouillante.

Remettre les échalotes dans la casserole. Ajouter le beurre, l'estragon et le zeste d'orange. Faire cuire 2 minutes. Mouiller avec le vin.

Ajouter le bouillon de poulet et porter à ébullition.

Faire sauter les côtelettes dans l'huile chaude.

**149**

# ESCALOPES D'AGNEAU HACHÉ
*(4 PORTIONS)*

| | | |
|---|---|---|
| 450 g | agneau maigre haché | 1 lb |
| 15 ml | persil frais haché | 1 c. à s. |
| 2 ml | piment de Cayenne | ½ c. à t. |
| 5 ml | estragon | 1 c. à t. |
| 1 | gousse d'ail, épluchée, écrasée et hachée | 1 |
| 30 ml | huile d'olive | 2 c. à s. |
| ½ | courgette, en bâtonnets | ½ |
| 12 | pois mange-tout, parés | 12 |
| ½ | poivron vert, en bâtonnets | ½ |
| 12 | haricots jaunes, parés | 12 |
| ½ | poivron rouge, en bâtonnets | ½ |
| 1 | oignon bouilli, en quartiers | 1 |
| 8 | choux de Bruxelles cuits | 8 |
| | sel et poivre fraîchement moulu | |

**1** Bien mélanger la viande, le persil, le piment de Cayenne, l'estragon, l'ail, le sel et le poivre. Façonner en 4 escalopes.

**2** Faire chauffer la moitié de l'huile dans une grande poêle, à feu moyen. Y faire cuire les escalopes 10 à 12 minutes, en les retournant 4 fois pendant la cuisson. Saler, poivrer. Retirer les escalopes de la poêle et les garder au chaud.

**3** Faire chauffer le reste de l'huile dans la poêle, à feu moyen. Y ajouter les légumes et assaisonner. Couvrir et faire cuire 4 minutes, à feu moyen.

**4** Servir les légumes avec l'agneau. Si désiré, couronner d'un morceau de beurre à l'ail.

# BROCHETTES D'AGNEAU DIJONNAISE

*(4 PORTIONS)*

MARINADE

| | | |
|---|---|---|
| 60 ml | huile d'olive | 4 c. à s. |
| 60 ml | vin blanc sec | 4 c. à s. |
| 15 ml | jus de citron | 1 c. à s. |
| 2 | gousses d'ail, épluchées, écrasées et hachées | 2 |
| 15 ml | moutarde forte | 1 c. à s. |
| 2 ml | poivre noir | ½ c. à t. |
| 1 ml | piment de Cayenne | ¼ c. à t. |
| 15 ml | estragon | 1 c. à s. |
| | sel | |

BROCHETTES

| | | |
|---|---|---|
| 450 g | longe d'agneau dégraissée, en cubes de 2,5 cm (1 po) | 1 lb |
| 8 | rondelles de citron, pliées en 2 | 8 |
| 1 | gros oignon rouge, en sections | 1 |
| 8 | feuilles de laurier | 8 |
| 12 | morceaux de courgette de 2,5 cm (1 po) | 12 |

**1** Bien mélanger tous les ingrédients de la marinade dans un bol. Y faire mariner l'agneau 1 heure.

**2** Préchauffer le gril à feu vif.

**3** Sur des brochettes, enfiler, en alternant, tous les ingrédients. Badigeonner de marinade.

**4** Huiler la grille. Placer les brochettes sur la grille chaude. Faire cuire, sans couvrir, 6 minutes de chaque côté. Assaisonner au goût. Badigeonner de marinade durant la cuisson. Servir.

# Poissons & Fruits de mer

**Q**u'y a-t-il de plus savoureux qu'un repas de poissons
et de fruits de mer? Leur goût et leur texture flattent le palais,
sans parler de leur incomparable apport nutritif.

Les recettes et les photos du prochain chapitre
vous démontreront qu'il suffit de quelques notions de base
toutes simples pour apprêter les poissons et les fruits de mer.

Servis en entrée aussi bien qu'en plat principal,
ces aliments possèdent un tel raffinement
qu'ils vous vaudront, à coup sûr, les éloges de tous!

# PÉTONCLES MARINÉS FRITS
*(2 À 4 PORTIONS)*

| 450 g | pétoncles frais, lavés | 1 lb |
|---|---|---|
| 2 | gousses d'ail, épluchées et tranchées | 2 |
| 30 ml | sauce teriyaki | 2 c. à s. |
| 15 ml | huile de sésame | 1 c. à s. |
| 125 ml | farine | ½ tasse |
| 2 | œufs, battus | 2 |
| 175 ml | chapelure | ¾ tasse |
| | jus de 1½ citron | |
| | piments forts écrasés | |
| | poivre fraîchement moulu | |
| | huile pour grande friture | |

**1** Mettre les pétoncles dans un grand bol. Ajouter l'ail, la sauce teriyaki, l'huile de sésame et le jus de citron. Incorporer les piments forts et bien poivrer. Couvrir d'une pellicule de plastique et réfrigérer 1 heure.

**2** Bien égoutter les pétoncles et les enrober de farine. Les tremper dans l'œuf battu, puis les rouler dans la chapelure.

**3** Faire frire dans l'huile chaude 2 à 3 minutes. Égoutter sur du papier absorbant et servir.

# COURGETTES FARCIES AU SAUMON
*(4 PORTIONS)*

| 4 | petites courgettes | 4 |
|---|---|---|
| 175 g | saumon frais, cuit et défait à la fourchette | 6 oz |
| 1 | échalote sèche, épluchée et hachée | 1 |
| 15 ml | basilic frais haché | 1 c. à s. |
| 15 ml | aneth frais haché | 1 c. à s. |
| 45 ml | mayonnaise | 3 c. à s. |
| | sel et poivre fraîchement moulu | |
| | jus de citron | |
| | persil frais, haché | |
| | quartiers de citron | |

**1** Couper les courgettes en deux dans le sens de la longueur. Les évider en prenant soin de ne pas briser la pelure. Les blanchir 5 minutes dans de l'eau bouillante salée. Les égoutter, puis les passer sous l'eau froide. Bien égoutter et réserver sur du papier absorbant.

**2** Dans un bol, mélanger délicatement le reste des ingrédients, sauf le persil et les quartiers de citron. Rectifier l'assaisonnement. Garnir les courgettes de cette préparation.

**3** Parsemer de persil haché et servir avec des quartiers de citron.

# CREVETTES À LA CATALANE
*(2 à 4 PORTIONS)*

| | | |
|---|---|---|
| 30 ml | huile d'olive | 2 c. à s. |
| 2 | échalotes sèches, épluchées et hachées | 2 |
| 3 | gousses d'ail, épluchées, écrasées et hachées | 3 |
| 3 | tomates, pelées, épépinées et hachées | 3 |
| 125 ml | vin blanc sec | ½ tasse |
| 1 | pincée de safran | 1 |
| 15 ml | basilic frais haché | 1 c. à s. |
| ½ | poivron rouge grillé, pelé et coupé en dés | ½ |
| 450 g | grosses crevettes, décortiquées, déveinées et cuites | 1 lb |
| | sel et poivre fraîchement moulu | |

**1** Faire chauffer l'huile dans une poêle, à feu moyen. Ajouter les échalotes et l'ail; faire cuire 2 minutes. Ajouter les tomates, le vin et le safran; bien assaisonner. Faire cuire 6 minutes, à feu vif.

**2** Ajouter le basilic et le poivron coupé en dés; rectifier l'assaisonnement.

**3** Mettre les crevettes dans la sauce et laisser mijoter 2 à 3 minutes. Servir.

# HOMARDS À LA SAUCE COCKTAIL
*(4 PORTIONS)*

| | | |
|---|---|---|
| 900 g | homards, bouillis et décortiqués | 2 lb |
| 2 | œufs durs, coupés en dés | 2 |
| 50 ml | mayonnaise | ¼ tasse |
| 30 ml | sauce chili | 2 c. à s. |
| 30 ml | ketchup | 2 c. à s. |
| 5 ml | raifort | 1 c. à t. |
| 5 ml | moutarde forte | 1 c. à t. |
| | jus de citron | |
| | feuilles de laitue | |
| | sel et poivre fraîchement moulu | |
| | quelques gouttes de tabasco | |
| | quartiers de citron | |

**1** Mettre la chair de homard et les œufs dans un bol. Ajouter du jus de citron au goût, bien assaisonner et mélanger.

**2** Pour préparer la sauce cocktail, dans un petit bol, mélanger la mayonnaise, la sauce chili, le ketchup, le raifort et la moutarde. Ajouter du jus de citron et bien assaisonner. Ajouter quelques gouttes de tabasco.

**3** Incorporer la sauce cocktail à la préparation au homard, puis disposer dans des assiettes garnies de feuilles de laitue. Servir avec des quartiers de citron.

**155**

# GALETTES DE CRABE DU MARYLAND
*(4 PORTIONS)*

| | | |
|---|---|---|
| 2 | tranches de pain blanc, écroûtées | 2 |
| 50 ml | lait | ¼ tasse |
| 450 g | chair de crabe, fraîche ou surgelée et décongelée, émiettée | 1 lb |
| 3 | oignons verts, hachés | 3 |
| 50 ml | mayonnaise | ¼ tasse |
| 5 ml | sauce Worcestershire | 1 c. à t. |
| 5 ml | moutarde en poudre | 1 c. à t. |
| 1 ml | piment de Cayenne | ¼ c. à t. |
| | jus de ½ citron | |
| | sel | |
| | huile d'arachide | |

**1** Mettre le pain dans un bol. Ajouter le lait et faire tremper 5 minutes.

**2** Presser le pain pour en extraire le lait.

**3** Mettre le pain dans un bol à mélanger. Ajouter le reste des ingrédients; bien incorporer. Couvrir et réfrigérer 2 heures.

**4** Former de grosses galettes avec le mélange au crabe. Faire dorer 4 à 5 minutes de chaque côté, à feu moyen, dans l'huile d'arachide chaude.

**5** Accompagner de quartiers de citron.

# PÉTONCLES AU PERNOD

*(4 À 6 PORTIONS)*

| | | |
|---|---|---|
| 45 ml | beurre | 3 c. à s. |
| 350 g | pétoncles, nettoyés | ¾ lb |
| 24 | champignons frais, nettoyés et coupés en quartiers | 24 |
| 2 | échalotes sèches, épluchées et hachées | 2 |
| 15 ml | persil frais haché | 1 c. à s. |
| 5 ml | estragon frais haché | 1 c. à t. |
| 1 | pincée de graines de céleri | 1 |
| 45 ml | Pernod | 3 c. à s. |
| 175 ml | crème à 35 % | ¾ tasse |
| 250 ml | gruyère râpé | 1 tasse |
| | sel et poivre fraîchement moulu | |
| | piment de Cayenne au goût | |

**1** Faire chauffer la moitié du beurre dans une poêle, à feu moyen. Y faire cuire les pétoncles 1 minute, à feu vif. Mettre les pétoncles dans une passoire posée sur un bol pour récupérer le jus de cuisson.

**2** Faire fondre le reste du beurre dans la poêle chaude. Ajouter les champignons et les échalotes sèches, parsemer de fines herbes fraîches et de graines de céleri; bien assaisonner. Faire cuire 4 minutes, à feu vif.

**3** Ajouter le jus de cuisson des pétoncles et poursuivre la cuisson 2 minutes. Ajouter le Pernod et faire cuire 1 minute. Incorporer la crème, rectifier l'assaisonnement et bien mélanger. Faire cuire 3 minutes, à feu vif.

**4** Lorsque la sauce a épaissi, ajouter les pétoncles et bien mélanger. À l'aide d'une cuillère, déposer dans des plats en forme de coquille, allant au four, puis parsemer de fromage.

**5** Mettre sous le gril du four 3 minutes. Servir.

# LANGOUSTINES SAUTÉES AU BRANDY

*(4 PORTIONS)*

| | | |
|---|---|---|
| 45 ml | beurre | 3 c. à s. |
| 1 | carotte, pelée et hachée | 1 |
| 2 | échalotes sèches, épluchées et hachées | 2 |
| 16 | langoustines, décortiquées et déveinées | 16 |
| 45 ml | brandy | 3 c. à s. |
| 250 ml | vin blanc sec | 1 tasse |
| 125 ml | jus de palourde | ½ tasse |
| 5 ml | fécule de maïs | 1 c. à t. |
| 45 ml | eau froide | 3 c. à s. |
| 15 ml | persil frais haché | 1 c. à s. |
| | sel et poivre fraîchement moulu | |

**1** Faire chauffer le beurre dans une poêle, à feu moyen. Ajouter la carotte, les échalotes et les langoustines; bien assaisonner. Faire cuire 3 minutes.

**2** Arroser de brandy et faire cuire 1 minute. Retirer les langoustines et réserver.

**3** Verser le vin dans la poêle et faire cuire 2 minutes, à feu vif. Incorporer le jus de palourde et poursuivre la cuisson de 1 à 2 minutes.

**4** Diluer la fécule de maïs dans l'eau froide. Incorporer à la sauce et faire cuire 1 minute, à feu doux.

**5** Remettre les langoustines dans la poêle, mélanger et parsemer de persil. Rectifier l'assaisonnement et laisser mijoter 1 minute avant de servir. Accompagner d'épinards, si désiré.

# LANGOUSTINES AU CURRY AVEC RIZ

*(4 PORTIONS)*

| | | |
|---|---|---|
| 30 ml | huile d'olive | 2 c. à s. |
| 3 | échalotes sèches, épluchées et hachées | 3 |
| 15 ml | gingembre frais haché | 1 c. à s. |
| 1 | piment jalapeño, épépiné et haché | 1 |
| 15 ml | poudre de curry | 1 c. à s. |
| 450 g | langoustines, en papillon et déveinées | 1 lb |
| 300 ml | riz à grains longs, rincé et cuit à la vapeur | 1¼ tasse |
| | sel et poivre fraîchement moulu | |
| | jus de citron | |

**1** Faire chauffer l'huile dans une poêle, à feu moyen. Ajouter les échalotes sèches, le gingembre et le piment jalapeño. Faire cuire 1 minute.

**2** Saupoudrer de poudre de curry; bien mélanger. Ajouter les langoustines et faire cuire 2 minutes, à feu vif. Bien assaisonner, retourner les langoustines et poursuivre la cuisson 1 minute.

**3** Arroser du jus de citron et bien mélanger. Faire cuire 30 secondes et servir sur le riz vapeur.

# LANGOUSTINES GRILLÉES, AU BEURRE À L'AIL

*(4 PORTIONS)*

| 16 | langoustines, décortiquées, déveinées et fendues dans le sens de la longueur | 16 |
|---|---|---|
| 225 g | beurre non salé, ramolli | ½ lb |
| 2 | grosses gousses d'ail, épluchées, écrasées et hachées | 2 |
| 30 ml | persil frais haché | 2 c. à s. |
| 15 ml | basilic frais haché | 1 c. à s. |
| 125 ml | chapelure blanche | ½ tasse |
| | sel et poivre fraîchement moulu | |
| | quelques gouttes de tabasco | |
| | jus de citron | |

**1** Déposer les langoustines en une seule couche dans un plat de cuisson. Réserver.

**2** Bien mélanger tous les autres ingrédients, sauf la chapelure. Étaler le beurre à l'ail sur les langoustines.

**3** Parsemer de chapelure et faire griller 5 minutes sous le gril. Servir avec des tranches de citron, si désiré.

Fendre les langoustines dans le sens de la longueur.

Mélanger tous les ingrédients, sauf la chapelure.

Étaler le beurre à l'ail sur les langoustines.

Parsemer de chapelure.

## HUÎTRES EN COQUILLES

*(4 PORTIONS)*

| | | |
|---|---|---|
| 24 | huîtres fraîches, grattées et ouvertes | 24 |
| 3 | échalotes sèches, épluchées et hachées | 3 |
| 50 ml | vinaigre de vin | ¼ tasse |
| 125 ml | ketchup | ½ tasse |
| 45 ml | sauce chili | 3 c. à s. |
| 15 ml | raifort | 1 c. à s. |
| | jus de citron | |
| | quelques goutte de sauce Worcestershire | |
| | poivre fraîchement moulu | |
| | fines tranches de pumpernickel, beurrées | |

**1** Disposer chaque huître dans une demi-coquille dans des plats à huîtres. Garder le jus des huîtres dans la coquille.

**2** Mélanger les échalotes sèches, le vinaigre de vin et le jus de citron. Réserver la sauce.

**3** Mélanger le ketchup, la sauce chili, le raifort, le jus de citron et la sauce Worcestershire. Bien poivrer. Réserver.

**4** Servir les huîtres avec les sauces et accompagner de pain.

## HUÎTRES AUX ÉPINARDS

*(4 À 6 PORTIONS)*

| | | |
|---|---|---|
| 12 à 18 | huîtres fraîches, grattées et ouvertes | 12 à 18 |
| 50 ml | beurre | ¼ tasse |
| 125 ml | échalotes sèches hachées | ½ tasse |
| 50 ml | persil frais haché | ¼ tasse |
| 50 ml | ciboulette fraîche hachée | ¼ tasse |
| 250 ml | épinards frais hachés | 1 tasse |
| 50 ml | chapelure blanche | ¼ tasse |
| | sel et poivre fraîchement moulu | |

Préchauffer le four à 200 °C (400 °F).

**1** Disposer chaque huître dans une demi-coquille, dans des plats à huîtres, en prenant soin de garder le jus dans les coquilles.

**2** Faire chauffer le beurre dans une poêle, à feu moyen. Ajouter les échalotes sèches, les fines herbes et les épinards. Bien assaisonner et faire cuire 5 minutes, à feu doux.

**3** Incorporer la chapelure et retirer la poêle du feu. Parsemer les huîtres du mélange à la chapelure et faire cuire au four, 8 minutes. Servir.

*Si désiré, doubler les proportions des ingrédients pour la garniture afin d'obtenir plus de portions.*

**161**

# CREVETTES AU BRANDY

*(4 PORTIONS)*

| | | |
|---|---|---|
| 12 | grosses crevettes fraîches | 12 |
| 125 ml | farine | ½ tasse |
| 2 | œufs, battus | 2 |
| 30 ml | brandy | 2 c. à s. |
| | jus de citron | |
| | sel et poivre fraîchement moulu | |
| | huile pour grande friture | |

**1** Décortiquer les crevettes en laissant la queue. Les déveiner à l'aide de la pointe d'un couteau à parer. Mettre les crevettes dans un bol et bien assaisonner. Ajouter le jus de citron, remuer et réserver.

**2** Dans un bol, mélanger la farine avec une pincée de sel et les œufs, puis incorporer le brandy. Si la pâte est trop épaisse, ajouter un peu d'eau froide.

**3** Tremper les crevettes dans la pâte et les faire dorer dans l'huile chaude. Servir avec une sauce épicée.

# BOUCHÉES AUX ESCARGOTS

*(4 PORTIONS)*

| | | |
|---|---|---|
| 30 ml | huile d'olive | 2 c. à s. |
| 1 | oignon, épluché et finement haché | 1 |
| 2 | gousses d'ail, épluchées, écrasées et hachées | 2 |
| 15 ml | basilic frais haché | 1 c. à s. |
| 15 ml | persil frais haché | 1 c. à s. |
| 3 | tomates, pelées, épépinées et hachées | 3 |
| 30 ml | farine | 2 c. à s. |
| 250 ml | vin blanc sec | 1 tasse |
| 24 | escargots en conserve, rincés et asséchés | 24 |
| 4 | vol-au-vent miniatures* | 4 |
| | sel et poivre fraîchement moulu | |
| | piment de Cayenne au goût | |

**1** À feu moyen, faire chauffer l'huile dans une poêle. Y faire revenir l'oignon et l'ail pendant 3 minutes.

**2** Incorporer les fines herbes et les tomates. Faire cuire 12 minutes, à feu moyen, en remuant de temps à autre.

**3** Saupoudrer de farine et bien mélanger. Faire cuire 2 minutes. Mouiller avec le vin, mélanger et poursuivre la cuisson 5 minutes.

**4** Ajouter les escargots et faire mijoter 4 minutes, ou jusqu'à ce qu'ils soient bien chauds. Assaisonner au goût.

**5** Disposer les vol-au-vent chauds dans une assiette. Garnir de la préparation aux escargots, déposer un peu de la préparation autour et servir.

*\* Utiliser des vol-au-vent surgelés de bonne qualité. Suivre les indications de cuisson sur l'emballage et les faire cuire avant de les garnir.*

# MOULES À L'ÉTUVÉE, SAUCE MOUTARDE

*(6 PORTIONS)*

| | | |
|---|---|---|
| 3 kg | moules fraîches, lavées et grattées | 6½ lb |
| 125 ml | vin blanc sec | ½ tasse |
| 2 | échalotes sèches, épluchées et tranchées | 2 |
| 125 ml | eau | ½ tasse |
| 125 ml | crème à 35 % | ½ tasse |
| 15 ml | moutarde forte | 1 c. à s. |
| | jus de citron au goût | |
| | poivre fraîchement moulu | |
| | feuilles de laitue | |
| | persil frais haché | |
| | quartiers de citron (facultatif) | |

**1** Mettre les moules dans une grande casserole. Ajouter le vin, les échalotes et l'eau. Couvrir et amener à ébullition. Faire cuire les moules à feu doux jusqu'à ce que les coquilles s'ouvrent, environ 5 minutes. Remuer une fois pendant la cuisson.

**2** Retirer les moules de la casserole, jeter celles qui sont restées fermées. Enlever les moules des coquilles et les mettre dans un bol.

**3** Mélanger la crème, la moutarde et le jus de citron; bien assaisonner. Verser sur les moules, bien mélanger et servir sur les feuilles de laitue. Garnir de persil frais. Servir avec des quartiers de citron, si désiré.

# MOULES EN COQUILLES

*(4 À 6 PORTIONS)*

| 2 kg | moules, grattées et lavées | 4½ lb |
|------|---------------------------|-------|
| 125 ml | vin blanc sec | ½ tasse |
| 60 ml | huile d'olive | 4 c. à s. |
| 500 ml | chapelure blanche | 2 tasses |
| 4 | gousses d'ail, épluchées, écrasées et hachées | 4 |
| 30 ml | persil frais haché | 2 c. à s. |
| 15 ml | estragon frais haché | 1 c. à s. |
| | jus de ½ citron | |
| | sel et poivre fraîchement moulu | |

Préchauffer le four à 220 °C (425 °F).

**1** Mettre les moules dans une grande casserole. Ajouter le vin, le jus de citron et le poivre. Couvrir et amener à ébullition. Faire cuire les moules jusqu'à ce que les coquilles s'ouvrent, environ 5 minutes. Remuer une fois pendant la cuisson.

**2** Égoutter les moules; jeter celles qui sont restées fermées. Disposer chaque moule dans une demi-coquille, dans un plat allant au four. Passer le liquide de cuisson à travers une passoire tapissée d'une mousseline. Réserver.

**3** À feu moyen, faire chauffer l'huile dans une poêle. Ajouter la chapelure, l'ail et les fines herbes; bien assaisonner. Faire cuire 2 minutes à feu moyen, en remuant pour empêcher le mélange de brûler.

**4** Parsemer les moules de la préparation à la chapelure et arroser du liquide de cuisson. Faire cuire 8 minutes au four, et servir.

# TOMATES FARCIES AU SAUMON FUMÉ

*(4 PORTIONS)*

| | | |
|---|---|---|
| 4 | tomates | 4 |
| 15 ml | beurre | 1 c. à s. |
| 3 | échalotes sèches, épluchées et hachées | 3 |
| 90 g | saumon fumé, coupé en dés | 3 oz |
| 15 ml | basilic frais haché | 1 c. à s. |
| 45 ml | crème sure | 3 c. à s. |
| | sel et poivre fraîchement moulu | |
| | quelques gouttes d'huile d'olive | |
| | jus de citron | |

**1** Couper une calotte sur les tomates, puis en retirer presque toute la pulpe. Bien assaisonner les cavités et y ajouter quelques gouttes d'huile d'olive. Réserver.

**2** Faire chauffer le beurre dans une poêle, à feu moyen. Ajouter les échalotes et faire cuire 2 minutes, à feu doux.

**3** Ajouter le saumon fumé, poivrer et faire cuire 1 minute. Retirer le saumon de la poêle et réserver.

**4** Dans la poêle chaude, ajouter le basilic et la crème sure. Bien mélanger et ajouter du jus de citron au goût. Enlever la poêle du feu et y ajouter le saumon réservé.

**5** Garnir les tomates de la préparation au saumon et servir froid.

# HARICOTS BLANCS ET CREVETTES

*(4 À 6 PORTIONS)*

| | | |
|---|---|---|
| 45 ml | huile d'olive | 3 c. à s. |
| 1 | oignon rouge, épluché et tranché en rondelles | 1 |
| ½ | branche de céleri, tranchée | ½ |
| 2 | gousses d'ail, épluchées et émincées | 2 |
| 450 g | crevettes fraîches, décortiquées et déveinées | 1 lb |
| 1 ml | piments forts écrasés | ¼ c. à t. |
| 60 g | piments doux rôtis, hachés | 2 oz |
| 375 ml | haricots blancs cuits | 1 ½ tasse |
| 45 ml | jus de citron | 3 c. à s. |
| 90 ml | huile d'olive extra vierge | 6 c. à s. |
| 30 ml | basilic frais haché | 2 c. à s. |
| | sel et poivre fraîchement moulu | |

**1** Faire chauffer 45 ml (3 c. à s.) d'huile d'olive dans une poêle, à feu moyen. Ajouter l'oignon, le céleri et l'ail; bien assaisonner. Faire cuire 6 minutes, à feu doux.

**2** Ajouter les crevettes et les piments forts. Monter le feu à vif et faire cuire 3 à 4 minutes, en remuant de temps en temps.

**3** Verser le mélange dans un bol. Ajouter les piments doux rôtis et les haricots blancs; bien assaisonner. Mélanger le jus de citron avec l'huile d'olive. Ajouter le basilic, mélanger et laisser mariner 15 minutes à la température ambiante.

# PALOURDES FARCIES

*(4 PORTIONS)*

| | | |
|---|---|---:|
| 24 | palourdes, brossées et lavées | 24 |
| 125 ml | eau | ½ tasse |
| 4 | tranches de pain blanc, écroûtées | 4 |
| 125 ml | lait | ½ tasse |
| 30 ml | beurre | 2 c. à s. |
| 1 | oignon, finement haché | 1 |
| 1 | gousse d'ail, épluchée, écrasée et hachée | 1 |
| 5 ml | persil frais haché | 1 c. à t. |
| 5 ml | origan | 1 c. à t. |
| | quelques gouttes de sauce Worcestershire | |
| | sel, poivre, paprika | |

**1** Mettre les palourdes dans une grande casserole. Ajouter l'eau, couvrir et porter à ébullition. Faire cuire 5 minutes. Garder les palourdes ouvertes; jeter les autres.

**2** Retirer les palourdes de leur coquille, les hacher et les mettre dans un bol. Réserver 24 demi-coquilles. Mettre le pain dans un bol. Ajouter le lait et laisser tremper 5 minutes.

**3** Dans une poêle, faire chauffer le beurre à feu moyen. Y faire cuire l'oignon et l'ail 4 minutes, à feu moyen. Retirer du feu.

**4** Presser le pain pour en extraire le lait. Ajouter le pain au mélange à l'oignon.

**5** Ajouter les palourdes hachées et mélanger. Saler, poivrer. Ajouter tous les assaisonnements. Mélanger de nouveau. Remettre la poêle sur feu vif et faire cuire la farce 2 à 3 minutes.

**6** Farcir les demi-coquilles. Étaler un lit de gros sel au fond d'un plat à rôtir (pour supporter les coquilles). Placer les palourdes farcies sur le sel. Faire griller 5 minutes au four.

Retirer les palourdes de leur coquille. Jeter celles qui sont restées fermées.

Ajouter le pain à l'oignon et l'ail.

Ajouter les palourdes et tous les assaisonnements.

Farcir les demi-coquilles.

# CREVETTES ET OIGNON ROUGE EN BROCHETTES

*(4 PORTIONS)*

| | | |
|---|---|---|
| 30 g | poivrons doux rôtis, en purée | 1 oz |
| 30 ml | huile d'olive | 2 c. à s. |
| 30 ml | jus de citron | 2 c. à s. |
| 2 ml | piment de Cayenne | ½ c. à t. |
| 2 | gousses d'ail, blanchies, épluchées et en purée | 2 |
| 5 ml | graines de fenouil | 1 c. à t. |
| 2 ml | poivre noir | ½ c. à t. |
| 24 | grosses crevettes, décortiquées et déveinées | 24 |
| 1 | gros oignon rouge, en sections | 1 |
| | sel et poivre fraîchement moulu | |

**1** Bien mélanger tous les ingrédients, sauf les crevettes et l'oignon.

**2** Mettre les crevettes dans un bol. Ajouter la marinade, mélanger et laisser reposer environ 1 heure.

**3** Préchauffer le gril à feu moyen.

**4** Sur des brochettes enfiler, en alternant, les crevettes et l'oignon.

**5** Huiler la grille. Y placer les brochettes, couvrir et faire cuire 3 à 4 minutes de chaque côté. Assaisonner au goût et badigeonner durant la cuisson. Accompagner d'une salade ou d'un riz.

# GRATIN DE PÉTONCLES

*4 PORTIONS*

| | | |
|---|---|---|
| 450 g | pétoncles | I lb |
| | court-bouillon (voir p. 315) ou eau salée | |
| 375 ml | champignons, en tranches | I ½ tasse |
| 30 ml | beurre | 2 c. à s. |
| 125 ml | petites crevettes, cuites | ½ tasse |
| 500 ml | sauce Mornay (voir p. 309) | 2 tasses |
| 125 ml | fromage cheddar doux, râpé | ½ tasse |
| 125 ml | fromage mozzarella, râpé | ½ tasse |
| 175 ml | fromage parmesan, râpé | ¾ tasse |

**1** Plonger les pétoncles dans le court-bouillon ou l'eau. Faire bouillir doucement 3 à 5 minutes ou jusqu'à ce qu'ils soient bien cuits; égoutter.

**2** Entre-temps, à feu vif, faire sauter les champignons dans le beurre.

**3** Incorporer à la sauce Mornay les champignons et les crevettes.

**4** Répartir les pétoncles dans 4 coquilles ou dans des plats individuels allant au four. Napper de sauce et parsemer de fromage râpé.

**5** Faire gratiner au four, sous le gril.

# PÉTONCLES POCHÉS AUX CÂPRES

*(4 PORTIONS)*

| | | |
|---|---|---|
| 700 g | pétoncles frais, lavés | 1 ½ lb |
| 375 ml | eau | 1 ½ tasse |
| 1 | branche de céleri, en dés | 1 |
| 1 | carotte, épluchée et émincée | 1 |
| 1 ml | graines de fenouil | ¼ c. à t. |
| 1 | branche d'estragon | 1 |
| 1 | pincée de piment de Cayenne | 1 |
| 125 ml | vin blanc sec | ½ tasse |
| 45 ml | beurre | 3 c. à s. |
| 25 ml | farine | 1 ½ c. à s. |
| 25 ml | aneth frais | 1 ½ c. à s. |
| 30 ml | câpres | 2 c. à s. |
| | jus de citron | |
| | sel et poivre fraîchement moulu | |

**1** Mettre les 7 premiers ingrédients dans une sauteuse. Poivrer.

**2** Mouiller avec le vin, couvrir d'une feuille de papier ciré et porter à ébullition, à feu moyen. Dès que le liquide commence à bouillir, retirer la sauteuse du feu. Laisser reposer 2 minutes.

**3** Retirer les pétoncles du liquide et les placer dans un bol. Réserver.

**4** Remettre la sauteuse contenant le liquide et les légumes sur feu vif. Porter à ébullition et faire cuire 3 minutes. Bien assaisonner. Passer le liquide au tamis.

**5** Verser la moitié du liquide dans une casserole mise sur feu doux. Mélanger le beurre avec la farine. Incorporer au liquide de cuisson, en mélangeant constamment au fouet, jusqu'à ce que la sauce épaississe.

**6** Ajouter l'aneth et les câpres. Remettre les pétoncles dans la sauce et faire réchauffer quelques minutes, à feu doux.

**7** Servir sur des pâtes fraîches.

*Verser le vin dans la sauteuse avec les pétoncles et les légumes.*

*Couvrir d'une feuille de papier ciré et porter à ébullition, à feu moyen.*

*Dès qu'ils sont cuits, retirer les pétoncles du liquide.*

*Remettre la sauteuse contenant le liquide et les légumes sur feu vif. Porter à ébullition et faire cuire 3 minutes.*

# PÉTONCLES ÉPICÉS

*(4 PORTIONS)*

| | | |
|---|---|---|
| 30 ml | huile d'olive | 2 c. à s. |
| 350 g | pétoncles frais, nettoyés et tranchés | ¾ lb |
| 30 ml | basilic frais haché | 2 c. à s. |
| 2 | gousses d'ail, épluchées, écrasées et hachées | 2 |
| 1 | piment jalapeño, épépiné et haché | 1 |
| 225 g | champignons frais, nettoyés et coupés en 2 | ½ lb |
| 24 | boules de concombre épépiné | 24 |
| 45 ml | vinaigre balsamique | 3 c. à s. |
| 135 ml | huile d'olive extra vierge | 9 c. à s. |
| | sel et poivre fraîchement moulu | |
| | feuilles de laitue | |

**1** Faire chauffer l'huile dans une poêle, à feu moyen. Ajouter les pétoncles et monter le feu à vif. Faire cuire 1 minute de chaque côté. Ajouter le basilic, l'ail, le piment jalapeño et bien assaisonner. Poursuivre la cuisson 1 minute.

**2** Retirer les pétoncles de la poêle et réserver dans un bol. Faire cuire les champignons dans la poêle chaude, 3 minutes, à feu vif. Ajouter plus d'huile, si nécessaire.

**3** Ajouter les champignons aux pétoncles dans le bol. Incorporer le concombre.

**4** Mélanger le vinaigre et l'huile d'olive; bien assaisonner. Verser sur la salade, mélanger pour incorporer et servir sur des feuilles de laitue.

# HOMARD GRATINÉ

*(4 PORTIONS)*

| 2 | homards cuits de 700 g (1½ lb) chacun, coupés en 2 | 2 |
|---|---|---|
| 30 ml | beurre | 2 c. à s. |
| 225 g | crevettes cuites décortiquées, nettoyées et coupées en 3 | ½ lb |
| 1 | échalote sèche, épluchée et hachée | 1 |
| 2 ml | paprika | ½ c. à t. |
| 5 ml | estragon haché | 1 c. à t. |
| 50 ml | vin blanc sec (facultatif) | ¼ tasse |
| 500 ml | sauce blanche, chaude | 2 tasses |
| 125 ml | gruyère râpé | ½ tasse |
| 1 | pincée de piments rouges séchés broyés | |
| | sel et poivre fraîchement moulu | |

*Briser les pinces, puis fendre le homard dans le sens de la longueur, de la tête vers la queue.*

**1** Jeter le sac pierreux et l'intestin des homards. Extraire la chair du coffre, de la queue et des pinces. La couper en gros morceaux.

**2** Faire chauffer le beurre dans une poêle, à feu moyen. Ajouter les morceaux de homard, les crevettes, l'échalote, le paprika et l'estragon. Faire cuire 2 minutes. Retirer les fruits de mer de la poêle et réserver.

**3** Verser le vin dans la poêle chaude et faire cuire 2 minutes, à feu vif. Ajouter la sauce blanche, saler, poivrer et faire cuire 2 minutes.

**4** Remettre les fruits de mer dans la sauce et faire cuire 2 minutes, à feu doux.

**5** Remplir les demi-carapaces de la préparation. Parsemer de fromage. Faire dorer sous le gril du four, 4 minutes.

*Retirer le sac pierreux et l'intestin. Extraire la chair du coffre et de la queue.*

*Remplir les demi-carapaces de la préparation.*

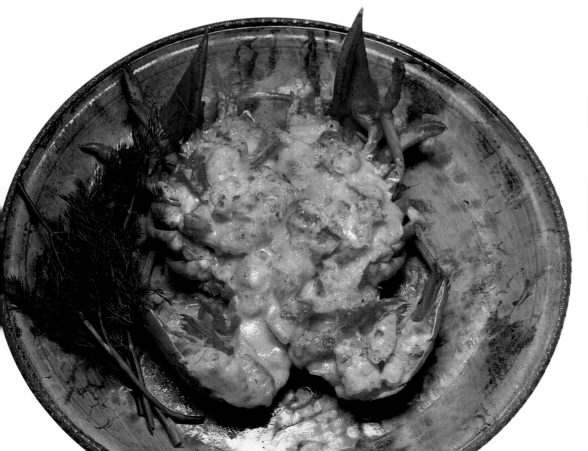

# Crevettes à la créole

*6 PORTIONS*

| | | |
|---|---|---|
| 1 kg | crevettes, décortiquées et déveinées | 2¼ lb |
| 50 ml | huile | ¼ tasse |
| 50 ml | farine | ¼ tasse |
| 1 | oignon espagnol, en petits dés | 1 |
| 2 | poivrons verts, en petits dés | 2 |
| 3 | branches de céleri, en petits dés | 3 |
| 500 ml | tomates, pelées, épépinées et hachées | 2 tasses |
| 10 ml | sel | 2 c. à t. |
| 5 ml | chacun des ingrédients suivants : poudre d'ail, poivre noir, poivre blanc, origan, thym, basilic | 1 c. à t. |
| 2 ml | piment de Cayenne | ½ c. à t. |
| 375 ml | eau | 1½ tasse |
| 15 ml | cassonade | 1 c. à s. |
| 50 ml | oignons verts, hachés fin | ¼ tasse |
| 45 ml | persil, haché | 3 c. à s. |

**1** Faire sauter les crevettes dans l'huile chaude. Égoutter; réserver.

**2** Ajouter la farine et faire un roux léger.

**3** Ajouter l'oignon, les poivrons et le céleri; faire revenir jusqu'à ce qu'ils soient tendres, en remuant continuellement.

**4** Incorporer les tomates, les assaisonnements, l'eau et la cassonade. Couvrir et laisser mijoter 20 minutes.

**5** Remettre les crevettes dans la sauce, ajouter les oignons verts et le persil.

**6** Laisser mijoter 7 minutes et servir sur du riz cuit.

# FILETS DE TRUITE SAUMONÉE

*(4 PORTIONS)*

| | | |
|---|---|---|
| 15 ml | huile d'olive | 1 c. à s. |
| 5 ml | beurre | 1 c. à t. |
| 4 | filets de truite saumonée | 4 |
| 75 ml | pignons | ⅓ tasse |
| 15 ml | persil frais haché | 1 c. à s. |
| | jus de 1 citron | |
| | sel et poivre fraîchement moulu | |

**1** Faire chauffer l'huile et le beurre dans une poêle, à feu moyen. Y faire cuire les filets 4 minutes.

**2** Retourner les filets. Saler, poivrer et prolonger la cuisson 3 minutes, ou selon leur épaisseur. Retirer de la poêle et garder au chaud.

**3** Faire revenir les pignons et le persil dans la poêle chaude, 1 minute. Arroser de jus de citron. Poivrer et faire cuire 20 secondes.

**4** Verser sur les filets de poisson chauds. Accompagner de pommes de terre sautées.

# Darnes de saumon pochées

*(4 PORTIONS)*

| | | |
|---|---|---|
| 4 | darnes de saumon | 4 |
| 1 | feuille de laurier | 1 |
| 1 | carotte, pelée et émincée | 1 |
| 1 | petit poireau émincé | 1 |
| 5 ml | jus de citron | 1 c. à t. |
| 1 | brin de persil | 1 |
| ½ | courgette, en bâtonnets | ½ |
| ½ | poivron rouge, en bâtonnets | ½ |
| 1 | botte d'asperges, les pointes seulement | 1 |
| 115 g | champignons frais, nettoyés et tranchés | ¼ lb |
| 15 ml | jus de citron | 1 c. à s. |
| 125 ml | vin blanc sec | ½ tasse |
| 15 ml | beurre | 1 c. à s. |
| | sel et poivre fraîchement moulu | |

**1** Dans une sauteuse, mettre le saumon avec le laurier, la carotte, le poireau, 5 ml (1 c. à t.) de jus de citron et le persil; saler et poivrer. Recouvrir d'eau froide et porter à ébullition, à feu moyen.

**2** Retourner le poisson et le laisser reposer 4 à 5 minutes dans le liquide de cuisson chaud, à feu doux.

**3** Entre-temps, dans une autre poêle, mettre le reste des légumes, le jus de citron, le vin et le beurre.

**4** Couvrir et faire cuire 3 minutes, à feu moyen. Retirer les légumes et les réserver.

**5** Poursuivre la cuisson du liquide 2 à 3 minutes, à feu vif. Rectifier l'assaisonnement.

**6** Retirer les darnes de saumon du liquide et enlever la peau. Servir avec les légumes et la sauce au vin.

# DARNES DE SAUMON AU BASILIC

*(4 PORTIONS)*

| | | |
|---|---|---|
| 4 | petites darnes de saumon | 4 |
| 125 ml | basilic frais haché | ½ tasse |
| 2 | gousses d'ail blanchies, épluchées et écrasées | 2 |
| 45 ml | fromage parmesan frais râpé | 3 c. à s. |
| 45 ml | huile d'olive | 3 c. à s. |
| | quelques gouttes de jus de citron | |
| | sel et poivre fraîchement moulu | |
| | huile | |

**1** Badigeonner d'huile les darnes de saumon et les placer dans un plat de service. Saler, poivrer et arroser de jus de citron. Réserver.

**2** Mettre le basilic dans le bol du robot culinaire. Ajouter l'ail et mélanger 10 secondes.

**3** Ajouter le parmesan. Verser l'huile lentement, tout en continuant de mélanger au robot culinaire pendant quelques secondes. Assaisonner au goût. Réserver.

**4** Faire chauffer une poêle en fonte, à feu moyen. Lorsque la poêle est chaude, y faire cuire les darnes de saumon 12 minutes. Les retourner 2 à 3 fois pendant la cuisson.

**5** Servir avec la sauce au basilic. Accompagner de rondelles de citron et d'un légume ou de pâtes.

# BAR FARCI EN PAPILLOTE

*(4 PORTIONS)*

| | | |
|---|---|---|
| 4 | bars de 350 à 450 g (¾ à 1 lb) chacun, parés | 4 |
| 45 ml | beurre fondu | 3 c. à s. |
| 2 | échalotes sèches, épluchées et hachées | 2 |
| 225 g | champignons frais, nettoyés et hachés | ½ lb |
| 15 ml | persil frais haché | 1 c. à s. |
| 1 | poivron rouge, en dés | 1 |
| | jus de 1 citron | |
| | sel et poivre fraîchement moulu | |

Préchauffer le four à 220 °C (425 °F).

**1** Saler, poivrer et arroser de jus de citron l'intérieur des poissons. Les placer sur une grande feuille de papier d'aluminium. Réserver.

**2** Dans une poêle, faire chauffer la moitié du beurre à feu moyen. Y faire cuire les échalotes 2 minutes.

**3** Ajouter les champignons, le persil et le poivron. Saler, poivrer et faire cuire 6 minutes.

**4** Farcir les poissons de cette préparation, puis les badigeonner de beurre fondu. Bien sceller le papier d'aluminium. Placer les papillotes dans un plat à rôtir. Faire cuire au four 16 à 18 minutes.

**5** Servir avec du jus de citron.

# FILETS DE SOLE SURPRISE

*(4 PORTIONS)*

| | | |
|---|---|---|
| 4 | grosses tomates | 4 |
| 500 ml | eau | 2 tasses |
| 250 ml | vin blanc sec | 1 tasse |
| 1 | oignon, épluché et tranché | 1 |
| ⅓ | branche de céleri, tranchée | ⅓ |
| 2 | brins de persil frais | 2 |
| 4 | filets de sole, minces | 4 |
| 60 ml | œufs de lump | 4 c. à s. |
| 60 ml | sauce aux œufs | 4 c. à s. |
| | sel et poivre fraîchement moulu | |
| | quelques gouttes d'huile d'olive | |
| | tranches de citron | |

**1** Découper une calotte sur les tomates et les évider à l'aide d'une cuillère. Bien assaisonner l'intérieur des tomates et y verser quelques gouttes d'huile d'olive. Réserver.

**2** Dans une casserole, mettre l'eau, le vin, l'oignon, le céleri et le persil. Bien assaisonner et amener à ébullition.

**3** Enrouler les filets de sole et les attacher avec une ficelle. Les faire pocher 2 minutes dans le liquide chaud. Retirer et laisser refroidir.

**4** Enlever la ficelle et déposer les filets dans les tomates. À l'aide d'une cuillère, garnir d'œufs de lump le centre des rouleaux de sole, puis napper de sauce aux œufs. Garnir de citron et servir.

# SAUCE AUX ŒUFS

*(8 À 10 PORTIONS)*

| | | |
|---|---|---|
| 4 | gros œufs durs, écrasés | 4 |
| 2 | jaunes d'œufs | 2 |
| 15 ml | moutarde forte | 1 c. à s. |
| 15 ml | persil frais haché | 1 c. à s. |
| 1 | échalote sèche, épluchée et hachée | 1 |
| 15 ml | poivron rouge haché | 1 c. à s. |
| 30 ml | jus de citron | 2 c. à s. |
| 75 ml | huile d'olive | ⅓ tasse |
| | sel et poivre fraîchement moulu | |

**1** Dans un bol, bien mélanger les œufs écrasés, les jaunes d'œufs et la moutarde.

**2** Ajouter le persil, l'échalote sèche, le poivron et le jus de citron; mélanger de nouveau.

**3** Incorporer graduellement l'huile, en fouettant continuellement. Bien assaisonner et garder au réfrigérateur jusqu'à l'utilisation.

**179**

# MÉROU NOIRCI DE BATON ROUGE

*(4 PORTIONS)*

| | | |
|---|---|---|
| 5 ml | poivre noir fraîchement moulu | 1 c. à t. |
| 5 ml | poudre de chili | 1 c. à t. |
| 5 ml | thym | 1 c. à t. |
| 1 ml | gingembre | ¼ c. à t. |
| 5 ml | paprika | 1 c. à t. |
| 5 ml | piment de Cayenne | 1 c. à t. |
| 4 | tranches de mérou, coupées en 2 | 4 |
| | huile d'olive | |

Préchauffer le four à 180 °C (350 °F).

**1** Bien mélanger les épices et le thym dans un petit bol; réserver.

**2** Laver et assécher le poisson. Verser un peu d'huile dans une assiette et y placer le poisson. Le retourner pour bien l'enduire d'huile. Réserver.

**3** Verser une petite quantité d'huile dans une poêle en fonte et en enduire la poêle à l'aide d'un morceau de papier absorbant. Faire chauffer à feu vif. Ajouter le mélange d'épices et de thym et remuer de temps à autre. Faire cuire 2 minutes.

**4** Ajouter le poisson. Faire cuire, à feu moyen, 3 à 4 minutes de chaque côté, ou selon l'épaisseur des tranches.

**5** Mettre au four et prolonger la cuisson 7 à 8 minutes.

# FILETS DE PLIE SAUCE AUX HUÎTRES

*(4 PORTIONS)*

| | | |
|---|---|---|
| 2 ml | poivre blanc | ½ c. à t. |
| 2 ml | poivre noir | ½ c. à t. |
| 1 ml | moutarde en poudre | ¼ c. à t. |
| 1 ml | piment de Cayenne | ¼ c. à t. |
| 2 ml | graines de fenouil | ½ c. à t. |
| 1 ml | gingembre moulu | ¼ c. à t. |
| 250 ml | farine | 1 tasse |
| 4 | filets de plie | 4 |
| 250 ml | lait | 1 tasse |
| 45 ml | beurre | 3 c. à s. |
| 375 ml | sauce aux huîtres, chaude (voir p. 314) | 1½ tasse |

**1** Mettre les épices dans un mortier, les broyer au pilon, puis les mélanger à la farine.

**2** Tremper les filets dans le lait, puis les enrober de farine.

**3** Faire chauffer le beurre dans une poêle en fonte, à feu moyen. Y faire cuire les filets 3 minutes de chaque côté. Retirer les filets de la poêle et les napper de sauce aux huîtres avant de servir.

*Broyer toutes les épices dans un mortier; les mélanger à la farine.*

*Tremper les filets dans le lait.*

*Les enrober de farine.*

*Faire cuire les filets dans le beurre chaud.*

# FILETS DE DORÉ SAUTÉS

*(4 PORTIONS)*

| | | |
|---|---|---|
| 15 ml | beurre | 1 c. à s. |
| 15 ml | huile d'olive | 1 c. à s. |
| 4 | filets de doré | 4 |
| 1 | poivron rouge, en julienne | 1 |
| 1 | courgette, en julienne | 1 |
| 125 ml | pignons | ½ tasse |
| 30 ml | zeste d'orange, râpé | 2 c. à s. |
| | jus de citron | |
| | sel et poivre fraîchement moulu | |

Préchauffer le four à 190 °C (375 °F).

**1** Faire chauffer le beurre et l'huile dans une sauteuse allant au four, à feu moyen. Ajouter le poisson, saler, poivrer et faire cuire 3 minutes.

**2** Retourner les filets et poursuivre la cuisson au four, 6 à 8 minutes, ou selon l'épaisseur des filets.

**3** Retirer le poisson de la sauteuse et garder au chaud.

**4** Mettre le poivron et la courgette dans la sauteuse chaude. Faire cuire 4 minutes, à feu vif.

**5** Ajouter le reste des ingrédients, saler, poivrer et faire cuire 3 minutes. Verser le tout sur les filets de poisson. Servir.

# ESPADON GRILLÉ

*(4 PORTIONS)*

| | | |
|---|---|---|
| 15 ml | huile d'olive | 1 c. à s. |
| 4 | darnes d'espadon | 4 |
| 4 | rondelles de beurre cajun | 4 |
| | jus de citron | |
| | sel et poivre fraîchement moulu | |

Préchauffer le four à gril.

**1** Badigeonner d'huile les deux côtés des darnes d'espadon. Les faire griller au four 4 minutes de chaque côté. Saler et poivrer durant la cuisson. Le temps de cuisson peut varier selon l'épaisseur des darnes.

**2** Placer une rondelle de beurre cajun sur chaque darne. Arroser de jus de citron et servir.

# BEURRE CAJUN

*(POUR 8 À 10 PORTIONS)*

| | | |
|---|---|---|
| 1 ml | poivre noir | ¼ c. à t. |
| 1 ml | poivre blanc | ¼ c. à t. |
| 1 ml | sauge | ¼ c. à t. |
| 5 ml | piment jalapeño haché | 1 c. à t. |
| 2 | gousses d'ail blanchies, épluchées et en purée | 2 |
| 225 g | beurre non salé, ramolli | ½ lb |
| 1 | pincée de piment de Cayenne | |
| | jus de ½ citron | |
| | sel | |

**1** Bien mélanger les épices, les aromates, le piment et l'ail dans un petit bol. Incorporer le beurre. Saler au goût et arroser de jus de citron. Mélanger.

**2** Mettre le beurre cajun sur une double feuille de papier d'aluminium. Rouler et sceller les extrémités. Congeler. Utiliser au besoin.

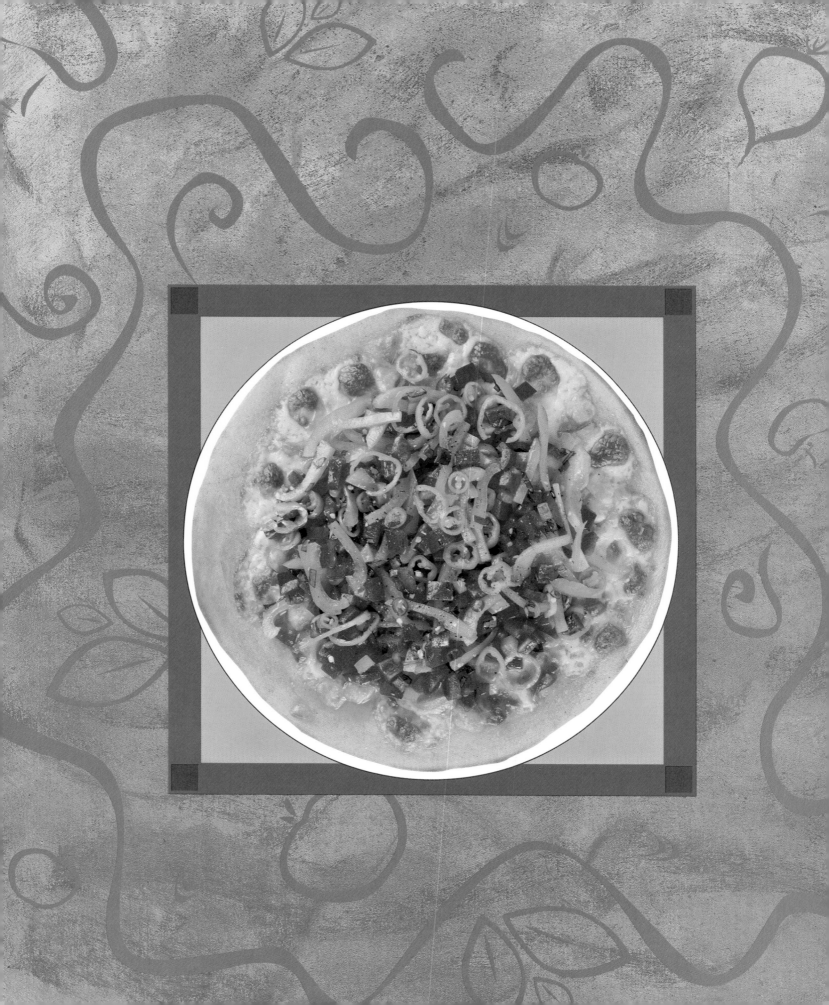

# Pizzas

*E*ntre déguster une pizza et la préparer, beaucoup
pensent qu'il y a tout un monde. Ce chapitre vous convaincra
du contraire, grâce à sa recette de pâte à pizza facile à réaliser
et à sa grande diversité de sauces et de garnitures toutes
plus excellentes les unes que les autres.

Chaque recette est accompagnée de photos en couleurs
qui pourront vous servir de guide pour la présentation. Ainsi
vos pizzas seront un régal tant pour les yeux que pour le palais.

# CONSEILS POUR FAIRE UNE PIZZA

Faites toujours cuire la pizza dans un four très chaud, sur la grille la plus basse. La façon la plus simple est d'utiliser un moule à pizza plein ou perforé.

•

Pour obtenir une croûte croustillante, graissez le moule à pizza avec de l'huile d'olive.

•

Il existe dans les supermarchés, un bon choix d'abaisses de pâte à pizza toutes préparées ou de pâtes prêtes à être abaissées.

•

Lorsque vous faites votre propre pâte, assurez-vous que l'eau soit à la température voulue et que la pâte soit placée dans un endroit chaud pour la faire lever.

•

Il faut s'exercer pour obtenir l'épaisseur de pâte désirée en abaissant une pâte à pizza. Tournez la pâte régulièrement et retournez-la pendant que vous l'abaissez pour maintenir sa forme ronde. L'épaisseur de l'abaisse est une question de goût. Plus elle est mince, plus elle sera croustillante.

•

Vous pouvez donner différentes formes à votre pizza : carrée, rectangulaire, triangulaire, etc.

•

Striez toujours les bords des abaisses pour éviter que la sauce ne déborde. Lorsque vous garnissez votre pizza de sauce, étalez cette dernière jusqu'à environ 2,5 cm (1 po) du bord.

•

Les recettes donnent les mesures pour la sauce et le fromage. Ces quantités peuvent être augmentées ou diminuées selon vos goûts et la sorte de pâte à pizza utilisée.

# PÂTE À PIZZA DE BASE

*2 PIZZAS DE 35 CM (14 PO)*

| | | |
|---|---|---|
| 300 ml | eau tiède | 1¼ tasse |
| 1 | enveloppe de levure | 1 |
| 875 ml | farine tout usage | 3½ tasses |
| 5 ml | sel | 1 c. à t. |
| 50 ml | huile d'olive | ¼ tasse |
| 1 | pincée de sucre | 1 |

*\* Il est important que la température de l'eau atteigne près de 43 °C (110 °F).*

**1** Verser 50 ml (¼ tasse) d'eau tiède dans un bol. Saupoudrer la levure sur l'eau et laisser reposer 2 minutes. Ajouter la pincée de sucre et couvrir le bol. Mettre dans un endroit chaud pendant 5 à 6 minutes, jusqu'à ce que la levure commence à faire des bulles.

**2** Mettre la farine et le sel dans un grand bol. Creuser un puits au centre et y verser la levure. Ajouter le reste de l'eau et l'huile; bien mélanger à la main.

**3** Façonner la pâte en boule et la mettre sur une surface de travail farinée. Pétrir 10 minutes, jusqu'à ce qu'elle soit lisse et élastique.

**4** Façonner en boule et mettre dans un bol huilé. Couvrir d'une pellicule de plastique et laisser lever 2 heures, dans un endroit chaud.

**5** Diviser la pâte en deux. Abaisser chaque moitié sur une surface farinée, jusqu'à l'épaisseur désirée. Faire tourner la pâte tout en l'abaissant pour qu'elle soit ronde et d'une épaisseur régulière.

**6** Pincer les bords de la croûte. Garnir et faire cuire.

*Verser l'eau dans un bol et la saupoudrer de levure.*

*Mettre la farine et le sel dans un grand bol. Creuser un puits au centre et y verser la levure.*

*Mélanger avec les doigts.*

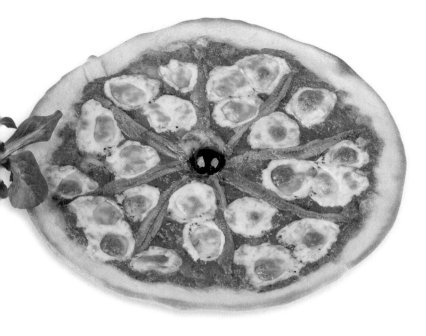

# PIZZA ROMANA

*1 PIZZA DE 35 CM (14 PO)*

| 250 ml | sauce épaisse pour pizza (voir p. 210) | 1 tasse |
|---|---|---|
| 1 | abaisse de pâte à pizza | 1 |
| 250 ml | mozzarella coupée en dés | 1 tasse |
| 1 ml | origan | ¼ c. à t. |
| 15 ml | basilic frais haché | 1 c. à s. |
| 8 | filets d'anchois, égouttés | 8 |
| | quelques gouttes d'huile d'olive | |
| | poivre fraîchement moulu | |

Préchauffer le four à 260 °C (500 °F).

**1** Étaler la sauce sur la pâte à pizza.

**2** Ajouter le fromage et les assaisonnements. Disposer les anchois sur la pizza comme pour former les rayons d'une roue. Arroser de quelques gouttes d'huile d'olive et poivrer.

**3** Faire cuire au four, 10 à 12 minutes.

# PIZZA AUX PALOURDES

*1 PIZZA DE 35 CM (14 PO)*

| 15 ml | huile d'olive | 1 c. à s. |
|---|---|---|
| 1 | abaisse de pâte à pizza | 1 |
| 2 | gousses d'ail, épluchées et émincées | 2 |
| 175 ml | sauce tomate au basilic (voir p. 211) | ¾ tasse |
| 10 | tranches de provolone | 10 |
| 175 ml | palourdes en conserve, égouttées | ¾ tasse |
| 45 ml | parmesan râpé | 3 c. à s. |
| | poivre fraîchement moulu | |

Préchauffer le four à 260 °C (500 °F).

**1** Badigeonner la pâte à pizza d'huile d'olive et parsemer d'ail. Étaler la sauce tomate et couvrir de provolone. Bien poivrer.

**2** Faire cuire au four, 10 à 12 minutes.

**3** Environ 4 minutes avant la fin de la cuisson, ajouter les palourdes et le parmesan. Terminer la cuisson.

# PIZZA VÉGÉTARIENNE

*1 PIZZA DE 35 CM (14 PO)*

| | | |
|---|---|---|
| 6 | tranches de courge d'été jaune | 6 |
| 6 | tranches de courgette | 6 |
| 5 | rondelles d'oignon rouge | 5 |
| ½ | poivron vert, tranché | ½ |
| ½ | poivron jaune, tranché | ½ |
| 4 | tranches d'aubergine italienne* | 4 |
| 45 ml | huile d'olive | 3 c. à s. |
| 175 ml | sauce épaisse pour pizza (voir p. 210) | ¾ tasse |
| 1 | abaisse de pâte à pizza | 1 |
| 250 ml | mozzarella râpée | 1 tasse |
| 6 | tomates cerises, coupées en 2 | 6 |
| 1 | gousse d'ail, épluchée et tranchée | 1 |
| | sel et poivre fraîchement moulu | |

Préchauffer le four à 260 °C (500 °F).

**1** Mettre le four à gril. Badigeonner les légumes d'huile d'olive, sauf les tomates cerises. Les mettre dans une rôtissoire et les faire griller 4 minutes. Assaisonner et réserver.

**2** Remettre le four à 260 °C (500 °F).

**3** Badigeonner la pâte à pizza de sauce. Ajouter les légumes grillés et le fromage.

**4** Garnir des tomates cerises et parsemer d'ail. Bien poivrer.

**5** Faire cuire au four, 10 à 12 minutes.

* *L'aubergine italienne, souvent appelée aubergine miniature, est beaucoup plus petite que l'aubergine ordinaire et a une peau beaucoup plus délicate.*

# PIZZA AUX ASPERGES ET AU SCAMORZE

*1 PIZZA DE 35 CM (14 PO)*

| | | |
|---|---|---|
| 2 | bottes d'asperges | 2 |
| 30 ml | beurre | 2 c. à s. |
| 1 | poivron jaune, haché | 1 |
| 250 ml | sauce blanche, chaude (voir p. 212) | 1 tasse |
| 1 | abaisse de pâte à pizza | 1 |
| 175 ml | scamorze râpé | ¾ tasse |
| 125 ml | olives noires dénoyautées et tranchées | ½ tasse |
| 175 ml | gruyère râpé | ¾ tasse |
| | sel et poivre fraîchement moulu | |
| | piment de Cayenne au goût | |

Préchauffer le four à 260 °C (500 °F).

**1** Parer les asperges, si nécessaire, et couper l'extrémité des tiges. Les tremper brièvement dans de l'eau froide, puis les couper en tronçons de 2,5 cm (1 po). Faire cuire à la vapeur jusqu'à ce qu'ils soient tendres.

**2** Faire chauffer le beurre dans une poêle, à feu moyen. Ajouter les asperges et le poivron haché. Faire cuire 3 minutes.

**3** Étaler la sauce blanche sur la pâte à pizza. Ajouter le scamorze et couvrir des légumes chauds; bien assaisonner. Ajouter les olives et couvrir du gruyère. Assaisonner de poivre noir et de piment de Cayenne, au goût.

**4** Faire cuire au four, 10 à 12 minutes.

# PIZZA À LA RATATOUILLE
## AVEC PEPPERONI ET CHAMPIGNONS
*1 PIZZA DE 35 CM (14 PO)*

| | | |
|---|---|---|
| 1 | petit piment fort, épépiné et haché | 1 |
| 250 ml | sauce ratatouille (voir p. 212) | 1 tasse |
| 1 | abaisse de pâte à pizza | 1 |
| 175 ml | mozzarella râpée | ¾ tasse |
| 15 | tranches de pepperoni | 15 |
| 6 | champignons frais, nettoyés et tranchés | 6 |
| 6 | feuilles de basilic frais | 6 |
| 30 ml | huile d'olive | 2 c. à s. |
| | poivre fraîchement moulu | |

Préchauffer le four à 260 °C (500 °F).

**1** Mélanger le piment fort haché et la sauce ratatouille. Étaler ce mélange sur la pâte à pizza.

**2** Ajouter le fromage, le pepperoni, les champignons et les feuilles de basilic. Arroser d'huile d'olive et poivrer.

**3** Faire cuire au four, 10 à 12 minutes.

# PIZZA AUX CHAMPIGNONS
## ET AUX POIVRONS
*1 PIZZA DE 35 CM (14 PO)*

| | | |
|---|---|---|
| 1 | abaisse de pâte à pizza | 1 |
| 150 ml | sauce aux tomates fraîches sautées (voir p. 210) | ⅔ tasse |
| 250 ml | provolone râpé | 1 tasse |
| 50 ml | parmesan râpé | ¼ tasse |
| 16 | gros champignons frais, nettoyés et tranchés | 16 |
| 1 | poivron rouge, tranché | 1 |
| | huile d'olive extra vierge | |
| | sel et poivre fraîchement moulu | |

Préchauffer le four à 260 °C (500 °F).

**1** Badigeonner la pâte à pizza d'une petite quantité d'huile d'olive. Y étaler la sauce aux tomates sautées et couvrir des fromages.

**2** Disposer les champignons et les poivrons sur les fromages. Bien saler et poivrer.

**3** Faire cuire au four, 10 à 12 minutes.

# PIZZA À LA SALSA ROUGE, AVEC PEPPERONI

*1 PIZZA DE 35 CM (14 PO)*

| | | |
|---|---|---|
| 1 | gros poivron rouge, coupé en 2 | 1 |
| 2 | poivrons verts, coupés en 2 | 2 |
| 250 ml | vinaigre de vin | 1 tasse |
| 45 ml | sucre | 3 c. à s. |
| 2 | tomates, pelées, épépinées et hachées | 2 |
| 2 | oignons verts, hachés | 2 |
| 2 | gousses d'ail, épluchées, écrasées et hachées | 2 |
| 1 | piment jalapeño, épépiné et haché | 1 |
| 1 | abaisse de pâte à pizza | 1 |
| 300 ml | mozzarella râpée | 1¼ tasse |
| 15 | tranches de pepperoni | 15 |
| 125 ml | olives noires dénoyautées et hachées | ½ tasse |
| | sel et poivre fraîchement moulu | |
| | quelques gouttes d'huile d'olive extra vierge | |

Préchauffer le four à 260 °C (500 °F).

**1** Badigeonner la peau des poivrons d'huile et les faire griller au four, 8 minutes. Les mettre ensuite dans un grand bol. Couvrir d'une pellicule de plastique et laisser suer les poivrons 3 minutes. Peler et jeter la peau. Couper la chair en dés, mettre dans un bol et réserver.

**2** Faire cuire le vinaigre avec le sucre, jusqu'à ce que le mélange devienne doré. Verser sur les poivrons.

**3** Ajouter les tomates, les oignons verts, l'ail et le piment jalapeño; mélanger et bien assaisonner. Faire mariner 5 minutes.

**4** Étaler la salsa sur la pâte à pizza. Ajouter le fromage et le pepperoni. Garnir des olives hachées. Arroser de quelques gouttes d'huile d'olive.

**5** Faire cuire au four, 10 à 12 minutes.

# PIZZA AU JAMBON, À LA MORTADELLE ET AU CHUTNEY

*1 PIZZA DE 35 CM (14 PO)*

| | | |
|---|---|---|
| 30 ml | huile d'olive | 2 c. à s. |
| 175 ml | jambon cuit, coupé en lanières | ¾ tasse |
| 175 ml | mortadelle, coupée en lanières | ¾ tasse |
| 90 ml | chutney | 6 c. à s. |
| 250 ml | sauce ratatouille (voir p. 212) | 1 tasse |
| 1 | abaisse de pâte à pizza | 1 |
| 10 | tranches de scamorze | 10 |
| 125 ml | olives de Calamata dénoyautées, hachées | ½ tasse |
| | poivre fraîchement moulu | |
| | quelques gouttes d'huile d'olive extra vierge | |

Préchauffer le four à 260 °C (500 °F).

**1** Faire chauffer l'huile dans une poêle, à feu moyen. Y faire cuire le jambon et la mortadelle 2 minutes. Incorporer le chutney et faire cuire 1 minute. Réserver.

**2** Étaler la sauce ratatouille sur la pâte à pizza. Ajouter le mélange au jambon et couvrir des tranches de fromage. Poivrer.

**3** Garnir des olives tranchées et arroser de quelques gouttes d'huile d'olive.

**4** Faire cuire au four, 10 à 12 minutes.

# PIZZA AU FROMAGE

*1 PIZZA DE 35 CM (14 PO)*

| | | |
|---|---|---|
| 125 ml | pesto (voir p. 213) | ½ tasse |
| 1 | abaisse de pâte à pizza | 1 |
| 2 | grosses tomates, évidées | 2 |
| 2 | gousses d'ail, épluchées et émincées | 2 |
| 225 g | Bel Paese, coupé en dés | ½ lb |
| | poivre fraîchement moulu | |
| | huile d'olive extra vierge | |

Préchauffer le four à 260 °C (500 °F).

**1** Étaler la sauce au pesto sur la pâte à pizza. Couper les tomates en tranches d'environ 5 mm (¼ po) d'épaisseur et les disposer sur la sauce au pesto.

**2** Parsemer d'ail et poivrer. Garnir de dés de fromage et arroser de quelques gouttes d'huile d'olive extra vierge.

**3** Faire cuire au four, 10 à 12 minutes.

# PIZZA HAWAÏENNE

*1 PIZZA DE 35 CM (14 PO)*

| | | |
|---|---|---|
| 175 ml | sauce tomate au basilic (voir p. 211) | ¾ tasse |
| 1 | abaisse de pâte à pizza | 1 |
| 250 ml | champignons cuits tranchés | 1 tasse |
| 500 ml | chair de homard cuite, coupée en dés | 2 tasses |
| 300 ml | mozzarella râpée | 1¼ tasse |
| 250 ml | ananas en dés | 1 tasse |
| | sel et poivre fraîchement moulu | |
| | paprika au goût | |

Préchauffer le four à 260 °C (500 °F).

**1** Étaler la sauce tomate sur la pâte à pizza. Couvrir des champignons, de la chair de homard, puis du fromage. Saler et poivrer.

**2** Garnir des dés d'ananas. Assaisonner de paprika, au goût.

**3** Faire cuire au four, 10 à 12 minutes.

# PIZZA CAJUN AU POULET

*1 PIZZA DE 35 CM (14 PO)*

| | | |
|---|---|---|
| 45 ml | beurre | 3 c. à s. |
| ½ | petit oignon, épluché et haché | ½ |
| ½ | branche de céleri, coupée en dés | ½ |
| 1 | poivron, tranché | 1 |
| 1 | poitrine de poulet entière, sans la peau et désossée | 1 |
| 2 ml | origan | ½ c. à t. |
| 175 ml | sauce tomate au basilic (voir p. 211) | ¾ tasse |
| 1 | abaisse de pâte à pizza | 1 |
| 15 ml | basilic frais haché | 1 c. à s. |
| 300 ml | mozzarella fumée râpée | 1¼ tasse |
| 1 | pincée de piment de Cayenne | 1 |
| 1 | pincée de thym | 1 |
| | sel et poivre blanc | |

Préchauffer le four à 260 °C (500 °F).

**1** Faire chauffer le beurre dans une poêle, à feu moyen. Ajouter l'oignon, le céleri et le poivron; faire cuire 2 minutes.

**2** Couper la poitrine de poulet en deux. Ajouter aux légumes et faire cuire 2 minutes de chaque côté. Ajouter l'origan, le piment de Cayenne, le thym, le sel et le poivre. Bien mélanger, couvrir et faire cuire 10 à 12 minutes, à feu doux. Réserver.

**3** Étaler la sauce tomate sur la pâte à pizza. Ajouter le basilic haché et le fromage râpé. Enfourner la pizza et la faire cuire 8 minutes.

**4** Sortir la pizza du four. Trancher les demi-poitrines de poulet et les disposer sur la pizza. Garnir des légumes et poursuivre la cuisson 3 à 4 minutes.

# PIZZA À LA GRECQUE

*1 PIZZA DE 35 CM (14 PO)*

| | | |
|---|---|---|
| 1 | aubergine de taille moyenne | 1 |
| 50 ml | huile d'olive | ¼ tasse |
| 1 | abaisse de pâte à pizza | 1 |
| 250 ml | sauce aux tomates fraîches sautées (voir p. 210) | 1 tasse |
| 125 ml | feta, émiettée | ½ tasse |
| 50 ml | olives noires dénoyautées et tranchées | ¼ tasse |
| | poivre fraîchement moulu | |

Préchauffer le four à 260 °C (500 °F).

**1** Couper l'aubergine en 12 tranches. Faire chauffer 45 ml (3 c. à s.) d'huile dans une poêle, à feu moyen. Y faire revenir les tranches d'aubergine 2 minutes de chaque côté, à feu vif; réserver.

**2** Badigeonner la pâte à pizza avec le reste de l'huile d'olive. Étaler les tomates sautées sur la pâte et ajouter le fromage.

**3** Disposer les tranches d'aubergine sur la pizza et garnir des olives tranchées. Poivrer.

**4** Faire cuire au four, 10 à 12 minutes.

# PIZZA TEX-MEX

*1 PIZZA DE 35 CM (14 PO)*

| | | |
|---|---|---|
| 2 | poivrons jaunes | 2 |
| 150 ml | mozzarella râpée | ⅔ tasse |
| 1 | abaisse de pâte à pizza | 1 |
| 2 | tomates, coupées en tranches de 8 mm (⅓ po) d'épaisseur | 2 |
| 1 | piment jalapeño, épépiné et haché finement | 1 |
| 1 | gousse d'ail, épluchée, écrasée et hachée finement | 1 |
| 15 ml | basilic frais haché | 1 c. à s. |
| 125 ml | pecorino sardo râpé | ½ tasse |
| | poivre fraîchement moulu | |

Préchauffer le four à 260 °C (500 °F).

**1** Couper les poivrons en deux et les épépiner. Badigeonner la peau d'huile et mettre sur une plaque à biscuits, le côté coupé vers le bas; faire griller au four, 6 minutes. Sortir du four et laisser refroidir. Peler, émincer et réserver.

**2** Parsemer la pâte à pizza de mozzarella; garnir de tranches de tomates.

**3** Ajouter les poivrons jaunes et le piment jalapeño. Ajouter l'ail et le basilic. Couvrir de pecorino sardo et bien poivrer.

**4** Faire cuire au four, 10 à 12 minutes.

# PIZZA AUX CREVETTES ET AU PESTO

*1 PIZZA DE 35 CM (14 PO)*

| | | |
|---|---|---|
| 45 ml | huile d'olive | 3 c. à s. |
| ½ | courgette, tranchée | ½ |
| 225 g | crevettes, décortiquées et déveinées | ½ lb |
| 6 | cœurs d'artichaut, marinés dans l'huile, égouttés et coupés en 2 | 6 |
| 125 ml | pesto (voir p. 213) | ½ tasse |
| 1 | abaisse de pâte à pizza | 1 |
| 1 | tomate, tranchée | 1 |
| 300 ml | mozzarella râpée | 1 ¼ tasse |
| | sel et poivre fraîchement moulu | |

Préchauffer le four à 260 °C (500 °F).

**1** Faire chauffer l'huile dans une poêle, à feu moyen. Y faire cuire la courgette 2 minutes, à feu vif.

**2** Ajouter les crevettes et les cœurs d'artichaut; bien assaisonner. Poursuivre la cuisson 2 minutes à feu vif; réserver.

**3** Étaler le pesto sur l'abaisse de pâte à pizza. Garnir de tranches de tomate et couvrir de mozzarella.

**4** Faire cuire au four, 10 à 12 minutes.

**5** Environ 2 minutes avant la fin de la cuisson, garnir la pizza de crevettes et du mélange aux légumes et bien poivrer. Terminer la cuisson.

## PIZZA AUX OIGNONS ET AU GORGONZOLA

*1 PIZZA DE 35 CM (14 PO), OU 4 PIZZAS INDIVIDUELLES*

| 50 ml | huile d'olive | ¼ tasse |
|---|---|---|
| 2 | gros oignons, épluchés et émincés | 2 |
| 1 | abaisse de pâte à pizza | 1 |
| 125 ml | pignons | ½ tasse |
| 350 g | gorgonzola émietté | ¾ lb |
| 12 | feuilles de basilic frais | 12 |
| | sel et poivre fraîchement moulu | |

Préchauffer le four à 260 °C (500 °F).

**1** Faire chauffer 45 ml (3 c. à s.) d'huile dans une poêle, à feu moyen. Ajouter les oignons, assaisonner et faire cuire 15 minutes. Baisser le feu si les oignons brunissent trop rapidement.

**2** Couvrir l'abaisse d'oignons cuits. Ajouter les pignons et couvrir de fromage. Garnir des feuilles de basilic et arroser du reste de l'huile d'olive. Poivrer.

**3** Faire cuire au four, 10 à 12 minutes.

## PIZZA AU PESTO ET AUX TOMATES SÉCHÉES

*1 PIZZA DE 35 CM (14 PO), OU 4 PIZZAS INDIVIDUELLES*

| 30 ml | farine de maïs | 2 c. à s. |
|---|---|---|
| 1 | abaisse de pâte à pizza | 1 |
| 125 ml | pesto (voir p. 213) | ½ tasse |
| 300 ml | mozzarella râpée | 1¼ tasse |
| 60 ml | tomates séchées hachées | 4 c. à s. |
| 50 ml | pignons | ¼ tasse |
| | poivre fraîchement moulu | |
| | quelques gouttes d'huile d'olive | |

Préchauffer le four à 260 °C (500 °F).

**1** Saupoudrer de fécule de maïs une assiette à pizza huilée et y disposer la pâte à pizza.

**2** Étaler la sauce au pesto sur la pâte à pizza. Ajouter le fromage, les tomates séchées et les pignons. Bien poivrer. Arroser de quelques gouttes d'huile d'olive.

**3** Faire cuire au four, 10 à 12 minutes.

# PIZZA AU POULET SAUTÉ ET AU FONTINA

*1 PIZZA DE 35 CM (14 PO)*

| | | |
|---|---|---|
| 45 ml | huile d'olive | 3 c. à s. |
| 1 | poitrine de poulet entière, désossée et émincée | 1 |
| 2 | échalotes sèches, épluchées et hachées | 2 |
| 2 | oignons verts, hachés | 2 |
| 15 ml | basilic frais haché | 1 c. à s. |
| 5 ml | herbes de Provence | 1 c. à t. |
| 50 ml | pignons | ¼ tasse |
| 175 ml | sauce épaisse pour pizza (voir p. 210) | ¾ tasse |
| 1 | abaisse de pâte à pizza | 1 |
| 250 ml | fontina en dés | 1 tasse |
| | sel et poivre fraîchement moulu | |

Préchauffer le four à 260 °C (500 °F).

**1** Faire chauffer l'huile dans une poêle, à feu moyen. Ajouter les lanières de poulet, assaisonner et faire cuire 2 minutes de chaque côté. Ajouter les échalotes sèches, les oignons verts, les assaisonnements et les pignons. Poursuivre la cuisson 1 minute, puis réserver.

**2** Étaler la sauce sur la pâte à pizza. Ajouter le mélange au poulet et couvrir de fromage. Bien poivrer.

**3** Faire cuire au four, 10 à 12 minutes.

# PIZZA AUX ARTICHAUTS

*1 PIZZA DE 35 CM (14 PO)*

| | | |
|---|---|---|
| 45 ml | beurre | 3 c. à s. |
| 1 | échalote sèche, épluchée et hachée | 1 |
| 10 | champignons frais, nettoyés et tranchés | 10 |
| 175 ml | sauce épaisse pour pizza (voir p. 210) | ¾ tasse |
| 1 | abaisse de pâte à pizza | 1 |
| 150 ml | mozzarella râpée | ⅔ tasse |
| 60 g | prosciutto, tranché | 2 oz |
| 8 | cœurs d'artichaut, marinés dans l'huile | 8 |
| 50 ml | olives noires dénoyautées, tranchées | ¼ tasse |
| 15 ml | huile d'olive | 1 c. à s. |
| 15 ml | basilic frais haché | 1 c. à s. |
| | sel et poivre fraîchement moulu | |

Préchauffer le four à 260 °C (500 °F).

**1** Faire chauffer le beurre dans une poêle, à feu moyen. Ajouter l'échalote sèche et les champignons; bien assaisonner. Faire cuire 4 minutes.

**2** Étaler la sauce à pizza sur la pâte à pizza. Garnir des champignons cuits. Ajouter le fromage et le prosciutto.

**3** Égoutter les cœurs d'artichaut, les couper en deux et les disposer sur la pizza avec les olives noires. Arroser d'huile d'olive et parsemer de basilic.

**4** Faire cuire au four, 10 à 12 minutes.

# PIZZA AUX PIMENTS DOUX ET AU CACIOCAVALLO

*1 PIZZA DE 35 CM (14 PO)*

| | | |
|---|---|---|
| 3 | poivrons rouges | 3 |
| 2 | poivrons jaunes | 2 |
| 1 | piment doux allongé | 1 |
| 60 ml | huile d'olive | 4 c. à s. |
| 3 | gousses d'ail, épluchées, écrasées et hachées | 3 |
| 1 | piment fort, épépiné et haché finement | 1 |
| 30 ml | basilic frais haché | 2 c. à s. |
| 1 | feuille de laurier | 1 |
| 1 | abaisse de pâte à pizza | 1 |
| 225 g | caciocavallo, coupé en dés | ½ lb |
| | poivre fraîchement moulu | |
| | quelques gouttes d'huile d'olive extra vierge | |

**1** Couper les poivrons et le piment doux en deux, et les épépiner. Badigeonner leur peau d'huile et les mettre sur une plaque à biscuits, le côté coupé vers le bas; faire griller au four, 18 minutes. Retourner une fois pendant la cuisson. Sortir du four et mettre dans un grand bol. Couvrir d'une pellicule de plastique, laisser suer 3 minutes. Peler et trancher la chair.

**2** Mettre les poivrons et le piment doux dans un autre bol. Ajouter l'huile, l'ail, le piment fort, le basilic et la feuille de laurier. Poivrer et laisser mariner 2 heures.

**3** Préchauffer le four à 260 °C (500 °F).

**4** Badigeonner la pâte à pizza d'huile d'olive. Ajouter le fromage et couvrir des poivrons et du piment marinés.

**5** Faire cuire au four, 10 à 12 minutes.

# PIZZA AUX CREVETTES ET À LA PURÉE DE POIVRONS

*1 PIZZA DE 35 CM (14 PO)*

| | | |
|---|---|---|
| 3 | poivrons rouges | 3 |
| 2 | poivrons verts | 2 |
| 1 | poivron jaune | 1 |
| 6 | gousses d'ail, non épluchées | 6 |
| 50 ml | sauce épaisse pour pizza (voir p. 210) | ¼ tasse |
| 1 | abaisse de pâte à pizza | 1 |
| 300 ml | fontina râpé | 1¼ tasse |
| 225 g | crevettes fraîches, décortiquées et déveinées | ½ lb |
| 125 ml | olives noires dénoyautées et tranchées | ½ tasse |
| 15 ml | basilic frais haché | 1 c. à s. |
| | poivre fraîchement moulu | |
| | quelques gouttes d'huile d'olive | |

Préchauffer le four à 260 °C (500 °F).

**1** Couper les poivrons en deux et les épépiner. Badigeonner leur peau d'huile et les mettre sur une plaque à biscuits, le côté coupé vers le bas; faire griller au four, 15 à 18 minutes. Retourner 1 fois pendant la cuisson. Sortir du four et mettre dans un grand bol. Couvrir d'une pellicule de plastique et laisser suer 3 minutes. Peler et jeter la peau.

**2** Mettre les gousses d'ail non épluchées dans une casserole, avec 250 ml (1 tasse) d'eau. Porter à ébullition et faire cuire 4 minutes. Retirer les gousses d'ail de l'eau et laisser refroidir. Peler et réduire en purée.

**3** Mélanger les poivrons et l'ail au robot culinaire. Ajouter la sauce à pizza, assaisonner et mélanger pour incorporer.

**4** Étaler le mélange aux poivrons sur la pâte à pizza. Couvrir de fromage et faire cuire au four, 6 minutes.

**5** Couper les crevettes en deux et les disposer sur la pizza. Ajouter les olives et le basilic; bien poivrer. Poursuivre la cuisson 4 à 6 minutes.

**6** Arroser de quelques gouttes d'huile d'olive avant de servir.

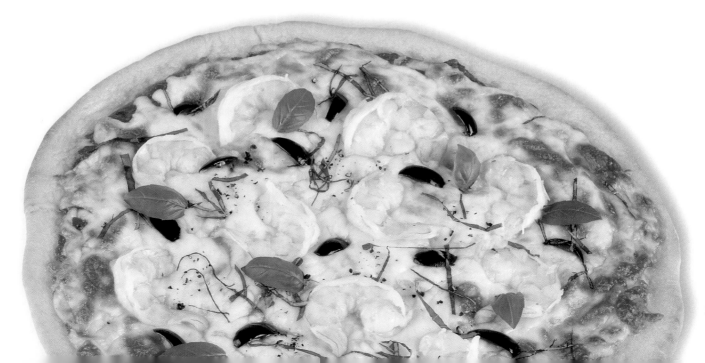

# PIZZA AUX ÉCHALOTES SÈCHES ET AUX OLIVES DE CALAMATA

*1 PIZZA DE 35 CM (14 PO)*

| | | |
|---|---|---|
| 60 ml | huile d'olive | 4 c. à s. |
| 900 g | échalotes sèches, épluchées | 2 lb |
| 15 ml | cassonade | 1 c. à s. |
| 225 g | champignons frais, nettoyés et tranchés | ½ lb |
| 1 | abaisse de pâte à pizza | 1 |
| 125 g | prosciutto, coupé en tranches de 1 cm (½ po) de large | ¼ lb |
| 1 | gousse d'ail, épluchée et tranchée | 1 |
| 300 ml | fontina râpé | 1 ¼ tasse |
| 125 ml | olives de Calamata dénoyautées, coupées en 2 | ½ tasse |
| 4 | filets d'anchois, égouttés et hachés | 4 |
| | sel et poivre fraîchement moulu | |
| | huile d'olive extra vierge | |

Préchauffer le four à 260 °C (500 °F).

**1** Faire chauffer 45 ml (3 c. à s.) d'huile dans une poêle, à feu moyen. Ajouter les échalotes sèches et assaisonner; faire cuire 30 minutes, à feu doux.

**2** Incorporer la cassonade; faire cuire 3 minutes. Retirer les échalotes; réserver.

**3** Dans le reste de l'huile, faire cuire les champignons 3 minutes, à feu vif.

**4** Garnir la pâte à pizza des échalotes sèches, puis des champignons, du prosciutto, de l'ail et du fromage.

**5** Terminer par les olives et les filets d'anchois. Arroser d'huile d'olive extra vierge. Faire cuire au four, 10 à 12 minutes.

# Pizza aux poireaux et au jambon

*1 PIZZA DE 35 CM (14 PO)*

| | | |
|---|---|---|
| 4 | blancs de poireaux | 4 |
| 45 ml | huile d'olive | 3 c. à s. |
| 15 ml | fines herbes mélangées (persil, origan, marjolaine) | 1 c. à s. |
| 1 | abaisse de pâte à pizza | 1 |
| 90 g | jambon cuit, coupé en julienne | 3 oz |
| 60 g | prosciutto, coupé en tranches de 1 cm (½ po) de large | 2 oz |
| 45 ml | parmesan râpé | 3 c. à s. |
| 125 ml | mozzarella coupée en dés | ½ tasse |
| | jus de ½ citron | |
| | sel et poivre fraîchement moulu | |

Préchauffer le four à 260 °C (500 °F).

**1** Fendre les poireaux en quatre, jusqu'à 2,5 cm (1 po) de la base. Bien les laver sous l'eau froide.

**2** Mettre les poireaux dans de l'eau bouillante salée. Ajouter le jus de citron et faire cuire 15 minutes, à feu moyen.

**3** Retirer les poireaux de l'eau, égoutter et réserver. Lorsqu'ils sont suffisamment refroidis pour être manipulés, les presser pour en exprimer tout le liquide, puis trancher.

**4** Faire chauffer 30 ml (2 c. à s.) d'huile d'olive dans une poêle, à feu moyen. Ajouter les poireaux et les fines herbes; faire cuire 3 minutes.

**5** Disposer les poireaux sur la pâte à pizza. Ajouter le jambon et le prosciutto; garnir des fromages. Bien poivrer et arroser du reste de l'huile d'olive.

**6** Faire cuire au four, 10 à 12 minutes.

# PIZZA AU POIVRON, À L'OIGNON ET À LA VIANDE

*1 PIZZA DE 35 CM (14 PO)*

| | | |
|---|---|---|
| 45 ml | huile d'olive | 3 c. à s. |
| ½ | oignon rouge, épluché et haché | ½ |
| 2 | gousses d'ail, épluchées, écrasées et hachées | 2 |
| ½ | poivron rouge, émincé | ½ |
| 3 | saucisses italiennes, la chair seulement | 3 |
| 175 ml | sauce épaisse pour pizza (voir p. 210) | ¾ tasse |
| 1 | abaisse de pâte à pizza | 1 |
| 15 ml | basilic frais haché | 1 c. à s. |
| 5 ml | origan | 1 c. à t. |
| 250 ml | mozzarella râpée | 1 tasse |
| | sel et poivre fraîchement moulu | |
| | quelques gouttes d'huile d'olive extra vierge | |

Préchauffer le four à 260 °C (500 °F).

**1** Faire chauffer l'huile dans une poêle, à feu moyen. Ajouter l'oignon, l'ail et le poivron rouge. Faire cuire 3 minutes.

**2** Ajouter la chair à saucisse et poursuivre la cuisson 4 minutes.

**3** Étaler la sauce sur la pâte à pizza. Couvrir du mélange aux saucisses et parsemer d'assaisonnements. Garnir de fromage.

**4** Faire cuire au four, 10 à 12 minutes. Arroser d'huile d'olive juste avant de servir.

# FOCACCIA

*(6 À 8 PORTIONS)*

| 250 ml | eau tiède | 1 tasse |
|--------|-----------|---------|
| 2 ml | sucre | ½ c. à t. |
| 1 | enveloppe de levure | 1 |
| 625 ml | farine blanche non raffinée | 2½ tasses |
| 30 ml | beurre | 2 c. à s. |
| ½ | oignon, finement haché | ½ |
| 125 ml | basilic frais haché | ½ tasse |
| 60 ml | huile d'olive | 4 c. à s. |
| | sel | |

**1** Mettre l'eau, le sucre et la levure dans un bol. Garder dans un endroit chaud pendant 10 minutes.

**2** Ajouter les trois quarts de la farine à la levure et bien mélanger. Garder dans un endroit chaud pendant 2½ heures.

**3** Faire chauffer le beurre dans une poêle, à feu moyen. Ajouter l'oignon et faire cuire 10 minutes, à feu doux. Ajouter le basilic et poursuivre la cuisson 2 minutes. Réserver.

**4** À la pâte, ajouter le reste de la farine, le sel et la moitié de l'huile. Bien mélanger; ajouter de l'eau, si nécessaire. Renverser sur une surface de travail farinée et pétrir 10 minutes.

**5** Mettre la pâte dans un bol huilé. Couvrir d'une pellicule de plastique et laisser lever dans un endroit chaud pendant 2 heures.

**6** Abaisser la pâte en un rectangle d'environ 30 cm sur 40 cm (12 po sur 16 po). La glisser sur une plaque à biscuits et la garnir du mélange à l'oignon. Arroser du reste de l'huile d'olive. Faire cuire au four préchauffé à 230 °C (450 °F), 14 à 18 minutes. Servir chaud.

*Faire cuire l'oignon à feu doux. Ajouter le basilic.*

*Abaisser la pâte en un rectangle.*

*Garnir du mélange d'oignon et de basilic.*

# CALZONE AUX ÉPINARDS ET AU FROMAGE

*1 PIZZA DE 45 CM (18 PO)*

| | | |
|---|---|---|
| 700 g | épinards frais, lavés et parés | 1 ½ lb |
| 45 ml | beurre | 3 c. à s. |
| 2 | gousses d'ail, épluchées, écrasées et hachées | 2 |
| 60 g | anchois hachés | 2 oz |
| 125 g | ricotta | ¼ lb |
| 15 ml | huile d'olive | 1 c. à s. |
| 1 | abaisse de pâte à pizza | 1 |
| 90 g | gruyère râpé | 3 oz |
| | sel et poivre fraîchement moulu | |

Préchauffer le four à 230 °C (450 °F).

**1** Faire cuire les épinards à la vapeur pendant 3 minutes. Bien égoutter et hacher.

**2** Faire chauffer le beurre dans une poêle, à feu moyen. Ajouter les épinards et l'ail; faire cuire 3 minutes.

**3** Verser la garniture dans un bol. Ajouter les anchois et la ricotta; bien mélanger. Saler et poivrer.

**4** Badigeonner d'huile une abaisse de pâte à pizza de 45 cm (18 po). Étaler la garniture aux épinards sur une moitié de l'abaisse. Recouvrir de gruyère et poivrer. Replier la pâte sur la garniture. Pincer les bords pour sceller.

**5** Disposer le calzone sur une plaque à biscuits huilée. Badigeonner d'huile le dessus de la pâte. Faire cuire au four, 20 minutes.

# CALZONE AU BŒUF HACHÉ

*1 PIZZA DE 45 CM (18 PO)*

| 45 ml | huile d'olive | 3 c. à s. |
|---|---|---|
| 2 | oignons, épluchés et tranchés | 2 |
| 2 | gousses d'ail, épluchées, écrasées et hachées | 2 |
| 1 | poivron jaune, tranché | 1 |
| 3 | filets d'anchois, égouttés et hachés | 3 |
| 225 g | bœuf haché maigre | ½ lb |
| 1 | abaisse de pâte à pizza | 1 |
| 150 g | caciocavallo, coupé en dés | ⅓ lb |
| 1 | pincée de piments forts écrasés | 1 |
| | sel et poivre fraîchement moulu | |

Préchauffer le four à 230 °C (450 °F).

**1** Faire chauffer 30 ml (2 c. à s.) d'huile dans une poêle, à feu moyen. Ajouter les oignons, l'ail et le poivron jaune. Assaisonner et faire cuire 8 minutes.

**2** Ajouter les anchois et le bœuf haché; assaisonner et poursuivre la cuisson 4 minutes. Incorporer les piments forts.

**3** Badigeonner d'huile une abaisse de pâte à pizza de 45 cm (18 po). Étaler la garniture sur une moitié de la pizza. Ajouter le fromage et replier la pâte par-dessus la garniture. Pincer les bords pour sceller.

**4** Disposer le calzone sur une plaque à biscuits. Badigeonner d'huile le dessus de la pâte. Faire cuire au four, 20 minutes.

## Sauce épaisse pour pizza

| | | |
|---|---|---|
| 60 ml | huile d'olive | 4 c. à s. |
| 1 | oignon, épluché et haché | 1 |
| 3 | gousses d'ail, épluchées, écrasées et hachées | 3 |
| 2 | boîtes de tomates italiennes de 796 ml (28 oz) chacune | 2 |
| 1 | boîte de pâte de tomates de 156 ml (5½ oz) | 1 |
| 30 ml | basilic frais haché | 2 c. à s. |
| 15 ml | origan frais haché | 1 c. à s. |
| 1 | piment fort, épépiné et haché | 1 |
| 2 ml | thym | ½ c. à t. |
| 1 | feuille de laurier | 1 |
| 1 | pincée de sucre | 1 |
| | sel et poivre fraîchement moulu | |

**1** Faire chauffer l'huile dans une grande poêle, à feu moyen. Ajouter l'oignon et l'ail; faire revenir 3 minutes, à feu doux.

**2** Hacher les tomates et les ajouter à la poêle, avec leur jus. Incorporer la pâte de tomates et le reste des ingrédients. Bien mélanger.

**3** Faire cuire la sauce à découvert 1 heure, à feu doux. Remuer de temps à autre. La sauce devrait épaissir.

**4** Peut se garder jusqu'à 3 jours au réfrigérateur.

## Sauce aux tomates fraîches sautées

| | | |
|---|---|---|
| 50 ml | huile d'olive | ¼ tasse |
| 3 | échalotes sèches, épluchées et hachées | 3 |
| 3 | gousses d'ail, épluchées, écrasées et hachées | 3 |
| 250 ml | vin blanc sec | 1 tasse |
| 5 | tomates, évidées, pelées et épépinées | 5 |
| 15 ml | basilic | 1 c. à s. |
| 5 ml | origan | 1 c. à t. |
| 1 ml | piments forts écrasés | ¼ c. à t. |
| 45 ml | tomates séchées hachées | 3 c. à s. |
| | sel et poivre fraîchement moulu | |

**1** Faire chauffer l'huile dans une poêle, à feu moyen. Y faire cuire les échalotes sèches et l'ail 3 minutes, à feu doux.

**2** Ajouter le vin, monter le feu à vif et faire cuire 2 minutes.

**3** Hacher les tomates et les ajouter à la poêle avec les assaisonnements et les tomates séchées. Faire cuire 10 minutes, à feu vif.

**4** Baisser le feu à doux. Poursuivre la cuisson du mélange 5 à 8 minutes.

**5** Laisser refroidir, puis réfrigérer.

# Sauce tomate au basilic

| | | |
|---|---|---|
| 5 | tomates, évidées | 5 |
| 30 ml | huile d'olive | 2 c. à s. |
| 1 | oignon, épluché et haché | 1 |
| 3 | gousses d'ail, épluchées, écrasées et hachées | 3 |
| 250 ml | vin blanc sec | 1 tasse |
| 45 ml | basilic frais haché | 3 c. à s. |
| 1 | petit piment fort, épépiné et haché | 1 |
| | sel et poivre fraîchement moulu | |

*Peler les tomates.*

*Faire cuire l'oignon et l'ail 4 minutes; mouiller avec le vin.*

*Ajouter le reste des ingrédients, y compris la pulpe des tomates.*

**1** Plonger les tomates dans une casserole d'eau bouillante. Les retirer après 1 minute. Lorsqu'elles sont suffisamment froides pour être manipulées, les peler. Couper les tomates en deux dans le sens de la largeur et les épépiner. Hacher la pulpe et réserver.

**2** Faire chauffer l'huile dans une poêle, à feu moyen. Ajouter l'oignon et l'ail; faire cuire 4 minutes.

**3** Monter le feu à vif et ajouter le vin; faire cuire 3 minutes.

**4** Ajouter le reste des ingrédients, y compris la pulpe des tomates, et porter à ébullition. Baisser le feu à doux et faire cuire la sauce 30 minutes. Ne pas couvrir. Remuer de temps à autre.

**5** Laisser la sauce refroidir avant de la réfrigérer.

# Sauce Ratatouille

| | | |
|---|---|---|
| 1 | poivron jaune | 1 |
| 1 | poivron rouge | 1 |
| 30 ml | huile d'olive | 2 c. à s. |
| 1 | oignon, épluché et haché | 1 |
| 3 | gousses d'ail, épluchées, écrasées et hachées | 3 |
| 2 | échalotes sèches, épluchées et hachées | 2 |
| 1 | aubergine de taille moyenne avec la peau, coupée en dés | 1 |
| 1 | petite courgette, coupée en dés | 1 |
| 4 | tomates, pelées, épépinées et hachées | 4 |
| 30 ml | basilic frais haché | 2 c. à s. |
| 1 ml | thym | ¼ c. à t. |
| | sel et poivre fraîchement moulu | |

**1** Couper les poivrons en deux et les épépiner. Badigeonner la peau d'huile et les mettre sur une plaque à biscuits, le côté coupé vers le bas. Faire griller 6 minutes au four. Sortir du four et laisser refroidir. Peler, trancher finement et réserver.

**2** Faire chauffer l'huile dans une poêle, à feu moyen. Ajouter l'oignon, l'ail et les échalotes sèches; faire cuire 4 minutes.

**3** Ajouter l'aubergine, bien assaisonner et poursuivre la cuisson 6 minutes. Ajouter la courgette et faire cuire 3 minutes.

**4** Ajouter le reste des ingrédients, bien mélanger et faire cuire 30 minutes, à feu doux. Remuer de temps à autre.

**5** Peut se garder couvert, jusqu'à 3 jours au réfrigérateur.

# Sauce Blanche

| | | |
|---|---|---|
| 60 ml | beurre | 4 c. à s. |
| ½ | oignon, haché | ½ |
| 60 ml | farine | 4 c. à s. |
| 500 ml | lait, chaud | 2 tasses |
| 1 | pincée de muscade | 1 |
| | sel et poivre blanc | |

**1** Faire chauffer le beurre dans une casserole, à feu moyen. Y faire revenir l'oignon 2 minutes, à feu doux.

**2** Incorporer la farine et poursuivre la cuisson 1 minute.

**3** Ajouter le lait en fouettant continuellement. Bien assaisonner et ajouter la muscade. Faire cuire la sauce 8 à 10 minutes, à feu doux. Remuer 3 à 4 fois pendant la cuisson.

**4** Filtrer la sauce dans un bol, à l'aide d'une passoire. Déposer une feuille de papier ciré sur la sauce et laisser refroidir avant de réfrigérer.

**5** Cette sauce peut se garder jusqu'à 3 jours au réfrigérateur.

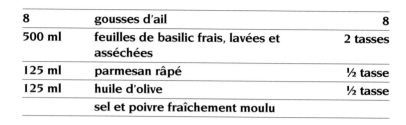

# Pesto

| 8 | gousses d'ail | 8 |
|---|---|---|
| 500 ml | feuilles de basilic frais, lavées et asséchées | 2 tasses |
| 125 ml | parmesan râpé | ½ tasse |
| 125 ml | huile d'olive | ½ tasse |
| | sel et poivre fraîchement moulu | |

*Dans le bol du robot culinaire, mettre l'ail, le basilic et le fromage.*

**1** Mettre les gousses d'ail non épluchées dans une casserole avec 250 ml (1 tasse) d'eau. Porter à ébullition et laisser cuire 4 minutes. Retirer les gousses d'ail de l'eau et laisser refroidir. Éplucher les gousses d'ail et les mettre dans le bol du robot culinaire.

**2** Ajouter à l'ail le basilic et le fromage. Bien assaisonner et mélanger quelques minutes pour obtenir une purée.

**3** Pendant que le robot culinaire est en marche, verser l'huile, en un mince filet, par l'orifice du couvercle. Les ingrédients devraient être bien incorporés.

**4** Pour ranger le pesto, le mettre dans un bocal. Couvrir la surface d'une pellicule de plastique et appuyer légèrement dessus avec les doigts. Fermer hermétiquement le bocal. Peut se garder jusqu'à 3 jours au réfrigérateur.

*Mélanger quelques minutes pour obtenir une purée.*

*Verser l'huile, en un mince filet, par l'orifice du couvercle.*

# Pâtes & Riz

*I*l existe mille et une façons d'apprêter les pâtes et le riz afin de les servir en toute occasion. Leur prix abordable, combiné à leurs valeurs nutritives sans pareil en font des aliments de choix pour bien des gens.
De plus, les pâtes et le riz sont faibles en gras et riches en glucides, surtout composés de sucres complexes faciles à digérer, et conviennent même à ceux et celles qui surveillent leur poids.

Les recettes de ce chapitre, qui se préparent en un tour de main, n'en sont pas moins succulentes et sauront, à coup sûr, régaler vos amis.

# PÂTES

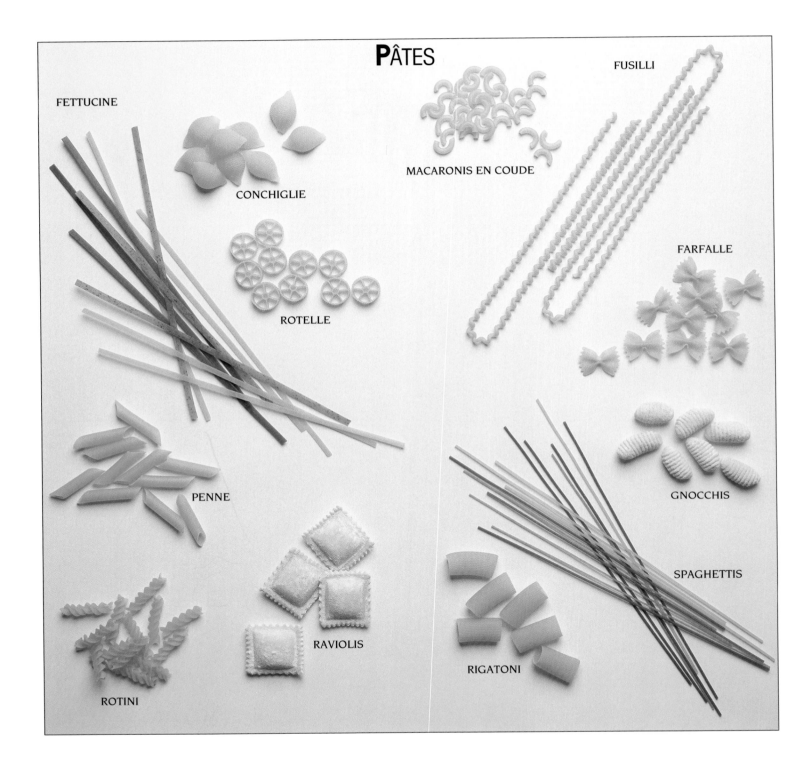

FETTUCINE

CONCHIGLIE

ROTELLE

FUSILLI

MACARONIS EN COUDE

FARFALLE

PENNE

GNOCCHIS

RAVIOLIS

RIGATONI

SPAGHETTIS

ROTINI

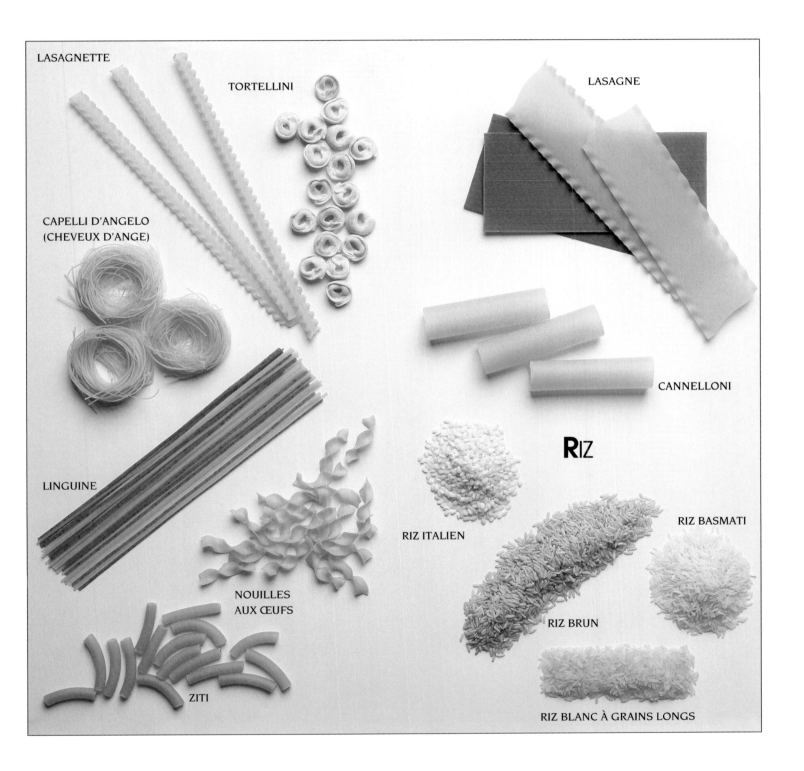

LASAGNETTE

TORTELLINI

LASAGNE

CAPELLI D'ANGELO
(CHEVEUX D'ANGE)

CANNELLONI

RIZ

LINGUINE

RIZ ITALIEN

RIZ BASMATI

NOUILLES
AUX ŒUFS

RIZ BRUN

ZITI

RIZ BLANC À GRAINS LONGS

# Comment faire cuire les pâtes

Toutes les pâtes, qu'elles soient fraîches ou sèches, doivent être cuites dans une grande quantité d'eau bouillante salée. Ajoutez quelques gouttes d'huile pour contrôler la formation de mousse pendant la cuisson.

•

Lorsque l'eau bout à gros bouillons, ajoutez les pâtes, ⅓ à la fois, afin de maintenir l'ébullition. Lorsqu'elles auront légèrement ramolli, remuez pour éviter qu'elles ne collent.

•

Lorsque l'eau est de nouveau à son point d'ébullition maximal, calculez le temps de cuisson. Les pâtes sont meilleures cuites *al dente*, c'est-à-dire croquantes sous la dent. Une fois cuites, elles devraient présenter une certaine résistance et ne pas être trop molles. La meilleure façon de savoir si elles sont bien cuites, c'est de les goûter.

•

Lorsque les pâtes sont cuites, égouttez-les; ne les rincez pas. Disposez-les dans un plat de service chaud ou dans un bol, enrobez-les d'un peu d'huile ou de beurre, mélangez et servez immédiatement.

# PÂTE À NOUILLES

| 550 ml | farine tout usage ou semoule de blé dur | 2¼ tasses |
|---|---|---|
| 2 ml | sel | ½ c. à t. |
| 3 | gros œufs | 3 |
| 25 ml | huile d'olive | 1½ c. à s. |
| 15 ml | eau tiède | 1 c. à s. |

**1** Mettre la farine, le sel, les œufs, l'huile d'olive et l'eau dans un grand bol.

**2** Travailler avec les doigts, jusqu'à la formation d'une boule. Ajouter de la farine ou de l'eau, au besoin.

**3** Renverser la pâte sur une surface de travail farinée. Pétrir 8 à 10 minutes, jusqu'à ce qu'elle soit lisse.

**4** Façonner en boule, saupoudrer de farine et mettre dans un bol. Couvrir et laisser reposer 1 heure à la température ambiante.

**5** Diviser la pâte en 4 morceaux. Abaisser chacun d'eux à l'aide d'une machine à faire des pâtes, puis couper en lanières.

**6** Saupoudrer les pâtes de farine, les étaler et les laisser sécher 45 minutes environ avant de les faire cuire.

Mettre la farine, le sel, les œufs, l'huile d'olive et l'eau dans un bol.

Travailler avec les doigts.

Pétrir 8 à 10 minutes, jusqu'à ce que la pâte soit lisse.

Façonner en boule et saupoudrer de farine.

# SALADE DE PÂTES AUX LÉGUMES

*(4 À 6 PORTIONS)*

| | | |
|---|---|---|
| 1 | poivron rouge | 1 |
| 450 g | asperges fraîches | 1 lb |
| 1 | petit brocoli | 1 |
| 50 ml | vinaigre de vin | ¼ tasse |
| 2 | gousses d'ail, épluchées, écrasées et hachées | 2 |
| 30 ml | basilic frais haché | 2 c. à s. |
| 175 ml | huile d'olive | ¾ tasse |
| 50 ml | parmesan râpé | ¼ tasse |
| 225 g | champignons frais, nettoyés et tranchés | ½ lb |
| 125 ml | olives noires dénoyautées, tranchées | ½ tasse |
| 450 g | rotini ou farfalle, cuits *al dente* | 1 lb |
| | sel et poivre fraîchement moulu | |

**1** Couper le poivron en deux et l'épépiner. Badigeonner la peau d'huile et mettre sur une plaque à biscuits, le côté peau vers le haut; faire griller au four, 6 minutes. Sortir du four et laisser refroidir. Peler, émincer et réserver.

**2** Si nécessaire, parer les asperges et couper l'extrémité dure des tiges. Détailler les tiges en morceaux de 2,5 cm (1 po). Séparer le brocoli en bouquets. Blanchir ces deux légumes dans de l'eau bouillante salée. Réserver et bien égoutter.

**3** Dans un bol, mélanger le vinaigre, l'ail, le basilic, le sel et le poivre. En fouettant, incorporer l'huile en un mince filet, puis le fromage.

**4** Mettre le poivron et les légumes blanchis dans un grand bol. Ajouter le reste des ingrédients, puis napper de vinaigrette.

**5** Bien mélanger, rectifier l'assaisonnement et servir.

# NOUILLES EN SAUCE À LA CRÈME AU PECORINO

*(4 PORTIONS)*

| | | |
|---|---|---|
| 45 ml | beurre | 3 c. à s. |
| 2 | petites pommes, évidées, pelées et coupées en dés | 2 |
| 3 | jaunes d'œufs | 3 |
| 50 ml | crème à 35 % | ¼ tasse |
| 125 ml | pecorino râpé | ½ tasse |
| 450 g | nouilles aux œufs larges, cuites *al dente* | 1 lb |
| 1 | pincée de muscade | 1 |
| 1 | pincée de paprika | 1 |
| | sel et poivre fraîchement moulu | |

**1** Faire chauffer 30 ml (2 c. à s.) de beurre dans une poêle, à feu moyen. Ajouter les pommes et faire cuire 4 minutes, à feu vif.

**2** Entre-temps, dans un bol, battre les jaunes d'œufs et la crème. Ajouter le fromage et tous les assaisonnements.

**3** Faire fondre le reste du beurre dans une poêle, à feu doux. Ajouter les nouilles chaudes et les enrober de beurre. Bien assaisonner et ajouter le mélange à la crème. Mélanger rapidement à feu doux pour bien enrober. Ne pas faire bouillir. Servir.

# RAVIOLIS SAUCE AUX TOMATES SÉCHÉES

*(4 PORTIONS)*

| | | |
|---|---|---:|
| 30 ml | huile d'olive | 2 c. à s. |
| 2 | échalotes sèches, épluchées et hachées finement | 2 |
| ½ | branche de céleri, coupée en dés | ½ |
| 1 | carotte pelée et coupée en dés | 1 |
| 3 | gousses d'ail, épluchées, écrasées et hachées | 3 |
| 4 | tomates, pelées, épépinées et hachées | 4 |
| 15 ml | basilic frais haché | 1 c. à s. |
| 2 ml | origan | ½ c. à t. |
| 50 ml | tomates séchées, hachées | ¼ tasse |
| 450 g | raviolis farcis à la viande, cuits | 1 lb |
| | sel et poivre fraîchement moulu | |
| | fromage pecorino râpé | |

**1** Faire chauffer l'huile dans une poêle, à feu moyen. Ajouter les échalotes sèches, le céleri, la carotte et l'ail; faire cuire 6 minutes, à feu doux.

**2** Ajouter les tomates, les fines herbes et les assaisonnements. Augmenter le feu à moyen et faire cuire 6 minutes.

**3** Incorporer les tomates séchées; poursuivre la cuisson 4 minutes.

**4** Rectifier l'assaisonnement et incorporer les pâtes chaudes à la sauce, dans la poêle. Mélanger et faire mijoter 4 minutes, à feu doux.

**5** Servir avec du fromage râpé.

# LINGUINE AUX FRUITS DE MER

*(4 PORTIONS)*

| | | |
|---|---|---|
| 30 ml | huile d'olive | 2 c. à s. |
| 1 | oignon, épluché et haché finement | 1 |
| 2 | gousses d'ail, épluchées, écrasées et hachées | 2 |
| 225 g | grosses crevettes, décortiquées, déveinées et coupées en 2 | ½ lb |
| 125 ml | vin blanc sec | ½ tasse |
| 4 | tomates, pelées, épépinées et hachées | 4 |
| 15 ml | persil frais haché | 1 c. à s. |
| 1 ml | piments forts broyés | ¼ c. à t. |
| 125 ml | pignons | ½ tasse |
| 450 g | linguine, cuites *al dente* | 1 lb |
| | sel et poivre fraîchement moulu | |
| | jus de ½ citron | |

**1** Faire chauffer l'huile dans une poêle, à feu moyen. Ajouter l'oignon et l'ail; faire cuire 3 minutes. Ajouter les crevettes et bien assaisonner. Poursuivre la cuisson 2 minutes.

**2** Retirer les crevettes de la poêle et réserver.

**3** Ajouter le vin, les tomates, le persil, les piments forts, le sel et le poivre. Faire cuire 8 minutes, à feu moyen.

**4** Remettre les crevettes dans la poêle avec les tomates. Ajouter les pignons et le jus de citron. Laisser mijoter 2 minutes.

**5** Servir sur des pâtes chaudes.

# Fettucine
## À LA SAUCE TOMATE AUX ANCHOIS
*(4 PORTIONS)*

| | | |
|---|---|---|
| 15 ml | huile d'olive | 1 c. à s. |
| 1 | oignon, épluché et haché finement | 1 |
| 3 | gousses d'ail, épluchées, écrasées et hachées | 3 |
| 1 | échalote sèche, épluchée et hachée finement | 1 |
| 796 ml | tomates en conserve, égouttées et hachées | 28 oz |
| 6 | filets d'anchois, égouttés et hachés | 6 |
| 125 ml | olives noires dénoyautées, tranchées | ½ tasse |
| 1 ml | piments forts broyés | ¼ c. à t. |
| 30 ml | basilic frais haché | 2 c. à s. |
| 450 g | fettucine, cuites *al dente* | 1 lb |
| | sel et poivre fraîchement moulu | |
| | fromage pecorino sardo râpé | |

**1** Faire chauffer l'huile dans une poêle, à feu moyen. Ajouter l'oignon, l'ail et l'échalote; faire cuire 3 minutes, à feu doux.

**2** Ajouter les tomates et bien assaisonner. Faire cuire 10 minutes, à feu moyen-doux.

**3** Mettre le reste des ingrédients dans la poêle, sauf les pâtes et le fromage, et bien mélanger. Laisser mijoter la sauce 5 minutes, à feu doux.

**4** Mettre les fettucine chauds dans un grand bol et napper de sauce. Mélanger pour bien enrober les pâtes et parsemer de fromage.

# RIGATONI AU JAMBON, AU FOUR

*(4 PORTIONS)*

| | | |
|---|---|---|
| 3 | gros œufs, séparés | 3 |
| 50 ml | beurre fondu | ¼ tasse |
| 300 ml | crème sure | 1 ¼ tasse |
| 350 g | rigatoni, cuits *al dente* | ¾ lb |
| 225 g | jambon cuit, coupé en dés | ½ lb |
| | poivre fraîchement moulu | |

Préchauffer le four à 180 °C (350 °F).

**1** Mettre les jaunes d'œufs dans un grand bol. Bien incorporer le beurre fondu et la crème sure. Poivrer et mélanger de nouveau.

**2** Ajouter les pâtes chaudes au mélange de jaunes d'œufs; bien mélanger. Réserver.

**3** Mettre les blancs d'œufs dans un bol en acier inoxydable et les fouetter en neige ferme. Incorporer au mélange aux pâtes. Bien poivrer.

**4** Garnir de la moitié des pâtes le fond d'un moule allant au four, beurré. Couvrir d'une couche de jambon, puis du reste de pâtes. Faire cuire au four 20 minutes. Garnir d'olives noires dénoyautées tranchées, si désiré.

# LASAGNE FERRARA
*(6 PORTIONS)*

| | | |
|---|---|---|
| 45 ml | beurre | 3 c. à s. |
| 1 | oignon, épluché et haché | 1 |
| 2 | carottes, pelées et coupées en dés | 2 |
| 1 | branche de céleri, coupée en dés | 1 |
| 150 g | prosciutto, coupé en dés | ⅓ lb |
| 125 g | veau haché | ¼ lb |
| 150 g | bœuf haché maigre | ⅓ lb |
| 2 | gousses d'ail, écrasées et hachées | 2 |
| 250 ml | vin blanc sec | 1 tasse |
| 4 | grosses tomates, pelées, épépinées et hachées | 4 |
| 30 ml | basilic frais haché | 2 c. à s. |
| 450 g | lasagnes, cuites *al dente* | 1 lb |
| 500 ml | sauce blanche, chaude (voir p. 311) | 2 tasses |
| 250 ml | parmesan râpé | 1 tasse |
| 175 ml | mozzarella râpée | ¾ tasse |

Préchauffer le four à 180 °C (350 °F).

**1** Faire chauffer le beurre à feu moyen. Y faire cuire l'oignon, les carottes et le céleri 6 minutes.

**2** Incorporer le prosciutto et poursuivre la cuisson 2 minutes. Ajouter le veau et le bœuf; bien assaisonner et faire brunir 6 minutes.

**3** Ajouter l'ail et le vin. Faire cuire 4 minutes. Ajouter les tomates hachées et le basilic. Bien saler et poivrer et faire cuire 8 minutes pour que le liquide des tomates s'évapore. Rectifier l'assaisonnement.

**4** Garnir de pâtes le fond d'un moule à lasagne, beurré. Recouvrir, dans l'ordre, de la moitié du mélange de viandes hachées, d'une couche de sauce blanche, puis de parmesan et de mozzarella.

**5** Répéter ces couches en terminant par les fromages râpés. Faire cuire au four, 40 minutes. Laisser reposer 5 minutes; servir.

*Garnir de pâtes le fond d'un moule à lasagne, beurré. Recouvrir de la moitié du mélange de viandes hachées.*

*Étaler une couche de sauce blanche sur les viandes hachées.*

*Ajouter une couche de parmesan et de mozzarella.*

*Répéter ces couches en terminant par les fromages râpés.*

# ZITI AUX LÉGUMES

*(4 PORTIONS)*

| | | |
|---|---|---|
| 60 ml | huile d'olive | 4 c. à s. |
| 1 | oignon, épluché et émincé | 1 |
| 2 | gousses d'ail, épluchées, écrasées et hachées | 2 |
| 1 | petite courgette, émincée | 1 |
| ⅓ | aubergine, épluchée et coupée en dés | ⅓ |
| 1 | poivron rouge, tranché | 1 |
| 1 | poivron vert, tranché | 1 |
| 1 | grosse tomate, pelée, épépinée et grossièrement hachée | 1 |
| 450 g | ziti, cuits *al dente* | 1 lb |
| 30 ml | huile d'olive vierge | 2 c. à s. |
| 8 | feuilles de basilic frais | 8 |
| | sel et poivre fraîchement moulu | |

**1** Faire chauffer l'huile d'olive dans une poêle, à feu moyen. Y faire cuire l'oignon 3 minutes. Ajouter l'ail et faire cuire 1 minute.

**2** Ajouter le reste des légumes et bien assaisonner. Faire cuire 5 minutes, à feu vif, en remuant 1 fois.

**3** Mettre les pâtes chaudes dans un bol chauffé. Les enrober d'huile d'olive vierge et ajouter les légumes. Mélanger et garnir de basilic.

# TORTELLINI,
## SAUCE AU POULET ET À L'AIL

*(4 PORTIONS)*

| | | |
|---|---|---:|
| 1 | **poivron rouge** | 1 |
| 45 ml | **beurre** | 3 c. à s. |
| 4 | **gousses d'ail, épluchées, écrasées et hachées** | 4 |
| 10 | **feuilles de basilic frais, hachées** | 10 |
| 45 ml | **farine** | 3 c. à s. |
| 500 ml | **bouillon de poulet, chaud** | 2 tasses |
| 450 g | **tortellini, cuits** *al dente* | 1 lb |
| 75 ml | **parmesan râpé** | ⅓ tasse |
| | **sel et poivre fraîchement moulu** | |

**1** Couper le poivron en deux et l'épépiner. Badigeonner la peau d'huile et le mettre sur une plaque à biscuits, le côté peau vers le haut; faire griller au four, 6 minutes. Sortir du four et laisser refroidir. Peler et couper en dés.

**2** Faire chauffer le beurre dans une poêle, à feu moyen. Ajouter l'ail et le basilic; faire cuire 2 minutes. Saupoudrer de farine, mélanger et faire cuire 1 minute.

**3** Mouiller avec le bouillon de poulet et incorporer en fouettant. Assaisonner et faire cuire la sauce 6 minutes, à feu moyen.

**4** Ajouter les pâtes à la sauce, dans la poêle. Mélanger et incorporer la moitié du fromage. Y remuer le poivron en dés et laisser mijoter 2 minutes, à feu doux.

**5** Servir avec le reste du fromage.

# CAPPELLETTI AU FOUR

*(4 PORTIONS)*

| | | |
|---|---|---|
| 75 ml | huile d'olive | 5 c. à s. |
| 2 | aubergines de taille moyenne, épluchées et coupées en dés | 2 |
| 3 | tomates, pelées, épépinées et coupées en dés | 3 |
| 2 | gousses d'ail, épluchées | 2 |
| 15 ml | persil frais haché | 1 c. à s. |
| 2 ml | origan | ½ c. à t. |
| 3 | filets d'anchois, égouttés et hachés | 3 |
| 15 ml | farine | 1 c. à s. |
| 50 ml | lait | ¼ tasse |
| 50 ml | chapelure blanche | ¼ tasse |
| 350 g | cappelletti, cuits *al dente* | ¾ lb |
| 6 à 8 | tranches de fromage fontina | 6 à 8 |
| | sel et poivre fraîchement moulu | |

**1** Faire chauffer 60 ml (4 c. à s.) d'huile dans une poêle, à feu moyen. Ajouter les aubergines et bien assaisonner. Faire cuire 15 minutes, ou jusqu'à ce que les aubergines soient dorées.

**2** Ajouter les tomates, les gousses d'ail entières, le persil et l'origan; bien assaisonner. Faire cuire 20 minutes à feu moyen, en remuant souvent.

**3** Préchauffer le four à 190 °C (375 °F).

**4** Faire chauffer le reste de l'huile dans une petite casserole, à feu moyen. Ajouter les anchois et faire cuire 2 minutes. Incorporer la farine, puis ajouter le lait. Mélanger et faire cuire 2 minutes. Ajouter la chapelure et bien mélanger.

**5** Retirer les gousses d'ail de la sauce. Bien incorporer le mélange aux anchois à la sauce.

**6** Mélanger les pâtes chaudes avec la sauce aux aubergines. Mettre dans un plat allant au four, beurré, et couvrir de fontina. Faire cuire 15 minutes au four.

# PÂTES AU POULET ET AUX POIVRONS GRILLÉS

*(4 PORTIONS)*

| | | |
|---|---|---|
| 2 | poitrines de poulet, désossées et sans la peau | 2 |
| 50 ml | farine | ¼ tasse |
| 3 | poivrons | 3 |
| 45 ml | huile d'olive | 3 c. à s. |
| 1 | oignon, épluché et émincé | 1 |
| 2 | gousses d'ail, épluchées, écrasées et hachées | 2 |
| 30 ml | basilic frais haché | 2 c. à s. |
| 125 ml | bouillon de poulet, chaud | ½ tasse |
| 45 ml | marsala | 3 c. à s. |
| 450 g | pâtes, cuites *al dente* | 1 lb |
| | sel et poivre fraîchement moulu | |
| | persil frais haché | |

**1** Couper le poulet en lanières de 2,5 cm (1 po) d'épaisseur. Bien assaisonner, puis enrober de farine; réserver.

**2** Couper les poivrons en deux et les épépiner. Badigeonner la peau d'huile et mettre sur une plaque à biscuits, le côté peau vers le haut; faire griller 6 minutes au four. Sortir du four et laisser refroidir. Peler et émincer finement.

**3** Faire chauffer l'huile dans une poêle, à feu moyen. Y faire cuire l'oignon et l'ail 4 minutes.

**4** Ajouter le poulet et bien assaisonner. Poursuivre la cuisson 6 minutes, à feu moyen. Ajouter le basilic et le bouillon de poulet; faire cuire 3 minutes, à feu doux.

**5** Mouiller avec le vin et incorporer les pâtes chaudes. Laisser mijoter 2 minutes, à feu doux.

**6** Parsemer de persil frais haché avant de servir.

# LASAGNE AUX ÉPINARDS ET À LA RICOTTA

*(6 PORTIONS)*

| | | |
|---|---|---:|
| 900 g | épinards | 2 lb |
| 60 ml | beurre | 4 c. à s. |
| 350 g | ricotta | ¾ lb |
| 450 g | lasagnes, cuites *al dente* | 1 lb |
| 1 litre | sauce blanche, chaude (voir p. 311) | 4 tasses |
| 1 tasse | parmesan râpé | 250 ml |
| 1 | pincée de muscade | 1 |
| 1 | pincée de paprika | 1 |
| | sel et poivre fraîchement moulu | |

Préchauffer le four à 180 °C (350 °F).

**1** Couper les tiges des épinards. Laver les feuilles et les faire tomber dans une petite quantité d'eau bouillante. Égoutter et presser avec le dos d'une cuillère pour en exprimer tout le liquide. Hacher les épinards.

**2** Faire chauffer le beurre dans une poêle, à feu moyen. Ajouter les épinards, assaisonner et faire cuire 3 minutes.

**3** Mettre la ricotta dans un bol. Ajouter les épinards, assaisonner et bien mélanger.

**4** Garnir d'une couche de pâtes le fond d'un moule à lasagne beurré. Étaler dessus la moitié du mélange aux épinards et à la ricotta.

**5** Assaisonner la sauce blanche de muscade et de paprika. En étaler une couche sur le mélange aux épinards. Parsemer de parmesan.

**6** Répéter ces couches en terminant par le parmesan. Faire cuire au four, 40 minutes. Laisser reposer 5 minutes avant de servir.

# MACARONIS AU FROMAGE, SAUCE À LA VIANDE
*(4 PORTIONS)*

| | | |
|---|---|---|
| 30 ml | huile d'olive | 2 c. à s. |
| 1 | oignon, épluché et haché finement | 1 |
| 2 | gousses d'ail, épluchées, écrasées et hachées | 2 |
| 350 g | bœuf haché maigre | ¾ lb |
| 250 ml | vin rouge sec | 1 tasse |
| 796 ml | tomates italiennes en conserve, égouttées et hachées | 28 oz |
| 15 ml | persil frais haché | 1 c. à s. |
| 15 ml | basilic frais haché | 1 c. à s. |
| 350 g | macaronis, cuits *al dente* | ¾ lb |
| 150 ml | parmesan râpé | ⅔ tasse |
| 7 | tranches de fromage provolone fort | 7 |
| | sel et poivre fraîchement moulu | |

Préchauffer le four à 180 °C (350 °F).

**1** Faire chauffer l'huile dans une poêle, à feu moyen. Ajouter l'oignon et l'ail; mélanger et faire cuire 4 minutes, à feu moyen.

**2** Ajouter le bœuf haché et bien assaisonner. Faire cuire 4 minutes, à feu moyen. Mouiller avec le vin et poursuivre la cuisson 4 minutes.

**3** Ajouter les tomates, les fines herbes et les assaisonnements. Bien mélanger, couvrir et faire cuire 15 minutes, à feu doux.

**4** Garnir de la moitié des macaronis chauds le fond d'un moule allant au four, beurré. Ajouter la moitié de la sauce à la viande et parsemer de parmesan. Répéter ces couches et terminer par le provolone.

**5** Faire cuire au four, 20 minutes.

# SPAGHETTIS À LA SAUCE RATATOUILLE

*(4 PORTIONS)*

| | | |
|---|---|---|
| 30 ml | huile d'olive | 2 c. à s. |
| 3 | gousses d'ail, épluchées, écrasées et hachées | 3 |
| 1 | oignon, épluché et haché | 1 |
| 125 ml | vin blanc sec | ½ tasse |
| 1 | aubergine de taille moyenne, épluchée et coupée en dés | 1 |
| 4 | tomates, pelées, épépinées et coupées en dés | 4 |
| 30 ml | basilic frais haché | 2 c. à s. |
| 2 ml | origan | ½ c. à t. |
| 1 ml | piment de Cayenne | ¼ c. à t. |
| 1 | poivron vert, coupé en dés | 1 |
| 450 g | spaghettis, cuits *al dente* | 1 lb |
| | sel et poivre fraîchement moulu | |
| | fromage râpé | |

**1** Faire chauffer l'huile dans une poêle, à feu moyen. Ajouter l'ail et l'oignon; faire cuire 3 minutes. Mouiller avec le vin et poursuivre la cuisson 3 minutes.

**2** Ajouter l'aubergine, les tomates, les fines herbes et les assaisonnements. Porter à ébullition, couvrir et faire cuire 40 minutes, à feu doux. Remuer souvent et ajouter de l'eau au besoin, si le liquide de cuisson s'évapore.

**3** Dix minutes avant la fin de la cuisson, incorporer le poivron.

**4** Servir la ratatouille sur les pâtes et accompagner de fromage râpé.

# JAMBALAYA AUX FETTUCINE

*(4 À 6 PORTIONS)*

| | | |
|---|---|---|
| 15 ml | huile d'olive | I c. à s. |
| 175 g | jambon fumé, coupé en cubes | 6 oz |
| 3 | tranches de bacon, coupées en morceaux | 3 |
| I | oignon, épluché et coupé en dés | I |
| 796 ml | tomates en conserve | 28 oz |
| I | piment fort rouge, épépiné et haché | I |
| 2 | feuilles de laurier | 2 |
| 4 | brins de thym | 4 |
| 4 | brins de persil | 4 |
| 10 | feuilles de basilic frais | 10 |
| 2 | gousses d'ail, non épluchées | 2 |
| I | branche de céleri, coupée en 2 | I |
| 2 ml | cumin | ½ c. à t. |
| 450 g | fettucine, cuits *al dente* | I lb |
| | sel et poivre fraîchement moulu | |
| | parmesan râpé | |

*À la préparation au jambon, ajouter les tomates.*

*Ajouter le céleri et les fines herbes noués ensemble.*

*Ajouter les pâtes chaudes à la sauce.*

**1** Faire chauffer l'huile dans une poêle, à feu moyen. Y faire cuire le jambon, le bacon et l'oignon 5 minutes. Ajouter les tomates avec leur jus et le piment fort; bien assaisonner.

**2** Mettre les feuilles de laurier, les fines herbes et l'ail entre les morceaux de céleri; attacher avec une ficelle. Ajouter à la sauce.

**3** Incorporer le cumin et faire cuire la sauce 45 minutes, à feu doux, sans couvrir.

**4** Retirer le céleri et les fines herbes, ajouter les pâtes chaudes à la sauce et laisser mijoter 3 minutes. Servir avec du fromage.

# PENNE À LA DIABLE

*(4 PORTIONS)*

| | | |
|---|---|---|
| 15 ml | huile d'olive | 1 c. à s. |
| 60 g | bacon, coupé en petits morceaux | 2 oz |
| 350 g | champignons frais, nettoyés et tranchés | ¾ lb |
| 1 | poivron rouge, coupé en dés | 1 |
| 2 | gousses d'ail, épluchées, écrasées et hachées | 2 |
| 4 | tomates, pelées, coupées en quartiers et épépinées | 4 |
| 30 ml | basilic frais haché | 2 c. à s. |
| 450 g | penne, cuites *al dente* | 1 lb |
| | sel et poivre fraîchement moulu | |
| | parmesan et pecorino râpés | |

**1** Faire chauffer l'huile dans une poêle, à feu moyen. Y faire cuire le bacon 6 minutes. Retirer de la poêle et réserver.

**2** Mettre les champignons dans la poêle, assaisonner et faire cuire 4 minutes, à feu vif. Retirer les champignons et réserver.

**3** Mettre le poivron rouge et l'ail dans la poêle. Faire cuire 3 minutes, à feu moyen. Dès que l'ail commence à dorer, le retirer ainsi que le poivron rouge et réserver.

**4** Mettre les tomates, le basilic, le sel et le poivre dans la poêle. Faire cuire 10 minutes, à feu moyen. Incorporer le bacon, les champignons, l'ail et le poivron rouge. Bien assaisonner et faire cuire 1 minute.

**5** Dresser les penne dans un plat de service. Parsemer de fromage râpé et napper de sauce. Servir.

# MACARONIS AUX QUATRE FROMAGES

*(4 PORTIONS)*

| | | |
|---|---|---|
| 450 g | macaronis, cuits *al dente* | 1 lb |
| 50 ml | mozzarella, coupée en dés | ¼ tasse |
| 50 ml | gruyère, coupé en dés | ¼ tasse |
| 50 ml | pecorino râpé | ¼ tasse |
| 50 ml | beurre fondu | ¼ tasse |
| 50 ml | eau de cuisson des pâtes | ¼ tasse |
| 50 ml | parmesan râpé | ¼ tasse |
| | sel et poivre fraîchement moulu | |

Préchauffer le four à 200 °C (400 °F).

**1** Mettre les pâtes chaudes dans un bol en acier inoxydable chauffé.

**2** Ajouter la mozzarella, le gruyère et le pecorino; bien mélanger. Saler et poivrer.

**3** Mélanger le beurre fondu avec l'eau de cuisson des pâtes. Verser sur les pâtes, bien mélanger et poivrer. Mettre les pâtes dans un plat allant au four. Garnir de parmesan râpé. Faire cuire au four 6 à 8 minutes.

# PENNE ET POULET SAUTÉ, SAUCE AU VIN BLANC

*(4 PORTIONS)*

| | | |
|---|---|---|
| 1 ½ | poitrine de poulet, désossée et sans la peau | 1 ½ |
| 45 ml | huile d'olive | 3 c. à s. |
| 250 ml | vin blanc sec | 1 tasse |
| 2 | filets d'anchois, égouttés et hachés | 2 |
| 2 | gousses d'ail, épluchées, écrasées et hachées | 2 |
| 15 ml | basilic frais haché | 1 c. à s. |
| 1 ml | sarriette | ¼ c. à t. |
| 4 | tomates, pelées, épépinées et hachées | 4 |
| 450 g | penne, cuites *al dente* | 1 lb |
| 125 ml | olives noires dénoyautées, tranchées | ½ tasse |
| | sel et poivre fraîchement moulu | |
| | parmesan râpé | |

**1** Trancher le poulet en lanières de 2,5 cm (1 po) d'épaisseur. Faire chauffer l'huile dans une poêle, à feu moyen. Y faire cuire le poulet 4 minutes, à feu vif. Retourner le poulet, assaisonner et poursuivre la cuisson 4 minutes. Retirer le poulet de la poêle et réserver.

**2** Verser le vin blanc dans la poêle chaude et faire cuire 2 minutes, à feu vif. Ajouter les anchois, l'ail, les fines herbes, les assaisonnements et les tomates. Mélanger et faire cuire 20 minutes, à feu moyen-doux.

**3** Remettre le poulet dans la sauce et laisser mijoter 3 minutes, à feu doux. Incorporer les pâtes chaudes et les olives; laisser mijoter encore 3 minutes.

**4** Parsemer de parmesan râpé et servir.

# SPAETZLE (NOUILLES ALLEMANDES)

*(4 À 6 PORTIONS)*

| 750 ml | farine tout usage | 3 tasses |
|---|---|---|
| 2 | gros œufs, battus | 2 |
| 5 ml | sel | 1 c. à t. |
| 30 ml | eau froide | 2 c. à s. |
| 5 ml | huile d'olive | 1 c. à t. |
| 250 ml | gruyère râpé | 1 tasse |
| | sel et poivre fraîchement moulu | |

*À la farine, ajouter les œufs, le sel et l'eau.*

*Couper la pâte en 4.*

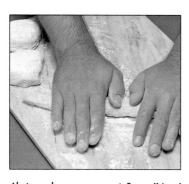

*Abaisser chaque morceau à 5 mm (¼ po) d'épaisseur.*

Préchauffer le four à 180 °C (350 °F).

**1** Mettre la farine sur une surface de travail et creuser un puits au centre. Y mettre les œufs battus, le sel et l'eau. Incorporer lentement les ingrédients à la farine en faisant attention de ne pas défaire les parois du puits. Au besoin, ajouter de l'eau. La pâte devrait être assez molle.

**2** Diviser la pâte en 4 morceaux et abaisser chacun d'eux à 5 mm (¼ po) d'épaisseur. Couper en petits morceaux. Faire cuire 5 à 6 minutes dans de l'eau bouillante salée additionnée de 5 ml (1 c. à t.) d'huile.

**3** Bien égoutter les nouilles et y incorporer la moitié du fromage. Poivrer généreusement et mettre dans un plat allant au four, beurré. Couvrir du reste du fromage et faire cuire au four, 15 minutes. Servir avec un ragoût de bœuf.

# CANNELLONI AU FOUR

*(4 PORTIONS)*

| | | |
|---|---|---|
| 15 ml | huile d'olive | 1 c. à s. |
| 2 | échalotes sèches, épluchées et hachées | 2 |
| 125 ml | vin blanc sec | ½ tasse |
| 4 | tomates, pelées, épépinées et hachées | 4 |
| 30 ml | basilic frais haché | 2 c. à s. |
| 8 | cannelloni farcis, prêts à cuire | 8 |
| 6 à 8 | tranches de mozzarella | 6 à 8 |
| | sel et poivre fraîchement moulu | |

Préchauffer le four à 180 °C (350 °F).

**1** Faire chauffer l'huile dans une poêle, à feu moyen. Y faire cuire les échalotes 2 minutes. Mouiller avec le vin, monter le feu à vif et faire cuire 2 minutes.

**2** Incorporer les tomates et le basilic; bien assaisonner. Faire cuire 5 minutes, à feu moyen.

**3** Disposer les canelloni farcis en une seule couche dans un plat allant au four, beurré. Napper de sauce tomate et couvrir de tranches de fromage.

**4** Enfourner et faire cuire 20 minutes.

239

# SPAGHETTIS AUX PALOURDES, EN SAUCE ROUGE

*(4 PORTIONS)*

| | | |
|---|---|---|
| 45 ml | huile d'olive | 3 c. à s. |
| 1 | oignon, épluché et haché | 1 |
| 4 | gousses d'ail, épluchées, écrasées et hachées | 4 |
| ½ | branche de céleri, coupée en dés | ½ |
| 796 ml | tomates italiennes en conserve, égouttées et hachées | 28 oz |
| 1 | pincée de sucre | 1 |
| 15 ml | basilic frais haché | 1 c. à s. |
| 15 ml | persil frais haché | 1 c. à s. |
| 2 | boîtes de petites palourdes de 142 g (5 oz) chacune, égouttées et hachées (le jus réservé) | 2 |
| 450 g | spaghettis, cuits *al dente* | 1 lb |
| | sel et poivre fraîchement moulu | |
| | fromage pecorino râpé | |

**1** Faire chauffer l'huile dans une poêle, à feu moyen. Ajouter l'oignon, l'ail et le céleri; faire cuire 5 minutes.

**2** Ajouter les tomates, le sucre, le basilic, le persil et le jus des palourdes réservé. Bien assaisonner et porter à ébullition. Faire cuire 30 minutes, à feu doux.

**3** Incorporer les palourdes hachées à la sauce et faire mijoter 3 minutes, à feu doux. Servir la sauce sur les pâtes, avec du pecorino râpé.

# PÂTES ALFREDO

*(4 PORTIONS)*

| 60 ml | beurre | 4 c. à s. |
|---|---|---|
| 250 ml | crème à 35 % | 1 tasse |
| 450 g | fettucine ou linguine, cuites *al dente* | 1 lb |
| 50 ml | parmesan râpé | ¼ tasse |
| | sel et poivre fraîchement moulu | |
| | paprika, au goût | |

**1** Faire fondre le beurre dans une poêle, à feu doux. Ajouter la crème et bien assaisonner; faire cuire 3 minutes.

**2** Mettre les pâtes chaudes dans une autre casserole et y mélanger le fromage. Laisser mijoter 2 minutes, à feu doux, pour faire fondre le fromage.

**3** Verser la crème chaude sur les pâtes et mélanger. Assaisonner de sel, de poivre et de paprika. Laisser mijoter 1 minute avant de servir.

*Cette recette peut se transformer en pâtes Alfredo primavera en ajoutant à la sauce des légumes coupés en dés et cuits.*

# SAUTÉ DE CREVETTES AUX PÂTES

*(4 PORTIONS)*

| 60 ml | huile d'olive | 4 c. à s. |
|---|---|---|
| 450 g | crevettes, décortiquées et déveinées | 1 lb |
| 3 | gousses d'ail, épluchées, écrasées et hachées | 3 |
| 45 ml | persil frais haché | 3 c. à s. |
| 15 ml | piments forts hachés (facultatif) | 1 c. à s. |
| 75 ml | bouillon de poulet, chaud | ⅓ tasse |
| 450 g | pâtes, cuites *al dente* | 1 lb |
| | sel et poivre fraîchement moulu | |
| | quelques gouttes de jus de citron | |

**1** Faire chauffer l'huile dans une grande poêle, à feu moyen. Ajouter les crevettes et faire cuire 2 minutes. Retourner les crevettes et poursuivre la cuisson 2 minutes.

**2** Saler et poivrer. Ajouter l'ail, le persil, les piments forts et le bouillon de poulet. Faire cuire 2 minutes.

**3** Incorporer les pâtes chaudes. Laisser mijoter 2 minutes, à feu doux. Ajouter quelques gouttes de jus de citron, rectifier l'assaisonnement et servir.

# RIZ PILAF AU PESTO

*(4 PORTIONS)*

| | | |
|---|---|---:|
| 30 ml | beurre | 2 c. à s. |
| 2 | échalotes sèches, épluchées et hachées | 2 |
| I | branche de céleri, coupée en petits dés | I |
| 250 ml | riz à grains longs, rincé et égoutté | I tasse |
| 375 ml | bouillon de poulet, chaud | I ½ tasse |
| 75 ml | basilic frais haché | ⅓ tasse |
| 2 | gousses d'ail, épluchées, écrasées et hachées | 2 |
| 50 ml | pecorino râpé | ¼ tasse |
| 50 ml | parmesan râpé | ¼ tasse |
| 125 ml | huile d'olive | ½ tasse |
| | sel et poivre fraîchement moulu | |

Préchauffer le four à 180 °C (350 °F).

**1** Faire chauffer le beurre dans une casserole allant au four, à feu moyen. Y faire cuire les échalotes sèches et le céleri 2 minutes.

**2** Ajouter le riz, assaisonner et bien mélanger. Poursuivre la cuisson 1 minute. Mouiller avec le bouillon de poulet, mélanger et porter à ébullition. Couvrir et faire cuire au four, 18 minutes.

**3** Entre-temps, mettre le basilic, l'ail et les fromages râpés dans le bol du robot culinaire. Ajouter l'huile et bien mélanger.

**4** Incorporer le pesto au riz cuit et servir.

# RIZ BASMATI AUX ÉPINARDS

*(4 PORTIONS)*

| | | |
|---|---|---|
| 375 ml | riz basmati | 1½ tasse |
| 750 ml | eau | 3 tasses |
| 7 ml | sel | 1½ c. à t. |
| 30 ml | huile d'olive | 2 c. à s. |
| 2 | bottes d'épinards | 2 |
| 1½ | oignon rouge, épluché et tranché | 1½ |
| 2 | gousses d'ail, épluchées, écrasées et hachées | 2 |
| | sel et poivre fraîchement moulu | |

**1** Rincer le riz à l'eau froide et égoutter.

**2** Verser l'eau dans une casserole. Saler et ajouter 5 ml (1 c. à t.) d'huile d'olive. Porter à ébullition. Ajouter le riz et mélanger. Couvrir et faire cuire 30 à 35 minutes, à feu doux. Au besoin, prolonger la cuisson si le couvercle ne ferme pas hermétiquement.

**3** Entre-temps, couper les tiges des épinards. Laver les feuilles et les faire tomber dans une petite quantité d'eau bouillante, pendant 3 minutes. Égoutter et presser avec le dos d'une cuillère pour en exprimer toute l'eau. Façonner en une boule et serrer pour en éliminer l'excès d'eau.

**4** Faire chauffer le reste de l'huile dans une poêle, à feu moyen. Y faire cuire l'oignon 15 minutes.

**5** Ajouter l'ail et les épinards. Bien assaisonner et faire cuire 4 minutes, à feu vif.

**6** Incorporer les épinards au riz cuit et servir.

# RIZ AUX LÉGUMES

*(4 PORTIONS)*

| | | |
|---|---|---|
| 250 ml | riz à grains longs | 1 tasse |
| 45 ml | beurre | 3 c. à s. |
| 2 | échalotes sèches, épluchées et hachées finement | 2 |
| 125 ml | vin blanc sec | ½ tasse |
| 550 ml | bouillon de poulet léger, chaud | 2¼ tasses |
| 5 | asperges fraîches | 5 |
| 1 | poivron rouge, émincé | 1 |
| ¼ | courgette, coupée en julienne | ¼ |
| 125 ml | fromage pecorino sardo râpé | ½ tasse |
| | sel et poivre fraîchement moulu | |

**1** Rincer le riz à l'eau froide et égoutter.

**2** Faire chauffer le beurre dans une casserole, à feu moyen. Ajouter les échalotes sèches et faire cuire 2 minutes, à feu doux. Ajouter le riz et bien mélanger. Assaisonner et faire cuire 2 minutes, à feu moyen.

**3** Mouiller avec le vin, monter le feu à vif et faire cuire 2 minutes. Incorporer le bouillon de poulet et rectifier l'assaisonnement. Couvrir et faire cuire à feu doux 20 minutes, ou jusqu'à l'absorption complète du liquide.

**4** Juste avant de servir le riz, préparer les légumes. Si nécessaire, parer les asperges et couper l'extrémité dure des tiges. Détailler en morceaux de 2,5 cm (1 po).

**5** Blanchir les légumes 2 minutes dans une petite quantité d'eau bouillante salée.

**6** Égoutter et servir sur le riz, avec le fromage.

# RIZ AUX FRUITS DE MER AVEC MAYONNAISE

*(4 PORTIONS)*

| 900 g | palourdes, grattées | 2 lb |
|---|---|---|
| 900 g | moules, nettoyées et grattées | 2 lb |
| 2 | échalotes sèches, épluchées et hachées | 2 |
| 15 ml | persil frais haché | 1 c. à s. |
| 175 ml | vin blanc sec | ¾ tasse |
| 30 ml | beurre | 2 c. à s. |
| 1 | oignon, épluché et haché | 1 |
| 300 ml | riz à grains longs, rincé et égoutté | 1¼ tasse |
| 375 ml | petits pois surgelés | 1½ tasse |
| 1 | recette de sauce mayonnaise | 1 |
| | sel et poivre fraîchement moulu | |

**1** Dans une poêle, mettre les palourdes, les moules, les échalotes sèches, le persil, le vin et le poivre. Couvrir et porter à ébullition. Faire cuire à feu doux jusqu'à ce que les coquillages s'ouvrent. Remuer 1 fois pendant la cuisson.

**2** Réserver les moules et les palourdes, sauf celles qui sont restées fermées. Filtrer le liquide de cuisson. Préchauffer le four à 180 °C (350 °F).

**3** Faire chauffer le beurre à feu moyen, dans une casserole allant au four. Y faire cuire l'oignon 3 minutes. Incorporer le riz et poursuivre la cuisson 2 minutes.

**4** Ajouter 500 ml (2 tasses) du liquide de cuisson des fruits de mer. Si nécessaire, ajouter de l'eau. Bien assaisonner et porter à ébullition. Couvrir et faire cuire au four, 18 minutes.

**5** Entre-temps, mettre les petits pois dans de l'eau bouillante salée. Baisser le feu et faire mijoter jusqu'à ce qu'ils soient tendres. Passer rapidement sous l'eau froide, égoutter et réserver.

**6** Décoquiller les fruits de mer et les ajouter au riz cuit. Ajouter les petits pois, remuer et incorporer la mayonnaise. Laisser reposer 5 minutes avant de servir.

## SAUCE MAYONNAISE

| 125 ml | mayonnaise | ½ tasse |
|---|---|---|
| 45 ml | crème légèrement fouettée | 3 c. à s. |
| 30 ml | ciboulette fraîche hachée | 2 c. à s. |
| 1 | petite branche de céleri, hachée finement | 1 |
| 15 ml | persil frais haché | 1 c. à s. |
| | sel et poivre fraîchement moulu | |

**1** Mettre la mayonnaise, la crème et la ciboulette dans un petit bol.

**2** Incorporer le céleri et le persil. Assaisonner généreusement et mélanger.

# RIZ À LA MEXICAINE

*(4 PORTIONS)*

| 30 ml | huile d'olive | 2 c. à s. |
|---|---|---|
| 1 | oignon, épluché et haché | 1 |
| 3 | gousses d'ail, épluchées | 3 |
| 250 ml | riz à grains longs, rincé et égoutté | 1 tasse |
| 1 | poivron rouge, coupé en dés | 1 |
| 2 | grosses tomates, pelées, épépinées et hachées | 2 |
| 500 ml | bouillon de bœuf, chaud | 2 tasses |
| 1 | grosse pincée de safran | 1 |
| | piments forts broyés, au goût | |
| | sel et poivre fraîchement moulu | |

**1** Faire chauffer l'huile dans une poêle, à feu moyen. Ajouter l'oignon et l'ail; faire cuire 4 minutes, sans laisser brûler. Retirer l'ail et réserver.

**2** Mettre le riz dans la poêle chaude et le faire brunir en remuant souvent.

**3** Écraser l'ail avec un presse-ail; l'ajouter au riz. Incorporer le reste des ingrédients et rectifier l'assaisonnement.

**4** Couvrir et faire cuire 20 minutes, à feu doux. Ajouter du bouillon, si nécessaire. Servir avec une viande grillée.

# Riz épicé à l'indienne

*(6 portions)*

| | | |
|---|---|---|
| 10 ml | grains de poivre noir entiers | 2 c. à t. |
| 10 ml | graines de cardamome | 2 c. à t. |
| 7 ml | clous de girofle entiers | 1½ c. à t. |
| 45 ml | huile d'arachide | 3 c. à s. |
| 500 ml | riz à grains longs, rincé et égoutté | 2 tasses |
| 1 litre | eau | 4 tasses |
| 50 ml | noix de cajou hachées | ¼ tasse |
| 50 ml | noix de coco râpée | ¼ tasse |
| | sel | |
| | coriandre fraîche hachée | |

Préchauffer le four à 120 °C (250 °F).

**1** Mettre le poivre, la cardamome et les clous de girofle dans un plat allant au four. Faire cuire au four, 1 heure. Mettre dans un mortier et broyer finement.

**2** Augmenter la température du four à 180 °C (350 °F).

**3** Faire chauffer l'huile dans une casserole, à feu moyen. Ajouter le riz et les assaisonnements broyés. Bien mélanger et saler. Faire cuire 4 minutes, à feu doux, ou jusqu'à ce que le riz commence à coller au fond de la casserole.

**4** Ajouter l'eau et bien mélanger. Porter à ébullition et faire cuire 5 à 7 minutes.

**5** Couvrir et poursuivre la cuisson au four, 15 minutes.

**6** Ajouter le reste des ingrédients au riz et bien mélanger. Poursuivre la cuisson 3 à 4 minutes, ou jusqu'à ce que le riz soit tendre.

# Riz À L'Étuvée
## AVEC CREVETTES ET LÉGUMES
*(4 PORTIONS)*

| | | |
|---|---|---|
| 30 ml | huile d'olive | 2 c. à s. |
| 450 g | crevettes fraîches, décortiquées et déveinées | 1 lb |
| 4 | échalotes sèches, épluchées et coupées en quartiers | 4 |
| 4 | oignons verts, coupés en bâtonnets | 4 |
| 1 | poivron jaune, coupé en cubes | 1 |
| 1 | branche de céleri, tranchée | 1 |
| 2 | carottes, pelées et émincées | 2 |
| 1 | feuille de chou chinois, tranchée | 1 |
| 2 | gousses d'ail, épluchées, écrasées et hachées | 2 |
| 30 ml | sauce soya | 2 c. à s. |
| 300 ml | riz à grains longs, rincé et cuit à l'étuvée* | 1¼ tasse |
| | sel et poivre fraîchement moulu | |
| | jus de citron | |

**1** Faire chauffer la moitié de l'huile dans une poêle, à feu vif. Y faire cuire les crevettes 1 minute. Bien assaisonner, retourner les crevettes et poursuivre la cuisson 1 minute. Retirer les crevettes et réserver.

**2** Essuyer la poêle avec un essuie-tout. Y faire chauffer le reste de l'huile. Ajouter les légumes et l'ail; bien assaisonner. Couvrir et faire cuire 2 minutes, à feu vif. Remuer et poursuivre la cuisson 1 minute.

**3** Découvrir et poursuivre la cuisson 2 minutes. Ajouter la sauce soya, les crevettes et le jus de citron; assaisonner.

**4** Servir dans un grand plat, sur le riz à l'étuvée.

* Voir page 251.

# RISOTTO AU PARMESAN

*(4 À 6 PORTIONS)*

| 425 ml | riz à grains courts | 1¾ tasse |
|---|---|---|
| 1,5 litre | bouillon de poulet très léger | 6 tasses |
| 30 ml | beurre | 2 c. à s. |
| 1 | grosse échalote sèche, épluchée et hachée | 1 |
| 1 | gousse d'ail, épluchée, écrasée et hachée | 1 |
| 125 ml | vin blanc sec | ½ tasse |
| 250 ml | parmesan râpé | 1 tasse |
| | sel et poivre fraîchement moulu | |

**1** Rincer le riz à l'eau froide et égoutter.

**2** Verser le bouillon de poulet dans une casserole et le porter à ébullition, à feu moyen. Baisser le feu pour maintenir une faible ébullition.

**3** Faire chauffer le beurre dans une autre casserole, à feu moyen. Ajouter l'échalote et l'ail; faire cuire 2 minutes.

**4** Ajouter le riz et poursuivre la cuisson 2 minutes. Mouiller avec le vin et faire cuire 3 minutes. Bien assaisonner.

**5** Incorporer graduellement le bouillon de poulet chaud au riz, en commençant par 250 ml (1 tasse) et en remuant continuellement. Faire cuire à feu moyen-doux. À mesure que le liquide s'évapore, ajouter du bouillon de poulet, environ 125 ml (½ tasse) à la fois. La façon de réussir un risotto est d'ajouter graduellement le liquide et de remuer continuellement. La cuisson devrait prendre 25 minutes.

**6** Deux minutes avant la fin de la cuisson, incorporer le fromage.

# Riz à la catalane

*(4 PORTIONS)*

| | | |
|---|---|---|
| 250 ml | riz à grains longs, rincé et égoutté | 1 tasse |
| 550 ml | bouillon de poulet léger | 2¼ tasses |
| 900 g | moules, lavées et grattées | 2 lb |
| 2 | échalotes sèches, épluchées et hachées | 2 |
| 125 ml | vin blanc sec | ½ tasse |
| 175 g | saucisse chorizo, tranchée et cuite | 6 oz |
| 250 ml | jambon cuit coupé en dés | 1 tasse |
| 2 | tomates, pelées, épépinées et coupées en dés | 2 |
| 1 | poivron vert, coupé en dés | 1 |
| 45 ml | huile d'olive | 3 c. à s. |
| 30 ml | persil italien frais haché | 2 c. à s. |
| | sel et poivre fraîchement moulu | |
| | jus de 1 citron | |

**1** Mettre le riz dans le bouillon de poulet bouillant. Couvrir et faire cuire 20 minutes, à feu doux. Passer rapidement sous l'eau froide, bien égoutter et réserver.

**2** Dans une poêle, mettre les moules, les échalotes sèches, le vin et le poivre. Couvrir et porter à ébullition. Faire cuire les moules à feu doux jusqu'à ce qu'elles s'ouvrent, environ 5 minutes. Remuer 1 fois pendant la cuisson.

**3** Retirer les moules, jeter celles qui sont restées fermées. Décoquiller les autres et les mettre dans un bol.

**4** Ajouter le riz, la saucisse, le jambon, les tomates et le poivron vert. Bien assaisonner et incorporer le jus de citron.

**5** Ajouter l'huile et le persil; très bien mélanger. Poivrer, remuer et servir.

# Riz vapeur
## aux légumes et au poulet
*(4 portions)*

| | | |
|---|---|---|
| 2 litres | eau salée | 8 tasses |
| 300 ml | riz à grains longs, rincé | 1¼ tasse |
| 30 ml | huile d'olive | 2 c. à s. |
| 1 | petite poitrine de poulet, sans la peau, désossée et coupée en lanières | 1 |
| 15 ml | gingembre frais haché | 1 c. à s. |
| 5 | oignons verts, coupés en bâtonnets | 5 |
| 1 | petite courgette, coupée en petits bâtonnets | 1 |
| 1 | poivron rouge, tranché | 1 |
| 30 ml | sauce soya | 2 c. à s. |
| 50 ml | noix de cajou grillées | ¼ tasse |
| | poivre fraîchement moulu | |

**1** Verser l'eau dans une grande casserole et porter à ébullition. Ajouter le riz et laisser mijoter 10 minutes.

**2** Égoutter le riz dans une passoire, le passer sous l'eau froide et mettre la passoire au-dessus de la casserole contenant l'eau bouillante. Déposer un linge sur la passoire et couvrir la casserole. Laisser cuire 15 minutes.

**3** Entre-temps, faire chauffer l'huile dans une poêle, à feu vif. Ajouter le poulet et bien assaisonner. Faire dorer les lanières de poulet sur toutes leurs faces, environ 5 minutes. Retirer le poulet et réserver.

**4** Mettre le gingembre et les légumes dans la poêle chaude. Faire cuire 2 minutes. Remettre le poulet dans la poêle et incorporer la sauce soya et les noix de cajou. Faire cuire 1 minute et servir avec le riz vapeur.

# Crêpes & Quiches

*I*l suffit de quelques ingrédients de base pour préparer de délicieuses crêpes ou des quiches feuilletées et légères à souhait.

Du reste, les explications étape par étape de ce chapitre sauront vous en convaincre. La grande variété des garnitures qui peuvent les accompagner permet de les servir aussi bien comme entrée que comme plat principal ou dessert.

Prêtes en peu de temps, les crêpes et les quiches feront le bonheur de tous.

# PÂTE À QUICHE DE BASE

*1 QUICHE DE 23 CM (9 PO)*

| 500 ml | farine tout usage | 2 tasses |
|--------|-------------------|----------|
| 2 ml | sel | ½ c. à t. |
| 200 g | beurre très froid | 7 oz |
| 75 ml | eau glacée | ⅓ tasse |

*Abaisser la pâte à 3 mm (⅛ po) d'épaisseur.*

*Avec le rouleau à pâtisserie, couper l'excès de pâte.*

**1** Dans un bol, tamiser la farine avec le sel.

**2** Couper le beurre en petits morceaux; les incorporer à la farine avec un malaxeur.

**3** Renverser la pâte sur une surface de travail farinée et la pétrir pendant plusieurs minutes.

**4** Façonner en boule, envelopper dans du papier ciré et réfrigérer 1 heure.

**5** Amener la pâte à la température ambiante avant de l'abaisser.

# CUISSON DE LA PÂTE À QUICHE

**1** Les recettes de pâte à quiche de ce livre sont données pour des moules de 23 cm (9 po) de diamètre. Choisissez un moule à quiche cannelé, à fond amovible. Il est aussi possible d'utiliser un moule carré de 23 cm (9 po) ou un moule rectangulaire de 23 cm sur 29 cm (9 po sur 13 po).

**2** Abaissez la pâte à 3 mm (⅛ po) d'épaisseur, sur une surface de travail farinée.

**3** Déposez-la dans le moule en la pressant contre le fond et les parois pour qu'elle y adhère bien. Coupez l'excès de pâte à l'aide d'un rouleau à pâtisserie.

**4** Foncez la pâte d'un papier ciré. Remplissez-la de haricots secs. Faites-la cuire 12 minutes, dans un four préchauffé à 200 °C (400 °F).

**5** Retirez le papier et les haricots secs. Piquez le fond de la pâte avec une fourchette et laissez reposer au moins 5 minutes avant de la garnir. Suivez les indications de la recette pour terminer la cuisson.

**6** Lorsque la quiche est prête, laissez-la reposer quelques minutes avant de la couper.

*Foncer la pâte d'un papier ciré, puis remplir de haricots secs.*

# PÂTE À CRÊPES DE BASE

*(14 À 16 CRÊPES)*

| | | |
|---|---|---|
| 250 ml | farine tout usage, tamisée | 1 tasse |
| 1 ml | sel | ¼ c. à t. |
| 5 ml | vanille | 1 c. à t. |
| 3 | gros œufs, légèrement battus | 3 |
| 500 ml | lait | 2 tasses |
| 45 ml | beurre fondu | 3 c. à s. |

**1** Dans un bol, tamiser la farine avec le sel.

**2** En fouettant, incorporer la vanille aux œufs battus. Verser sur la farine et bien mélanger avec une cuillère en bois.

**3** Sans cesser de fouetter, incorporer le lait, puis le beurre.

**4** Filtrer la pâte à travers une passoire posée sur un bol. Couvrir le bol d'une pellicule de plastique de sorte qu'elle touche la surface de la pâte et réfrigérer 2 heures.

**5** Amener la pâte à la température ambiante avant de l'utiliser.

# PÂTE À CRÊPES SUCRÉE

*(16 À 18 CRÊPES)*

| | | |
|---|---|---|
| 500 ml | farine tout usage tamisée | 2 tasses |
| 1 | pincée de sel | 1 |
| 125 ml | sucre à fruits | ½ tasse |
| 4 | gros œufs | 4 |
| 5 ml | vanille | 1 c. à t. |
| 500 ml | lait | 2 tasses |
| 45 ml | kirsch | 3 c. à s. |
| 60 ml | beurre fondu | 4 c. à s. |

**1** Dans un bol, tamiser la farine avec le sel. Y mélanger le sucre. Incorporer les œufs et bien mélanger avec une cuillère en bois.

**2** Mélanger la vanille avec le lait; incorporer aux ingrédients secs en fouettant.

**3** Ajouter le kirsch et le beurre; bien mélanger. Filtrer la pâte à travers une passoire posée sur un bol. Couvrir d'une pellicule de plastique de sorte qu'elle touche à la surface de la pâte et réfrigérer 2 heures.

**4** Amener la pâte à la température ambiante avant de l'utiliser.

# COMMENT FAIRE DES CRÊPES

*Faire chauffer la crêpière à feu moyen. Ensuite, la badigeonner de beurre non salé à l'aide d'une feuille de papier absorbant. Verser tout excès de beurre.*

*Remettre la poêle à feu moyen et y verser une louche de pâte. Tenir la poêle au-dessus du feu et la faire tourner pour permettre à la pâte d'en couvrir le fond. Verser l'excédent de pâte dans le bol.*

*Remettre la poêle sur le feu et faire cuire la crêpe à feu moyen-vif, jusqu'à ce qu'elle soit dorée. À l'aide d'une longue spatule, retourner la crêpe avec précaution et faire cuire l'autre côté.*

*Ôter la poêle du feu et faire glisser la crêpe dans une grande assiette. Empiler les crêpes dans l'assiette à mesure qu'elles sont cuites. Beurrer de nouveau la crêpière et faire cuire une autre crêpe suivant le même procédé.*

# QUICHE AUX CHAMPIGNONS

*(4 PORTIONS)*

| | | |
|---|---|---|
| 1 | abaisse de pâte à quiche | 1 |
| 30 ml | beurre | 2 c. à s. |
| 1 | échalote sèche, épluchée et hachée | 1 |
| 225 g | champignons frais, nettoyés et tranchés | ½ lb |
| 45 ml | farine | 3 c. à s. |
| 250 ml | lait, chaud | 1 tasse |
| 60 ml | crème à 35 % | 4 c. à s. |
| 2 | gros œufs, battus | 2 |
| 250 ml | emmenthal râpé | 1 tasse |
| 1 | pincée de muscade | 1 |
| | sel et poivre fraîchement moulu | |

Préchauffer le four à 200 °C (400 °F).

**1** Foncer la pâte d'un papier ciré. La remplir de haricots secs. Faire cuire au four, 12 minutes.

**2** Retirer le papier et les haricots secs de la pâte. Piquer le fond avec une fourchette et réserver.

**3** Baisser la température du four à 190 °C (375 °F).

**4** Faire chauffer le beurre dans une poêle, à feu moyen. Ajouter l'échalote et les champignons; bien assaisonner. Faire cuire 5 minutes, à feu vif.

**5** Saupoudrer de farine et bien mélanger. Ajouter le lait, mélanger, puis incorporer la crème. Bien assaisonner et poursuivre la cuisson 4 minutes.

**6** Enlever la poêle du feu et laisser tiédir le mélange. Incorporer les œufs. Ajouter le fromage et la muscade; mélanger.

**7** Verser la préparation dans l'abaisse. Faire cuire au four, 20 à 25 minutes.

# Quiche à la florentine

*(4 portions)*

| | | |
|---|---|---|
| 2 | paquets d'épinards frais, parés | 2 |
| 30 ml | beurre | 2 c. à s. |
| 2 | échalotes sèches, épluchées et hachées | 2 |
| 250 ml | gruyère râpé | 1 tasse |
| 2 | gros œufs | 2 |
| 1 | gros jaune d'œuf | 1 |
| 250 ml | crème à 15 % | 1 tasse |
| 1 | abaisse de pâte à quiche précuite | 1 |
| | sel et poivre fraîchement moulu | |

Préchauffer le four à 190 °C (375 °F).

**1** Faire cuire les épinards à couvert, pendant 3 minutes, dans une petite quantité d'eau bouillante. En exprimer toute l'eau. Hacher et réserver.

**2** Faire chauffer le beurre dans une poêle, à feu moyen. Ajouter les échalotes et les épinards hachés. Bien assaisonner et faire cuire 4 minutes.

**3** Verser dans l'abaisse et couvrir de fromage.

**4** Mélanger les œufs et le jaune d'œuf avec la crème. Verser sur le fromage. Bien poivrer. Faire cuire au four, 25 à 30 minutes.

# Quiche aux courgettes et au zeste de citron

*(4 portions)*

| | | |
|---|---|---|
| 30 ml | beurre | 2 c. à s. |
| 2 | courgettes de taille moyenne, en dés | 2 |
| 15 ml | basilic frais haché | 1 c. à s. |
| 5 ml | zeste de citron râpé | 1 c. à t. |
| 1 | poivron jaune, coupé en petits dés | 1 |
| 300 ml | gruyère râpé | 1¼ tasse |
| 3 | gros œufs | 3 |
| 1 | gros jaune d'œuf | 1 |
| 250 ml | crème à 35 % | 1 tasse |
| 1 | abaisse de pâte à quiche précuite | 1 |
| | sel et poivre fraîchement moulu | |

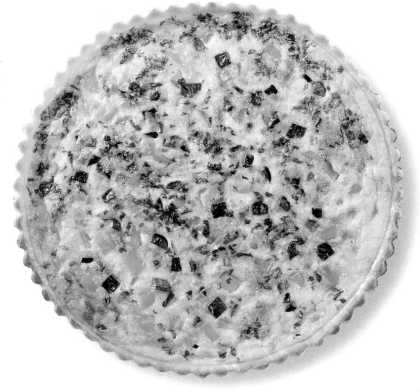

Préchauffer le four à 190 °C (375 °F).

**1** Faire chauffer le beurre dans une poêle, à feu moyen. Ajouter les courgettes, le basilic, le zeste de citron et le poivron. Bien assaisonner et faire cuire 6 minutes.

**2** Laisser le mélange refroidir, puis le verser dans la quiche. Couvrir de fromage.

**3** Mélanger les œufs et le jaune d'œuf avec la crème; bien assaisonner. Verser sur le fromage et faire cuire au four, 25 à 30 minutes.

# QUICHE AUX TOMATES ET À LA SAUCISSE

*(4 PORTIONS)*

| | | |
|---|---|---|
| 1 | abaisse de pâte à quiche | 1 |
| 30 ml | beurre | 2 c. à s. |
| 3 | oignons, épluchés et émincés | 3 |
| 225 g | champignons frais, nettoyés et émincés | ½ lb |
| 2 | gousses d'ail, écrasées et hachées | 2 |
| 15 ml | huile d'olive | 1 c. à s. |
| 2 | grosses saucisses, coupées en rondelles de 5 mm (¼ po) d'épaisseur | 2 |
| 250 ml | gruyère râpé | 1 tasse |
| 4 | grosses tomates, coupées en rondelles de 8 mm (⅓ po) d'épaisseur | 4 |
| 5 ml | huile d'olive | 1 c. à t. |
| | sel et poivre fraîchement moulu | |

Préchauffer le four à 200 °C (400 °F).

**1** Foncer la pâte de papier ciré. La remplir de haricots secs. Faire cuire au four 15 minutes.

**2** Retirer le papier et les haricots secs de la pâte. Piquer le fond avec une fourchette et réserver.

**3** Baisser la température du four à 190 °C (375 °F).

**4** Faire chauffer le beurre à feu moyen. Ajouter les oignons, bien assaisonner et faire cuire 14 minutes, à feu doux.

**5** Incorporer les champignons et l'ail. Poursuivre la cuisson 5 minutes. Verser le contenu de la poêle dans un bol et réserver.

**6** Remettre la poêle sur le feu et y faire chauffer 15 ml (1 c. à s.) d'huile d'olive. Y faire cuire les saucisses 4 minutes. Poivrer.

**7** Remplir l'abaisse de couches d'oignons, de fromage, de saucisses et de tomates. Arroser avec le reste de l'huile d'olive.

**8** Faire cuire au four, 18 à 20 minutes.

*Faire cuire les oignons 14 minutes, à feu doux.*

*Incorporer les champignons et l'ail. Poursuivre la cuisson 5 minutes.*

*Faire cuire les saucisses 4 minutes dans l'huile chaude.*

*Remplir l'abaisse de couches d'oignons, de fromage, de saucisses et de tomates.*

# QUICHE AUX OIGNONS ET AU FROMAGE

*(4 PORTIONS)*

| | | |
|---|---|---|
| 30 ml | beurre | 2 c. à s. |
| 5 | oignons, épluchés et émincés | 5 |
| 5 ml | sucre | 1 c. à t. |
| 15 ml | estragon frais haché | 1 c. à s. |
| 15 ml | persil frais haché | 1 c. à s. |
| 250 ml | emmenthal râpé | 1 tasse |
| 3 | gros œufs | 3 |
| 1 | gros jaune d'œuf | 1 |
| 250 ml | crème à 15 % | 1 tasse |
| 1 | abaisse de quiche précuite | 1 |
| 1 | pincée de piment de Cayenne | 1 |
| 1 | pincée de muscade | 1 |
| | sel et poivre fraîchement moulu | |

Préchauffer le four à 190 °C (375 °F).

**1** Faire chauffer le beurre dans une poêle, à feu moyen. Ajouter les oignons, bien assaisonner et faire cuire 25 minutes, à feu doux, sans les laisser brûler. Remuer 6 fois pendant la cuisson.

**2** Ajouter le sucre et tous les assaisonnements; bien mélanger. Poursuivre la cuisson 4 à 5 minutes, en remuant une fois.

**3** Verser les oignons dans l'abaisse; couvrir de fromage.

**4** Mélanger les œufs et le jaune d'œuf avec la crème; bien assaisonner. Verser sur le fromage et faire cuire au four, 25 à 30 minutes.

# QUICHE AU CRABE ET AUX CREVETTES

*(4 PORTIONS)*

| | | |
|---|---|---|
| 15 ml | beurre | I c. à s. |
| 2 | échalotes sèches, épluchées et hachées | 2 |
| 225 g | chair de crabe fraîche | ½ lb |
| 4 | crevettes fraîches, épluchées, déveinées et coupées en dés | 4 |
| 15 ml | basilic frais haché | I c. à s. |
| 15 ml | persil frais haché | I c. à s. |
| 30 ml | madère | 2 c. à s. |
| 250 ml | gruyère râpé | I tasse |
| 3 | gros œufs | 3 |
| I | gros jaune d'œuf | I |
| 250 ml | crème à 35 % | I tasse |
| I | pincée de piment de Cayenne | I |
| I | pincée de muscade | I |
| I | abaisse de pâte à quiche précuite | I |
| | sel et poivre fraîchement moulu | |

**1** Faire chauffer le beurre dans une poêle, à feu vif. Ajouter les échalotes sèches, la chair de crabe et les crevettes. Bien assaisonner et faire cuire 2 minutes.

**2** Ajouter les fines herbes et le madère. Poursuivre la cuisson 1 minute, à feu vif.

**3** Verser le mélange dans l'abaisse et l'étaler uniformément. Couvrir de fromage et assaisonner de piment de Cayenne et de muscade.

**4** Mélanger les œufs et le jaune d'œuf avec la crème; bien assaisonner. Verser sur le fromage et faire cuire au four, 25 à 30 minutes.

## QUICHE AU HOMARD

*(4 PORTIONS)*

| 15 ml | beurre | 1 c. à s. |
|---|---|---|
| 375 ml | chair de homard cuite, coupée en cubes | 1½ tasse |
| 1 | échalote sèche, épluchée et hachée | 1 |
| 15 ml | persil frais haché | 1 c. à s. |
| 375 ml | gruyère râpé | 1½ tasse |
| 2 | gros œufs | 2 |
| 1 | gros jaune d'œuf | 1 |
| 250 ml | crème à 35 % | 1 tasse |
| 1 | abaisse de pâte à quiche précuite | 1 |
| | sel et poivre fraîchement moulu | |
| | piment de Cayenne, au goût | |

Préchauffer le four à 190 °C (375 °F).

**1** Faire chauffer le beurre dans une poêle, à feu moyen. Ajouter le homard, l'échalote et le persil. Assaisonner et faire cuire 2 minutes.

**2** Laisser refroidir, puis verser le mélange dans l'abaisse. Ajouter le fromage et bien assaisonner. Saupoudrer de piment de Cayenne.

**3** Mélanger les œufs et le jaune d'œuf avec la crème; bien assaisonner. Verser sur le fromage et faire cuire au four, 25 à 30 minutes.

## QUICHE AU SAUMON ET AUX ŒUFS DURS

*(4 PORTIONS)*

| 225 g | saumon cuit, émietté | 8 oz |
|---|---|---|
| 2 | œufs durs, tranchés | 2 |
| 2 | gros œufs | 2 |
| 1 | gros jaune d'œuf | 1 |
| 250 ml | crème à 15 % | 1 tasse |
| 125 ml | gruyère râpé | ½ tasse |
| 1 | abaisse de pâte à quiche précuite | 1 |
| | sel et poivre fraîchement moulu | |
| | paprika, au goût | |

Préchauffer le four à 190 °C (375 °F).

**1** Répartir uniformément dans l'abaisse le saumon émietté et les œufs durs tranchés. Assaisonner et saupoudrer de paprika.

**2** Mélanger les œufs et le jaune d'œuf avec la crème; bien assaisonner.

**3** Verser dans l'abaisse et ajouter le fromage. Faire cuire au four, 25 à 30 minutes.

# Quiche aux poivrons grillés

*(4 PORTIONS)*

| | | |
|---|---|---|
| 3 | gros poivrons rouges | 3 |
| ½ | piment jalapeño, épépiné et haché | ½ |
| 125 ml | emmenthal râpé | ½ tasse |
| 125 ml | gruyère râpé | ½ tasse |
| 3 | gros œufs | 3 |
| 1 | gros jaune d'œuf | 1 |
| 250 ml | crème à 35 % | 1 tasse |
| 1 | abaisse de pâte à quiche précuite | 1 |
| | sel et poivre fraîchement moulu | |

**1** Couper les poivrons en deux et les épépiner. Huiler la peau et les faire griller au four 15 à 20 minutes. Sortir du four, laisser refroidir, puis peler. Au robot culinaire, réduire en purée la chair des poivrons et le piment jalapeño. Bien assaisonner.

**2** Préchauffer le four à 190 °C (375 °F).

**3** Verser la purée de poivrons dans l'abaisse. Couvrir des fromages.

**4** Mélanger les œufs avec la crème; bien assaisonner. Verser sur les fromages et faire cuire au four, 25 à 30 minutes.

# Quiche au bacon et au cheddar fort

*(4 PORTIONS)*

| | | |
|---|---|---|
| 30 ml | beurre | 2 c. à s. |
| 4 | oignons, épluchés et émincés | 4 |
| 6 | tranches de bacon cuites, croustillantes, hachées | 6 |
| 15 ml | persil frais haché | 1 c. à s. |
| 75 ml | gruyère râpé | ⅓ tasse |
| 50 ml | cheddar fort râpé | ¼ tasse |
| 3 | gros œufs | 3 |
| 1 | gros jaune d'œuf | 1 |
| 250 ml | crème à 15 % | 1 tasse |
| 1 | abaisse de pâte à quiche précuite | 1 |
| | sel et poivre fraîchement moulu | |

Préchauffer le four à 190 °C (375 °F).

**1** Faire chauffer le beurre à feu moyen. Ajouter les oignons et bien assaisonner; faire cuire 16 minutes, à feu doux, sans laisser brûler les oignons.

**2** Répartir les oignons dans l'abaisse. Ajouter le bacon, le persil et les fromages.

**3** Mélanger les œufs avec la crème; bien assaisonner. Verser sur les fromages et faire cuire au four, 25 à 30 minutes.

## QUICHE AU SAUMON FUMÉ
*(4 PORTIONS)*

| | | |
|---|---|---|
| 6 | tranches de saumon fumé | 6 |
| 125 ml | emmenthal râpé | ½ tasse |
| 125 ml | gruyère râpé | ½ tasse |
| 15 ml | basilic frais haché | 1 c. à s. |
| 15 ml | ciboulette fraîche hachée | 1 c. à s. |
| 3 | gros œufs | 3 |
| 1 | gros jaune d'œuf | 1 |
| 250 ml | crème à 35 % | 1 tasse |
| 1 | abaisse de pâte à quiche précuite | 1 |
| | sel et poivre fraîchement moulu | |
| | piment de Cayenne, au goût | |

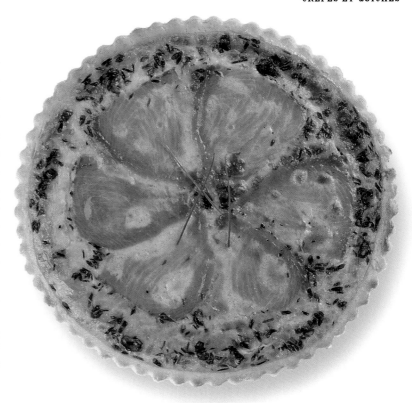

Préchauffer le four à 190 °C (375 °F).

**1** Plier chaque tranche de saumon en deux et les placer dans l'abaisse. Couvrir des fromages et des fines herbes; poivrer.

**2** Mélanger les œufs et le jaune d'œuf avec la crème; bien assaisonner. Ajouter le piment de Cayenne au goût. Verser sur les fromages et faire cuire au four, 25 à 30 minutes.

## QUICHE LORRAINE
*(4 PORTIONS)*

| | | |
|---|---|---|
| 6 | tranches de bacon cuites croustillantes, hachées | 6 |
| 125 ml | parmesan râpé | ½ tasse |
| 150 g | emmenthal, coupé en dés | ⅓ lb |
| 3 | gros œufs | 3 |
| 1 | gros jaune d'œuf | 1 |
| 250 ml | crème à 15 % | 1 tasse |
| 30 ml | ciboulette fraîche hachée | 2 c. à s. |
| 15 ml | basilic frais haché | 1 c. à s. |
| 1 | abaisse de pâte à quiche précuite | 1 |
| | sel et poivre fraîchement moulu | |

Préchauffer le four à 190 °C (375 °F).

**1** Répartir uniformément le bacon dans l'abaisse. Parsemer de parmesan et d'emmenthal. Assaisonner généreusement.

**2** Mélanger les œufs avec la crème; bien assaisonner. Ajouter les fines herbes et mélanger. Verser sur les fromages et faire cuire au four, 25 à 30 minutes.

# QUICHE AUX AUBERGINES
*(4 PORTIONS)*

| | | |
|---|---|---:|
| 1 | grosse aubergine | 1 |
| 30 ml | huile d'olive | 2 c. à s. |
| 1 | oignon, épluché et haché | 1 |
| 15 ml | basilic frais haché | 1 c. à s. |
| 15 ml | persil frais haché | 1 c. à s. |
| ½ | piment jalapeño, épépiné et haché | ½ |
| 75 ml | parmesan râpé | ⅓ tasse |
| 125 ml | fromage suisse râpé | ½ tasse |
| 3 | gros œufs | 3 |
| 175 ml | crème à 15 % | ¾ tasse |
| 1 | abaisse de pâte à quiche précuite | 1 |
| | sel et poivre fraîchement moulu | |

Préchauffer le four à 200 °C (400 °F).

**1** Couper l'aubergine en deux, dans le sens de la longueur. Entailler la chair en croisillons avec un couteau et la badigeonner d'huile d'olive. Déposer sur une plaque à pâtisserie, le côté coupé vers le bas. Faire cuire au four 40 minutes. À l'aide d'une cuillère, retirer la chair de l'écorce, la hacher et réserver.

**2** Faire chauffer le reste de l'huile dans une poêle, à feu moyen. Y faire cuire l'oignon 4 minutes. Ajouter la chair d'aubergine, les fines herbes et le piment jalapeño. Bien assaisonner et faire cuire 16 minutes, à feu vif, pour permettre au liquide de cuisson de s'évaporer.

**3** Verser le mélange à l'aubergine dans l'abaisse et couvrir des fromages.

**4** Mélanger les œufs avec la crème; bien assaisonner. Verser sur les fromages et faire cuire au four, 25 à 30 minutes.

*Entailler la chair de l'aubergine en croisillons et la badigeonner d'huile d'olive.*

*Faire cuire l'oignon 4 minutes. Ajouter la chair d'aubergine, les fines herbes et le piment jalapeño.*

*Verser le mélange à l'aubergine dans l'abaisse et couvrir des fromages.*

*Mélanger les œufs avec la crème; bien assaisonner et verser sur les fromages.*

# QUICHE AUX MOULES ET AU GRUYÈRE

*(4 PORTIONS)*

| | | |
|---|---|---|
| 900 g | moules fraîches, grattées et lavées | 2 lb |
| 60 ml | beurre | 4 c. à s. |
| 30 ml | persil frais haché | 2 c. à s. |
| 2 | échalotes sèches, épluchées et hachées | 2 |
| 125 ml | vin blanc sec | ½ tasse |
| 30 ml | farine | 2 c. à s. |
| 125 ml | crème à 35 % | ½ tasse |
| 375 ml | gruyère râpé | 1½ tasse |
| 1 | abaisse de pâte à quiche précuite | 1 |
| | brins de thym frais | |
| | sel et poivre fraîchement moulu | |

Préchauffer le four à 220 °C (425 °F).

**1** Dans une casserole, mettre les moules, la moitié du beurre et du persil, les échalotes, le vin et le thym. Poivrer.

**2** Couvrir et amener à ébullition. Faire cuire les moules à feu doux, jusqu'à ce que les coquilles s'ouvrent, environ 5 minutes. Remuer une fois pendant la cuisson.

**3** Retirer les moules de la casserole et jeter celles qui sont restées fermées. Détacher les moules de leur coquille et réserver. Filtrer le liquide de cuisson à travers une passoire foncée d'une mousseline,

placée sur une petite casserole. Faire réduire le liquide filtré 3 minutes, à feu vif, pour en obtenir 250 ml (1 tasse). Réserver.

**4** Dans une autre casserole, à feu moyen, faire chauffer le reste du beurre. Parsemer de la farine et bien mélanger. Faire cuire 30 secondes.

**5** Incorporer le liquide réduit et la crème. Bien mélanger et assaisonner généreusement. Incorporer le reste du persil.

**6** Étaler le fromage dans l'abaisse. Ajouter les moules, puis y verser le mélange liquide. Faire cuire au four, 12 minutes.

Filtrer le liquide de cuisson à travers une passoire foncée d'une mousseline, placée sur une petite casserole.

Faire chauffer le reste du beurre à feu moyen. Saupoudrer de farine et bien mélanger. Faire cuire 30 secondes.

Incorporer le liquide réduit et la crème. Bien mélanger et assaisonner généreusement.

Étaler le fromage dans l'abaisse. Ajouter les moules et y verser le mélange liquide.

# CRÊPES AUX TOMATES ET À LA COURGETTE

*(4 PORTIONS)*

| | | |
|---|---|---|
| 15 ml | huile d'olive | 1 c. à s. |
| 2 | échalotes sèches, épluchées et hachées | 2 |
| 2 | gousses d'ail, épluchées, écrasées et hachées | 2 |
| 1 | petite courgette, coupée en petits dés | 1 |
| 125 ml | vin blanc sec | ½ tasse |
| 3 | tomates, pelées, épépinées et coupées en dés | 3 |
| 30 ml | basilic frais haché | 2 c. à s. |
| 125 ml | parmesan râpé | ½ tasse |
| 8 | crêpes | 8 |
| | sel et poivre fraîchement moulu | |

**1** Faire chauffer l'huile dans une poêle, à feu moyen. Ajouter les échalotes, l'ail et la courgette. Bien assaisonner et faire cuire 3 minutes, à feu doux.

**2** Monter le feu à vif. Ajouter le vin et faire cuire 2 minutes. Incorporer les tomates et le basilic; bien assaisonner. Faire cuire 6 minutes.

**3** Baisser le feu à moyen et incorporer le fromage. Faire cuire 3 minutes, puis retirer la poêle du feu. Laisser la préparation refroidir légèrement.

**4** Étaler la préparation sur les crêpes, les rouler, puis les disposer dans un plat allant au four. Mettre au four à gril pendant 3 minutes et servir.

# CRÊPES FARCIES AUX LÉGUMES, SAUCE AUX ŒUFS

*(4 PORTIONS)*

| | | |
|---|---|---|
| 15 ml | huile d'olive | 1 c. à s. |
| 3 | oignons verts, hachés | 3 |
| 1 | carotte, pelée et coupée en petits dés | 1 |
| 1 | courgette, coupée en petits dés | 1 |
| 1 | poivron jaune, coupé en petits dés | 1 |
| 1 | gousse d'ail, épluchée, écrasée et hachée | 1 |
| 15 ml | basilic frais haché | 1 c. à s. |
| 2 | grosses tomates, pelées, épépinées et hachées | 2 |
| 125 ml | emmenthal râpé | ½ tasse |
| 8 | crêpes | 8 |
| ½ | recette de sauce aux œufs, chaude (voir p. 311) | ½ |
| 175 ml | gruyère râpé | ¾ tasse |
| 1 | pincée de paprika | 1 |
| | sel et poivre fraîchement moulu | |

Préchauffer le four à 220 °C (425 °F).

**1** Faire chauffer l'huile dans une poêle, à feu vif. Ajouter les légumes, assaisonner et faire cuire 6 minutes, à feu moyen. Ajouter l'ail et le basilic; poursuivre la cuisson 2 minutes.

**2** Incorporer les tomates et bien assaisonner. Faire cuire 6 minutes, à feu vif. Incorporer l'emmenthal.

**3** Farcir les crêpes de la préparation, les rouler, puis les disposer dans un plat allant au four. Napper de sauce aux œufs, parsemer de gruyère et saupoudrer de paprika. Faire cuire au four, 8 minutes.

# CRÊPES FARCIES AU BIFTECK ET AUX CHAMPIGNONS

*(4 PORTIONS)*

| | | |
|---|---|---|
| 30 ml | huile d'olive | 2 c. à s. |
| 2 | biftecks de filet de 225 g (½ lb) chacun | 2 |
| 225 g | champignons frais, nettoyés et émincés | ½ lb |
| 1 | échalote sèche, épluchée et hachée | 1 |
| 125 ml | vin rouge sec | ½ tasse |
| 250 ml | bouillon de bœuf, chaud | 1 tasse |
| 15 ml | fécule de maïs | 1 c. à s. |
| 45 ml | eau froide | 3 c. à s. |
| 15 ml | persil frais haché | 1 c. à s. |
| 8 | crêpes | 8 |
| | sel et poivre fraîchement moulu | |

**1** Faire chauffer la moitié de l'huile dans une poêle, à feu moyen. Bien poivrer la viande et la mettre dans la poêle. Faire cuire 1 minute, à feu vif. Retirer la viande de la poêle et réserver.

**2** Verser le reste de l'huile dans la poêle. Ajouter les champignons et l'échalote; bien assaisonner. Faire cuire 4 minutes, à feu moyen. Ajouter le vin et faire cuire 2 minutes, à feu vif.

**3** Incorporer le bouillon de bœuf et poursuivre la cuisson 2 minutes. Baisser le feu à doux. Diluer la fécule de maïs dans l'eau froide; l'incorporer à la sauce. Faire cuire 1 minute, puis ajouter le persil.

**4** Ajouter la viande à la sauce et faire mijoter 2 minutes. Farcir les crêpes de la préparation, les plier en quatre, puis les disposer dans un plat allant au four. Mettre au four à gril pendant 2 minutes et servir.

# CRÊPES AUX FRUITS DE MER ET À L'EMMENTHAL

*(4 PORTIONS)*

| | | |
|---|---|---|
| 15 ml | huile d'olive | 1 c. à s. |
| 12 | crevettes, décortiquées et déveinées | 12 |
| 12 | pétoncles, nettoyés | 12 |
| 12 | moules, cuites et écaillées | 12 |
| 2 | échalotes sèches, épluchées et hachées | 2 |
| 15 ml | estragon frais haché | 1 c. à s. |
| 125 ml | vin blanc sec | ½ tasse |
| 375 ml | sauce blanche, chaude (voir p. 309) | 1½ tasse |
| 125 ml | emmenthal râpé | ½ tasse |
| 8 | crêpes | 8 |
| | sel et poivre fraîchement moulu | |
| | paprika, au goût | |

Préchauffer le four à 220 °C (425 °F).

**1** Faire chauffer l'huile dans une poêle, à feu vif. Ajouter les crevettes et poivrer. Faire cuire 2 minutes.

**2** Ajouter les pétoncles et poursuivre la cuisson 2 minutes. Ajouter les moules, bien mélanger et laisser mijoter 1 minute, à feu doux. Retirer les fruits de mer de la poêle et réserver.

**3** Dans la poêle chaude, mettre les échalotes et l'estragon; faire cuire 2 minutes. Monter le feu à vif et ajouter le vin. Faire cuire 2 minutes.

**4** Incorporer la sauce blanche, le paprika et la moitié du fromage. Remettre les fruits de mer dans la poêle, bien mélanger et laisser mijoter 1 minute, à feu doux.

**5** Farcir les crêpes de la préparation aux fruits de mer, les plier en quatre, puis les disposer dans un plat allant au four. Parsemer du reste de fromage et mettre au four pendant 4 minutes. Servir.

# CRÊPES AUX CREVETTES AU CURRY ET AU MIEL

*(4 PORTIONS)*

| 50 ml | miel | ¼ tasse |
|---|---|---|
| 15 ml | poudre de curry | 1 c. à s. |
| 5 ml | moutarde forte | 1 c. à t. |
| 350 g | crevettes fraîches, décortiquées, déveinées et coupées en 3 | ¾ lb |
| 15 ml | huile d'olive | 1 c. à s. |
| 4 | crêpes | 4 |
| 250 ml | gruyère râpé | 1 tasse |
| | sel et poivre fraîchement moulu | |
| | jus de citron | |

Préchauffer le four à 200 °C (400 °F).

**1** Mélanger le miel, la poudre de curry, la moutarde, le sel, le poivre et le jus de citron. Ajouter les crevettes et bien mélanger.

**2** Faire chauffer l'huile dans une poêle, à feu moyen. Y faire sauter les crevettes 2 minutes, à feu vif.

**3** Farcir les crêpes de la préparation, les rouler, puis les disposer dans un plat allant au four. Couvrir de fromage et faire cuire au four, 4 minutes. Servir.

# CRÊPES FARCIES DE JULIENNES, EN SAUCE BLANCHE

*(4 PORTIONS)*

| 30 ml | beurre | 2 c. à s. |
|---|---|---|
| 2 | oignons, épluchés et émincés | 2 |
| 3 | tranches de jambon cuit, coupées en julienne | 3 |
| 2 | tranches de gruyère, coupées en julienne | 2 |
| 125 ml | sauce blanche, chaude (voir p. 309) | ½ tasse |
| 4 | crêpes | 4 |
| | poivre fraîchement moulu | |

**1** Faire chauffer le beurre dans une poêle, à feu moyen. Y faire cuire les oignons 12 minutes, à feu doux, sans les laisser brûler.

**2** Retirer les oignons de la poêle et réserver.

**3** Répartir le jambon, le fromage, les oignons cuits et la sauce blanche entre les crêpes. Assaisonner de poivre fraîchement moulu. Plier les crêpes en quatre et disposer dans un plat allant au four.

**4** Faire cuire au four à gril pendant 2 à 3 minutes, ou jusqu'à ce qu'elles soient chaudes. Servir.

# CRÊPES AU POULET ET À L'AVOCAT

*(4 PORTIONS)*

| | | |
|---|---|---|
| 1 | avocat | 1 |
| 45 ml | beurre | 3 c. à s. |
| 1 | oignon, épluché et haché finement | 1 |
| 15 ml | ciboulette fraîche hachée | 1 c. à s. |
| 45 ml | farine | 3 c. à s. |
| 500 ml | lait, chaud | 2 tasses |
| 500 ml | poulet cuit, coupé en dés | 2 tasses |
| 60 ml | parmesan râpé | 4 c. à s. |
| 8 | crêpes | 8 |
| | jus de citron | |
| | sel et poivre fraîchement moulu | |

Préchauffer le four à 190 °C (375 °F).

**1** Couper l'avocat en deux, dans le sens de la longueur, puis le dénoyauter. Peler, puis couper la chair en dés. Mélanger avec le jus de citron et réserver.

**2** Dans une casserole, à feu moyen, faire chauffer le beurre. Y faire cuire l'oignon et la ciboulette 2 minutes, à feu doux.

**3** Saupoudrer de farine et bien mélanger. Faire cuire 1 minute. En fouettant, incorporer le lait. Bien assaisonner et faire cuire la sauce 8 minutes, à feu doux. Incorporer le bouillon de poulet, le fromage et l'avocat. Laisser mijoter 2 minutes.

**4** Avec une cuillère, déposer environ 60 ml (4 c. à s.) de mélange au poulet sur chaque crêpe, les rouler, puis les disposer dans un plat allant au four. Napper du reste du mélange au poulet et mettre au four pendant 5 minutes. Servir.

# CRÊPES FARCIES AU JAMBON ET AU FROMAGE

*(2 PORTIONS)*

| | | |
|---|---|---:|
| 4 | **crêpes** | 4 |
| 4 | **tranches de jambon forêt-noire épaisses** | 4 |
| 250 ml | **gruyère râpé** | 1 tasse |
| | **poivre fraîchement moulu** | |

**1** Étaler les crêpes sur une surface de travail. Les garnir d'une tranche de jambon et de fromage râpé. Poivrer généreusement.

**2** Plier les crêpes en quatre, puis les disposer dans un plat allant au four.

**3** Mettre au four à gril pendant 2 minutes, ou jusqu'à ce qu'elles soient chaudes. Servir.

# CRÊPES AU VEAU À LA SAUCE MORNAY

*(4 PORTIONS)*

| | | |
|---|---|---:|
| 30 ml | **beurre** | 2 c. à s. |
| 1 | **oignon, épluché et haché** | 1 |
| ½ | **branche de céleri, hachée** | ½ |
| 225 g | **champignons frais, nettoyés et en dés** | ½ lb |
| 15 ml | **basilic frais haché** | 1 c. à s. |
| 15 ml | **persil frais haché** | 1 c. à s. |
| 350 g | **veau haché** | ¾ lb |
| 500 ml | **sauce Mornay, chaude (voir p. 309)** | 2 tasses |
| 8 | **crêpes** | 8 |
| 175 ml | **emmenthal râpé** | ¾ tasse |
| | **sel et poivre fraîchement moulu** | |

Préchauffer le four à 200 °C (400 °F).

**1** Faire chauffer le beurre à feu moyen. Y faire cuire l'oignon et le céleri 3 à 4 minutes. Ajouter les champignons et les fines herbes; bien mélanger. Poursuivre la cuisson 4 minutes.

**2** Ajouter le veau haché, bien assaisonner et faire brunir 3 minutes, à feu moyen-vif.

**3** Incorporer la sauce Mornay. Laisser mijoter 1 minute, puis retirer la poêle du feu. Farcir les crêpes avec presque toute la garniture, les rouler, puis les disposer dans un plat allant au four.

**4** Napper du reste de la sauce, parsemer de fromage et faire cuire au four 5 à 6 minutes.

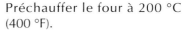

# CRÊPES TROPICANA

*(4 PORTIONS)*

| | | |
|---|---|---|
| 1 | poitrine de poulet entière, désossée | 1 |
| 500 ml | bouillon de poulet léger, chaud | 2 tasses |
| 45 ml | beurre | 3 c. à s. |
| 1 | oignon, épluché et coupé en petits dés | 1 |
| 15 ml | poudre de curry | 1 c. à s. |
| 45 ml | farine | 3 c. à s. |
| 2 | rondelles d'ananas, coupées en dés | 2 |
| ½ | banane, tranchée en biseau | ½ |
| 8 | crêpes | 8 |
| 30 ml | parmesan râpé | 2 c. à s. |
| | sel et poivre fraîchement moulu | |

Préchauffer le four à 190 °C (375 °F).

**1** Enlever la peau du poulet et diviser la poitrine en deux. Mettre dans une poêle avec le bouillon de poulet. Amener à ébullition. Baisser le feu à doux et faire cuire 12 à 15 minutes.

**2** Retirer le poulet du bouillon et le laisser refroidir 2 minutes. Couper la chair en dés et réserver. Réserver le bouillon séparément.

**3** Faire cuire l'oignon dans le beurre, à feu moyen, 2 minutes. Saupoudrer de poudre de curry, mélanger et faire cuire 2 minutes, à feu doux.

**4** Incorporer la farine, puis, au fouet, le bouillon réservé. Assaisonner et faire cuire 8 minutes, à feu doux.

**5** Ajouter le poulet, l'ananas et la banane. Bien mélanger et faire mijoter 2 minutes.

**6** Déposer environ 45 ml (3 c. à s.) de mélange au poulet dans chaque crêpe. Les plier en quatre, puis placer dans un plat allant au four. Napper du reste de sauce. Parsemer de fromage et faire cuire au four, 6 minutes.

# CRÊPES À L'ITALIENNE

*(4 À 6 PORTIONS)*

| 2 | petites aubergines | 2 |
|---|---|---|
| 45 ml | huile d'olive | 3 c. à s. |
| 1 | oignon, épluché et haché | 1 |
| 2 | gousses d'ail, écrasées et hachées | 2 |
| 3 | tomates, pelées, épépinées et hachées | 3 |
| 12 | crêpes | 12 |
| 8 | tranches de mozzarella | 8 |
| 4 | tranches de prosciutto, en julienne | 4 |
| 50 ml | parmesan râpé | ¼ tasse |
| | sel et poivre fraîchement moulu | |
| | beurre fondu | |

**1** Couper les aubergines en tranches de 5 mm (¼ po) d'épaisseur et les disposer en une seule couche dans un grand plat. Saler et laisser dégorger 2 heures à la température ambiante. Égoutter, rincer et essuyer avec du papier absorbant.

**2** Préchauffer le four à 190 °C (375 °F).

**3** Mettre les tranches d'aubergine dans un plat allant au four et les badigeonner légèrement d'huile d'olive. Faire cuire au four, 16 minutes.

**4** Entre-temps, faire chauffer le reste de l'huile à feu moyen. Y faire cuire l'oignon et l'ail 5 minutes. Incorporer les tomates, assaisonner et faire cuire 12 minutes.

**5** Baisser la température du four à 180 °C (350 °F).

**6** Avec la moitié des crêpes, foncer le fond et les parois d'un moule allant au four, beurré. Ajouter des couches d'aubergine, de mozzarella, de prosciutto et de tomates. Bien assaisonner et répéter ces couches.

**7** Parsemer de parmesan et recouvrir avec les crêpes qui restent. Arroser de beurre fondu. Faire cuire au four 20 minutes. Si les crêpes brunissent trop rapidement, les couvrir sans serrer d'une feuille de papier d'aluminium. Laisser reposer plusieurs minutes avant de servir.

*Badigeonner les tranches d'aubergine d'huile d'olive. Faire cuire au four, 16 minutes.*

*Faire cuire l'oignon et l'ail 5 minutes. Incorporer les tomates, assaisonner et faire cuire 12 minutes.*

*Avec la moitié des crêpes, foncer le fond et les parois d'un moule allant au four, beurré. Ajouter une couche d'aubergine.*

*Ajouter des couches de mozzarella, de prosciutto et de tomates. Bien assaisonner et répéter ces couches.*

# CRÊPES AUX FRUITS DE MER

*(4 PORTIONS)*

| | | |
|---|---|---|
| 45 ml | beurre | 3 c. à s. |
| 350 g | pétoncles frais, lavés | ¾ lb |
| 1 | échalote sèche, épluchée et hachée | 1 |
| 225 g | champignons frais, nettoyés et coupés en dés | ½ lb |
| 15 ml | persil frais haché | 1 c. à s. |
| 5 ml | estragon | 1 c. à t. |
| 250 ml | jus de palourde | 1 tasse |
| 30 ml | farine | 2 c. à s. |
| 125 ml | mozzarella râpée | ½ tasse |
| 8 | crêpes | 8 |
| | sel et poivre fraîchement moulu | |
| | piment de Cayenne, au goût | |

Préchauffer le four à 190 °C (375 °F).

**1** Beurrer légèrement une poêle. Ajouter les pétoncles, l'échalote, les champignons et tous les assaisonnements. Mouiller avec le jus de palourde et couvrir d'une feuille de papier ciré.

**2** À feu moyen, amener au point d'ébullition. Baisser le feu à doux et laisser mijoter 2 minutes. Retirer la poêle du feu.

**3** À l'aide d'une écumoire, mettre les pétoncles et les champignons dans un bol. Remettre la poêle sur le feu et faire bouillir le liquide de cuisson pendant 4 minutes.

**4** Dans une casserole, à feu doux, faire chauffer le reste du beurre. Saupoudrer de farine et bien mélanger. Faire cuire 1 minute. Au fouet, incorporer le liquide de cuisson réduit.

Bien assaisonner et faire cuire 3 minutes, à feu doux.

**5** Incorporer le fromage, les pétoncles et les champignons. Laisser mijoter 1 à 2 minutes.

**6** À l'aide d'une cuillère, répartir presque toute la garniture entre les crêpes, les rouler, puis disposer dans un plat allant au four. Napper du reste de sauce et faire cuire au four, 4 minutes.

275

# CRÊPES AUX MOULES ET AU VIN BLANC

*(4 PORTIONS)*

| | | |
|---|---|---|
| 1,4 kg | moules fraîches, grattées et lavées | 3 lb |
| 125 ml | vin blanc sec | ½ tasse |
| 15 ml | persil frais haché | 1 c. à s. |
| 45 ml | beurre | 3 c. à s. |
| 2 | échalotes sèches, épluchées et hachées | 2 |
| 225 g | champignons frais, nettoyés et en dés | ½ lb |
| 375 ml | sauce blanche, chaude (voir p. 309) | 1½ tasse |
| 8 | crêpes | 8 |
| 125 ml | gruyère râpé | ½ tasse |
| | sel et poivre fraîchement moulu | |

Préchauffer le four à 200 °C (400 °F).

**1** Mettre les moules dans une grande casserole. Ajouter le vin et le persil. Couvrir et amener à ébullition. Faire cuire à feu doux jusqu'à ce que les coquilles s'ouvrent. Remuer une fois pendant la cuisson.

**2** Retirer les moules de la casserole; jeter celles qui sont restées fermées. Détacher les moules des coquilles et réserver. Filtrer le liquide de cuisson et le faire cuire 4 minutes, à feu moyen. Réserver.

**3** Dans une poêle, à feu moyen, faire chauffer le beurre. Ajouter les échalotes et les champignons; bien assaisonner. Faire cuire 4 minutes.

**4** Ajouter les moules, la sauce blanche et le liquide de cuisson réservé. Bien mélanger et laisser mijoter 2 minutes.

**5** Farcir les crêpes du mélange. Les plier en quatre et disposer dans un plat de service. Couvrir avec le reste de la sauce et parsemer de fromage. Faire cuire au four, 6 minutes.

# CRÊPES FARCIES AU FILET DE SOLE

*(4 PORTIONS)*

| 30 ml | beurre | 2 c. à s. |
|---|---|---|
| 1 | oignon, épluché et émincé | 1 |
| 225 g | champignons frais, nettoyés et émincés | ½ lb |
| 2 | filets de sole | 2 |
| 125 ml | vin blanc sec | ½ tasse |
| 125 ml | eau | ½ tasse |
| 8 | crêpes | 8 |
| 125 ml | sauce blanche épaisse, chaude (voir p. 309) | ½ tasse |
| 15 ml | persil frais haché | 1 c. à s. |
| 1 | pincée de paprika | 1 |
| | sel et poivre fraîchement moulu | |

**1** Faire chauffer le beurre dans une poêle, à feu moyen. Y faire cuire l'oignon 2 minutes. Monter le feu à vif et ajouter les champignons. Bien assaisonner et faire cuire 2 minutes.

**2** Mettre les filets de sole dans la poêle. Ajouter le vin et l'eau. Bien assaisonner et couvrir d'une feuille de papier ciré de sorte qu'elle touche la surface du mélange. Amener à ébullition.

**3** Dès que le liquide commence à bouillir, retirer la poêle du feu. Laisser le poisson 2 minutes dans le liquide chaud.

**4** À l'aide d'une écumoire, retirer le poisson et les champignons de la poêle. Les répartir entre les crêpes; réserver.

**5** Remettre la poêle sur le feu et faire cuire le liquide à feu vif, jusqu'à ce qu'il soit réduit du tiers. Incorporer la sauce blanche et le paprika. Déposer environ 45 ml (3 c. à s.) de sauce sur chaque crêpe.

**6** Plier les crêpes en quatre, puis les disposer dans un plat allant au four. Napper du reste de sauce et faire cuire au four à gril, 2 minutes. Parsemer de persil et servir.

# CRÊPES AUX ENDIVES BRAISÉES
*(4 PORTIONS)*

| | | |
|---|---|---|
| 30 ml | beurre | 2 c. à s. |
| 4 | grosses endives, parées | 4 |
| 125 ml | bouillon de poulet, chaud | ½ tasse |
| 250 ml | sauce blanche, chaude (voir p. 309) | 1 tasse |
| 4 | crêpes | 4 |
| 125 ml | emmenthal râpé | ½ tasse |
| | jus de ½ citron | |
| | sel et poivre fraîchement moulu | |

Préchauffer le four à 190 °C (375 °F).

**1** Beurrer un plat allant au four. Y disposer les endives et les arroser du jus de citron. Bien assaisonner et ajouter le bouillon de poulet. Faire cuire au four 35 minutes, ou jusqu'à ce qu'elles soient tendres.

**2** Retirer les endives du plat de cuisson et les faire égoutter sur du papier absorbant; réserver. Verser le liquide de cuisson dans une petite casserole et le faire cuire à feu vif, 3 minutes. Incorporer la sauce blanche et bien assaisonner. Laisser mijoter 1 minute, à feu doux.

**3** Déposer une endive sur chaque crêpe. Rouler la crêpe autour de l'endive, puis la mettre dans un plat allant au four. Napper de sauce, parsemer de fromage et faire cuire au four, 6 minutes.

# CRÊPES AUX ÉPINARDS, SAUCE MORNAY

*(4 PORTIONS)*

| | | |
|---|---|---|
| 675 g | épinards frais, parés | 1½ lb |
| 30 ml | beurre | 2 c. à s. |
| 4 | tranches de prosciutto, coupées en julienne | 4 |
| 1 | pincée de muscade | 1 |
| 500 ml | sauce Mornay, chaude (voir page 90) | 2 tasses |
| 8 | crêpes | 8 |
| 125 ml | gruyère râpé | ½ tasse |
| | sel et poivre fraîchement moulu | |

Préchauffer le four à 190 °C (375 °F).

**1** Faire cuire les épinards dans une petite quantité d'eau bouillante, 3 minutes, ou jusqu'à ce qu'ils soient flétris. Bien en exprimer toute l'eau, puis les hacher.

**2** Dans une poêle, à feu moyen, faire chauffer le beurre. Ajouter les épinards hachés et le prosciutto; assaisonner et ajouter la muscade. Faire cuire 3 minutes.

**3** Ajouter la sauce Mornay et bien mélanger. Répartir presque toute la garniture entre les crêpes, les rouler, puis les disposer dans un plat allant au four. Napper du reste de la garniture, parsemer de fromage et faire cuire au four, 8 minutes.

# CRÊPES À L'ORANGE

*(8 À 12 PORTIONS)*

| | | |
|---|---|---|
| 500 ml | farine tout usage | 2 tasses |
| 1 | pincée de sel | 1 |
| 125 ml | sucre | ½ tasse |
| 5 | œufs, battus | 5 |
| 375 ml | lait | 1 ½ tasse |
| 45 ml | beurre fondu | 3 c. à s. |
| 125 ml | beurre ramolli | ½ tasse |
| 175 ml | sucre à glacer | ¾ tasse |
| 1 | pincée de sel | 1 |
| | zeste de 2 oranges, râpé | |
| | zeste de 1 citron, râpé | |
| | sucre à fruits | |

**1** Tamiser la farine avec le sel et le sucre. Ajouter les œufs et bien mélanger. Au fouet, incorporer le lait, puis le beurre fondu.

**2** Filtrer la pâte à travers une passoire posée sur un bol. Incorporer les zestes de 1 orange et de 1 citron. Couvrir le bol d'une pellicule de plastique de sorte qu'elle touche la surface de la pâte et réfrigérer 1 heure.

**3** Amener la pâte à la température ambiante et faire cuire les crêpes.

**4** Mélanger le beurre ramolli, le sucre à glacer et le zeste d'orange qui reste.

**5** Étaler du beurre à l'orange sur chaque crêpe. Les plier en quatre, puis les disposer dans un plat allant au four. Saupoudrer de sucre à fruits. Mettre au four à gril, 3 minutes, ou jusqu'à ce que les crêpes soient légèrement dorées. Servir immédiatement.

# CRÊPES AUX POMMES, AU KIRSCH ET À L'ABRICOT

*(4 À 6 PORTIONS)*

POMMES

| 45 ml | beurre | 3 c. à s. |
|---|---|---|
| 5 | pommes, évidées, pelées et tranchées | 5 |
| 75 ml | cassonade | ⅓ tasse |
| 5 ml | cannelle | 1 c. à t. |
| 15 ml | kirsch | 1 c. à s. |

CONFITURE D'ABRICOTS

| 250 ml | confiture d'abricots | 1 tasse |
|---|---|---|
| 250 ml | eau | 1 tasse |
| 5 ml | fécule de maïs | 1 c. à t. |
| 12 | crêpes | 12 |
| | zeste de 1 orange, râpé | |

**1** Faire chauffer le beurre dans une poêle, à feu moyen. Ajouter les pommes, la cassonade et la cannelle. Faire cuire 5 minutes.

**2** Bien mélanger, puis couvrir la poêle. Poursuivre la cuisson 7 minutes.

**3** Enlever le couvercle et incorporer le kirsch. Monter le feu à vif et faire cuire 3 minutes. Retirer du feu et réserver.

**4** Préchauffer le four à 190 °C (375 °F).

**5** Mettre la confiture dans une casserole et ajouter 175 ml (¾ tasse) d'eau. Ajouter le zeste d'orange et amener à ébullition. Faire cuire 2 minutes.

**6** Diluer la fécule de maïs dans l'eau qui reste. Verser dans la casserole et bien mélanger. Baisser le feu à doux et faire cuire 1 minute.

**7** Étaler le mélange à la confiture et les pommes au kirsch entre les crêpes et les empiler dans un plat allant au four. Faire cuire au four 8 à 10 minutes. Trancher et servir.

*Faire cuire les pommes, la cassonade et la cannelle 5 minutes. Incorporer le kirsch.*

*À la confiture, ajouter 175 ml (¾ tasse) d'eau.*

*Étaler le mélange à la confiture et les pommes au kirsch entre les crêpes.*

*Empiler dans un plat allant au four.*

# CRÊPES BRETONNES

*(4 PORTIONS)*

| 125 ml | farine de sarrasin | ½ tasse |
|---|---|---|
| 125 ml | farine tout usage | ½ tasse |
| 2 ml | sel | ½ c. à t. |
| 3 | gros œufs | 3 |
| 250 ml | lait | I tasse |
| 60 ml | beurre fondu | 4 c.à s. |
| | confiture de fraise ou de framboise | |
| | sucre | |

**1** Dans un bol, tamiser les deux farines avec le sel. Ajouter les œufs et bien mélanger avec une cuillère en bois. Au fouet, incorporer le lait, puis le beurre.

**2** Filtrer la pâte à travers une passoire posée sur un bol. Couvrir le bol d'une pellicule de plastique de sorte qu'elle touche la surface de la pâte. Réfrigérer 1 heure.

**3** Amener la pâte à la température ambiante et faire cuire les crêpes.

**4** Étaler la confiture sur les crêpes. Les plier en quatre et disposer dans un plat allant au four. Saupoudrer de sucre et mettre au four, à gril, pendant 1 minute. Retourner les crêpes, faire dorer une minute et servir.

# CRÊPES AU CHOCOLAT ET À LA CRÈME GLACÉE

*(4 PORTIONS)*

| 125 g | chocolat sucré | ¼ lb |
|---|---|---|
| 125 ml | eau | ½ tasse |
| I | pincée de sel | I |
| 30 ml | Cointreau (ou liqueur d'orange) | 2 c. à s. |
| 8 | crêpes | 8 |
| 400 ml | crème glacée à la vanille | 1⅔ tasse |

**1** Dans le haut d'un bain-marie, faire chauffer à feu très doux le chocolat, l'eau et le sel; remuer constamment jusqu'à ce que le mélange soit lisse et luisant. Retirer du feu et incorporer la liqueur.

**2** À l'aide d'une cuillère, déposer environ 50 ml (¼ tasse) de crème glacée à la vanille sur chaque crêpe. Rouler les crêpes autour de la crème glacée, puis les disposer dans un plat allant au four. Mettre au four, à gril, pendant 2 minutes.

**3** Arroser de sauce au chocolat et servir immédiatement.

# CRÊPES SURPRISE

*(6 PORTIONS)*

| 30 ml | beurre | 2 c. à s. |
|-------|--------|-----------|
| 4 | poires, pelées, évidées et coupées en dés | 4 |
| 30 ml | sucre | 2 c. à s. |
| 30 ml | liqueur d'orange | 2 c. à s. |
| | pâte à crêpes sucrée | |

**1** Faire chauffer le beurre dans une casserole, à feu moyen. Ajouter les poires et le sucre; faire cuire 2 minutes.

**2** Incorporer la liqueur et poursuivre la cuisson 2 minutes. Éteindre le feu sous la casserole.

**3** En suivant la technique pour faire les crêpes (page 255), verser une petite quantité de pâte dans une crêpière beurrée chaude. Faire cuire environ 1 minute, ou jusqu'à ce que le tour de la crêpe commence à dorer.

**4** Disposer une petite quantité de poires au centre de chaque crêpe. Napper de pâte à crêpe pour recouvrir les poires et poursuivre la cuisson 30 secondes.

**5** Retourner la crêpe farcie et faire cuire 1 minute. Plier en deux et servir. Recommencer avec le reste de la pâte.

# CRÊPES AUX FRAISES ET AU FROMAGE À LA CRÈME

*(4 PORTIONS)*

| 350 g | fraises fraîches, lavées, équeutées et émincées | ¾ lb |
|-------|--------|-----------|
| 75 ml | sucre à fruits | ⅓ tasse |
| 90 g | fromage à la crème, ramolli | 3 oz |
| 15 ml | Cointreau (ou liqueur d'orange) | 1 c. à s. |
| 8 | crêpes sucrées (voir p. 255) | 8 |
| | sucre à fruits | |

**1** Dans une casserole, mettre les fraises et le sucre. Faire cuire 12 minutes, à feu doux, ou jusqu'à ce que le mélange épaississe. Verser dans un bol et laisser refroidir.

**2** Mettre le fromage à la crème dans un petit bol et y incorporer la liqueur. Fouetter pour obtenir un mélange lisse et léger.

**3** Étaler une petite quantité de mélange au fromage sur chaque crêpe. Couvrir du mélange aux fraises, rouler, puis disposer dans un plat allant au four. Saupoudrer de sucre et mettre au four, à gril, pendant 2 minutes. Servir.

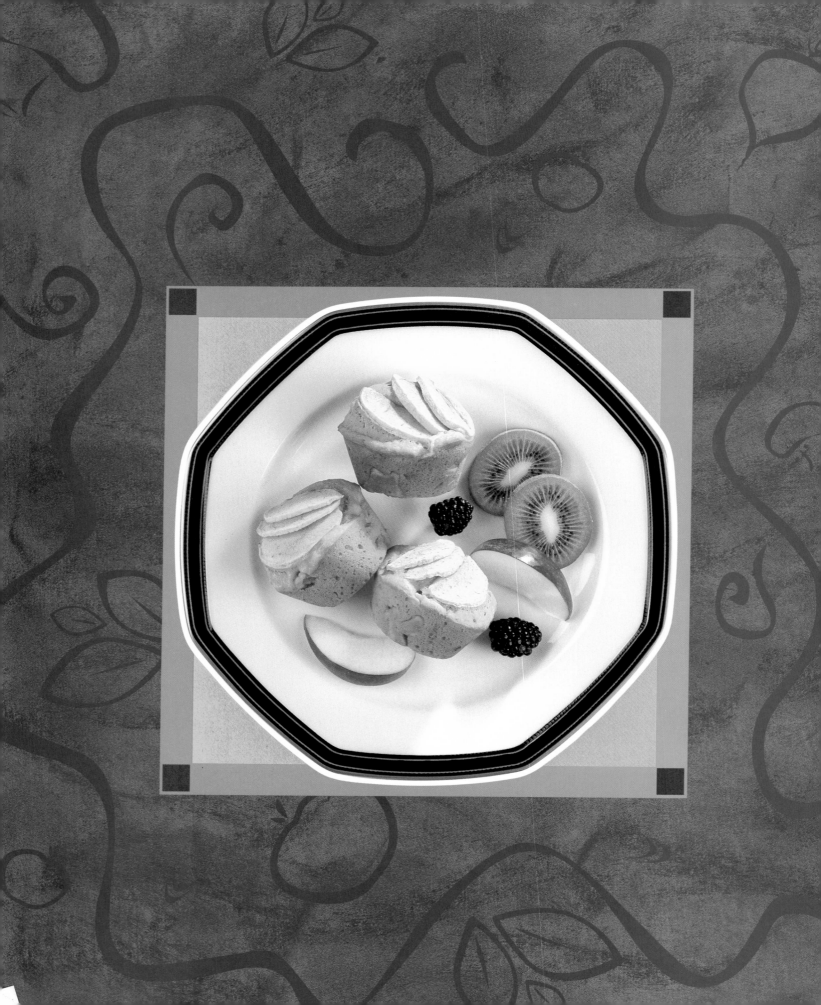

# Muffins
## & Biscuits

**Q**ui n'apprécie pas une petite douceur à la fin d'un repas ou pendant la journée? Le délicieux arôme qui se dégage des muffins et des biscuits, à leur sortie du four, vous mettra l'eau à la bouche.

Ce chapitre contient des notes et des conseils judicieux qui vous permettront de réussir avec facilité toutes les recettes.

Petits et grands seront conquis par ces petits délices que vous pourrez même servir, dans certains cas, au petit-déjeuner ou comme accompagnement.

# NOTES SUR LES MUFFINS

La pâte pour les muffins et les pains ne doit pas être trop mélangée à moins que cela ne soit spécifié dans la recette. Mélangez les ingrédients humides aux ingrédients secs juste assez pour les humecter. La pâte trop mélangée peut donner, comme résultat, des muffins moins légers, dont la surface et l'intérieur seront irréguliers.

•

La cuisson de la plupart des muffins se fait à 200 °C (400 °F). Cependant, vous devrez peut-être ajuster la température selon votre four.

•

Graissez les moules à muffins avec du beurre, de l'huile ou un enduit végétal pur. Si certains moules restent vides, les remplir d'un peu d'eau pour protéger la surface du moule et favoriser une cuisson uniforme.

Les portions de certaines recettes peuvent varier selon les ingrédients, les dimensions des moules et la quantité de pâte versée dans ceux-ci. Il faut ajuster le temps de cuisson selon ces détails.

•

Pour vérifier si les muffins sont cuits, appuyez doucement sur la surface. Elle devrait s'enfoncer légèrement, puis reprendre immédiatement sa forme. Pour vérifier la cuisson des pains, enfoncez une brochette en bois ou la pointe d'un couteau au milieu du pain. Si elle en ressort propre, le pain est cuit. Les muffins et les pains rétréciront légèrement et se détacheront des parois des moules lorsqu'ils seront cuits.

•

Les muffins sont meilleurs lorsqu'ils sont chauds, tandis que les pains doivent être refroidis avant d'être tranchés.

# CONSEILS POUR LA CUISSON DES BISCUITS

Utilisez du beurre non salé pour la cuisson.

•

Pour obtenir de meilleurs résultats, placez les biscuits au milieu du four pour les faire cuire. S'il y a une plaque à biscuits sur la grille supérieure et une autre sur la grille inférieure, changez les plaques à biscuits de grille à la mi-cuisson.

•

Sauf indication contraire, graissez et farinez légèrement les plaques à biscuits. Les pâtes qui contiennent une grande quantité de beurre, comme celle des sablés, sont habituellement cuites sur une plaque non graissée.

Laissez toujours suffisamment d'espace entre les biscuits pour leur permettre de prendre du volume pendant la cuisson.

•

Lorsque les biscuits sont cuits, retirez-les délicatement de la plaque à biscuits et laissez-les refroidir sur une grille. Si une même plaque est utilisée pour faire cuire une autre série de biscuits, assurez-vous qu'elle soit froide au toucher avant d'y déposer la pâte.

•

Le nombre de biscuits indiqué au début d'une recette peut varier suivant la taille des biscuits.

# Muffins au cacao et aux noisettes

*(6 MUFFINS)*

| 250 ml | farine tout usage | 1 tasse |
|--------|-------------------|---------|
| 75 ml | cacao | ⅓ tasse |
| 150 ml | sucre | ⅔ tasse |
| 10 ml | poudre à pâte | 2 c. à t. |
| 2 ml | sel | ½ c. à t. |
| 1 | gros œuf | 1 |
| 150 ml | lait | ⅔ tasse |
| 45 ml | huile végétale | 3 c. à s. |
| 75 ml | noisettes finement hachées | ⅓ tasse |

Préchauffer le four à 200 °C (400 °F).

**1** Dans un grand bol, tamiser ensemble la farine, le cacao, le sucre, la poudre à pâte et le sel.

**2** Dans un petit bol, battre l'œuf puis incorporer au fouet le lait et l'huile.

**3** Incorporer les ingrédients humides aux ingrédients secs, sans trop les mélanger. Incorporer les noisettes et remplir aux ¾ des moules à muffins graissés. Faire cuire au four, 18 à 20 minutes.

**4** Lorsque les muffins sont cuits, les sortir du four et laisser reposer plusieurs minutes. Démouler sur une grille et laisser refroidir.

# Muffins au cheddar

*(6 MUFFINS)*

| 250 ml | farine tout usage | 1 tasse |
|--------|-------------------|---------|
| 75 ml | sucre | ⅓ tasse |
| 10 ml | poudre à pâte | 2 c. à t. |
| 2 ml | sel | ½ c. à t. |
| 1 | gros œuf | 1 |
| 125 ml | lait | ½ tasse |
| 45 ml | huile végétale | 3 c. à s. |
| 175 ml | cheddar râpé | ¾ tasse |

Préchauffer le four à 200 °C (400 °F).

**1** Dans un grand bol, tamiser ensemble la farine, le sucre, la poudre à pâte et le sel.

**2** Dans un petit bol, battre l'œuf, puis incorporer au fouet le lait et l'huile.

**3** Incorporer les ingrédients humides aux ingrédients secs, sans trop les mélanger. Incorporer le cheddar et remplir aux ¾ des moules à muffins graissés. Faire cuire au four, 18 à 20 minutes.

**4** Lorsque les muffins sont cuits, les sortir du four et laisser reposer plusieurs minutes. Démouler sur une grille et laisser refroidir.

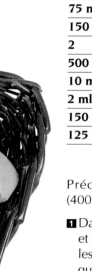

# MUFFINS AUX BRISURES DE CHOCOLAT
*(10 À 12 MUFFINS)*

| 75 ml | beurre ramolli | ⅓ tasse |
|---|---|---|
| 150 ml | sucre | ⅔ tasse |
| 2 | gros œufs | 2 |
| 500 ml | farine tout usage | 2 tasses |
| 10 ml | poudre à pâte | 2 c. à t. |
| 2 ml | sel | ½ c. à t. |
| 150 ml | lait | ⅔ tasse |
| 125 ml | brisures de chocolat mi-sucré | ½ tasse |

Préchauffer le four à 200 °C (400 °F).

**1** Dans un bol, réduire le beurre et le sucre en crème. Ajouter les œufs et fouetter jusqu'à ce que le mélange soit lisse.

**2** Tamiser ensemble la farine, la poudre à pâte et le sel.

**3** En alternant avec le lait, incorporer les ingrédients secs aux ingrédients humides; mélanger avec une cuillère en bois entre chaque addition. Ne pas trop mélanger.

**4** Incorporer les brisures de chocolat et remplir aux ¾ des moules à muffins graissés. Faire cuire au four, 18 à 20 minutes.

**5** Sortir les muffins du four et les laisser reposer plusieurs minutes avant de démouler sur une grille.

# MUFFINS À L'ANANAS
*(10 À 12 MUFFINS)*

| 500 ml | farine tout usage tamisée | 2 tasses |
|---|---|---|
| 15 ml | poudre à pâte | 1 c. à s. |
| 5 ml | cannelle | 1 c. à t. |
| 2 ml | sel | ½ c. à t. |
| 125 ml | cassonade | ½ tasse |
| 1 | gros œuf | 1 |
| 250 ml | lait | 1 tasse |
| 45 ml | margarine fondue | 3 c. à s. |
| 175 ml | ananas frais haché | ¾ tasse |

Préchauffer le four à 200 °C (400 °F).

**1** Tamiser ensemble les ingrédients secs, sauf la cassonade. Incorporer la cassonade.

**2** Battre l'œuf, puis incorporer au fouet le lait et la margarine.

**3** Incorporer les ingrédients humides aux ingrédients secs, sans trop les mélanger. Incorporer l'ananas et remplir aux ⅔ des moules à muffins graissés. Faire cuire au four, 18 à 20 minutes.

**4** Sortir les muffins du four et les laisser reposer plusieurs minutes avant de démouler sur une grille.

# MUFFINS AU SON, AU BABEURRE ET AU BLÉ ENTIER

*(10 À 12 MUFFINS)*

| | | |
|---|---|---|
| 150 ml | farine de blé entier | ⅔ tasse |
| 125 ml | farine tout usage | ½ tasse |
| 250 ml | cassonade | 1 tasse |
| 15 ml | poudre à pâte | 1 c. à s. |
| 2 ml | bicarbonate de soude | ½ c. à t. |
| 1 ml | cannelle | ¼ c. à t. |
| 2 ml | sel | ½ c. à t. |
| 175 ml | son | ¾ tasse |
| 1 | gros œuf | 1 |
| 250 ml | babeurre | 1 tasse |
| 45 ml | huile végétale | 3 c. à s. |
| 125 ml | raisins secs, enrobés de farine | ½ tasse |

Préchauffer le four à 220 °C (425 °F).

**1** Mélanger les sept premiers ingrédients, puis incorporer le son.

**2** Dans un petit bol, battre l'œuf, puis incorporer au fouet le babeurre et l'huile.

**3** Incorporer les ingrédients humides aux ingrédients secs, sans trop les mélanger. Incorporer les raisins secs et remplir aux ¾ des moules à muffins graissés. Faire cuire au four, 18 à 20 minutes.

**4** Sortir les muffins du four et les laisser reposer plusieurs minutes avant de les démouler sur une grille.

# MUFFINS AU YOGOURT ET AUX BLEUETS

*(10 À 12 MUFFINS)*

| | | |
|---|---|---|
| 125 ml | farine tout usage | ½ tasse |
| 125 ml | sucre | ½ tasse |
| 15 ml | poudre à pâte | 1 c. à s. |
| 2 ml | bicarbonate de soude | ½ c. à t. |
| 2 ml | sel | ½ c. à t. |
| 125 ml | farine de blé entier | ½ tasse |
| 2 | gros œufs | 2 |
| 175 ml | yogourt nature léger | ¾ tasse |
| 125 ml | lait | ½ tasse |
| 45 ml | huile végétale | 3 c. à s. |
| 175 ml | bleuets surgelés | ¾ tasse |

Préchauffer le four à 200 °C (400 °F).

**1** Tamiser ensemble les cinq premiers ingrédients. Incorporer la farine de blé entier.

**2** Battre les œufs, puis incorporer au fouet le yogourt, le lait et l'huile.

**3** Incorporer les ingrédients humides aux ingrédients secs, sans trop les mélanger. Incorporer les bleuets et remplir aux ¾ des moules à muffins graissés. Faire cuire au four, 18 à 20 minutes.

**4** Sortir les muffins du four et les laisser reposer plusieurs minutes avant de les démouler sur une grille.

# MUFFINS AUX BANANES ET AUX KIWIS
*(10 À 12 MUFFINS)*

| | | |
|---|---|---|
| 250 ml | chacun des ingrédients suivants : farine de blé entier, farine tout usage, cassonade | 1 tasse |
| 15 ml | poudre à pâte | 1 c. à s. |
| 2 ml | bicarbonate de soude | ½ c. à t. |
| 2 ml | sel | ½ c. à t. |
| 2 | gros œufs | 2 |
| 250 ml | babeurre | 1 tasse |
| 45 ml | jus d'orange | 3 c. à s. |
| 50 ml | banane mûre écrasée | ¼ tasse |
| 45 ml | huile d'olive | 3 c. à s. |
| 1 | kiwi mûr, pelé et haché | 1 |

Préchauffer le four à 200 °C (400 °F).

**1** Mélanger les farines, la cassonade, la poudre à pâte, le bicarbonate de soude et le sel.

**2** Mélanger les œufs. Au fouet, incorporer le babeurre, le jus d'orange, la banane et l'huile.

**3** Mélanger les ingrédients humides avec les ingrédients secs. Incorporer les kiwis et remplir aux ¾ des moules à muffins graissés. Faire cuire au four, 18 à 20 minutes.

# MUFFINS À L'ORANGE ET AUX NOIX
*(10 À 12 MUFFINS)*

| | | |
|---|---|---|
| 500 ml | farine tout usage tamisée | 2 tasses |
| 10 ml | poudre à pâte | 2 c. à t. |
| 2 ml | sel | ½ c. à t. |
| 10 ml | cannelle | 2 c. à t. |
| 125 ml | cassonade | ½ tasse |
| 1 | gros œuf | 1 |
| 175 ml | lait | ¾ tasse |
| 50 ml | jus d'orange | ¼ tasse |
| 45 ml | beurre fondu | 3 c. à s. |
| 175 ml | noix de Grenoble hachées | ¾ tasse |
| | zeste de ½ orange, finement râpé | |

Préchauffer le four à 200 °C (400 °F).

**1** Tamiser ensemble tous les ingrédients secs.

**2** Battre l'œuf, puis incorporer au fouet le lait, le jus d'orange et le beurre.

**3** Incorporer les ingrédients humides aux ingrédients secs, sans trop mélanger. Incorporer les noix de Grenoble et le zeste d'orange. Remplir aux ⅔ des moules à muffins graissés. Faire cuire au four, 18 à 20 minutes.

# MUFFINS AUX POMMES ET À LA CANNELLE

*(10 À 12 MUFFINS)*

| | | |
|---|---|---|
| 500 ml | farine tout usage tamisée | 2 tasses |
| 15 ml | poudre à pâte | 1 c. à s. |
| 5 ml | cannelle | 1 c. à t. |
| 2 ml | sel | ½ c. à t. |
| 125 ml | cassonade | ½ tasse |
| 1 | gros œuf | 1 |
| 250 ml | lait | 1 tasse |
| 45 ml | beurre fondu | 3 c. à s. |
| 175 ml | pomme fraîche hachée | ¾ tasse |
| 1 | pomme, évidée, pelée et émincée | 1 |

Préchauffer le four à 200 °C (400 °F).

**1** Dans un grand bol, tamiser ensemble les ingrédients secs, sauf la cassonade. Incorporer la cassonade.

**2** Dans un petit bol, battre l'œuf puis incorporer au fouet le lait et le beurre.

**3** Incorporer les ingrédients humides aux ingrédients secs, sans trop mélanger. Incorporer la pomme hachée et remplir aux ⅔ des moules à muffins graissés. Disposer plusieurs tranches de pomme sur chaque muffin. Faire cuire au four, 18 à 20 minutes.

**4** Lorsque les muffins sont cuits, les sortir du four et laisser reposer plusieurs minutes. Démouler sur une grille et laisser refroidir.

*Tamiser ensemble les ingrédients secs, sauf la cassonade. Incorporer la cassonade.*

*Battre l'œuf, puis incorporer au fouet le lait et le beurre.*

*Incorporer les ingrédients humides aux ingrédients secs, sans trop mélanger. Incorporer la pomme hachée.*

*Remplir aux ⅔ des moules à muffins graissés. Disposer plusieurs tranches de pomme sur chaque muffin.*

# PAIN AUX NOIX ET À LA CRÈME SURE

*(2 PETITS PAINS)*

| | | |
|---|---|---|
| 500 ml | farine de blé entier | 2 tasses |
| 250 ml | farine tout usage | 1 tasse |
| 250 ml | flocons d'avoine à cuisson rapide | 1 tasse |
| 12 ml | bicarbonate de soude | 2½ c. à t. |
| 5 ml | poudre à pâte | 1 c. à t. |
| 5 ml | cannelle | 1 c. à t. |
| 10 ml | sel | 2 c. à t. |
| 500 ml | cassonade | 2 tasses |
| 500 ml | noix hachées au choix | 2 tasses |
| 2 | gros œufs | 2 |
| 250 ml | babeurre | 1 tasse |
| 250 ml | crème sure | 1 tasse |

Préchauffer le four à 180 °C (350 °F). Graisser deux moules à pain de 23 cm sur 13 cm sur 7 cm (9 po sur 5 po sur 2¾ po).

**1** Dans un grand bol, mélanger tous les ingrédients secs. Incorporer les noix.

**2** Dans un autre bol, battre les œufs avec le babeurre et la crème sure.

**3** Incorporer les ingrédients humides aux ingrédients secs, sans trop les mélanger et sans les battre.

**4** Répartir la pâte entre les deux moules graissés et faire cuire au four, 40 à 50 minutes.

**5** Lorsque les pains sont cuits, les sortir du four et les laisser reposer dans les moules plusieurs minutes. Démouler sur une grille et laisser refroidir avant de trancher.

# PAIN AUX NOIX

*(1 PAIN)*

| | | |
|---|---|---|
| 175 ml | cassonade | ¾ tasse |
| 250 ml | noix au choix, hachées | 1 tasse |
| 15 ml | cannelle | 1 c. à s. |
| 15 ml | farine tout usage | 1 c. à s. |
| 30 ml | beurre fondu | 2 c. à s. |
| 50 ml | beurre ramolli ou graisse végétale | ¼ tasse |
| 250 ml | sucre | 1 tasse |
| 2 | gros œufs, séparés | 2 |
| 375 ml | farine tout usage | 1½ tasse |
| 7 ml | poudre à pâte | 1½ c. à t. |
| 2 ml | sel | ½ c. à t. |
| 125 ml | lait | ½ tasse |

Préchauffer le four à 180 °C (350 °F). Graisser un moule à pain de 23 cm sur 13 cm sur 7 cm (9 po sur 5 po sur 2¾ po).

**1** Dans un bol, du bout des doigts ou avec le dos d'une cuillère, mélanger la cassonade, les noix, la cannelle, 15 ml (1 c. à s.) de farine et le beurre fondu. Réserver.

**2** Dans un grand bol, réduire en crème 50 ml (¼ tasse) de beurre et le sucre. Incorporer les jaunes d'œufs en fouettant.

**3** Dans un bol, tamiser ensemble 375 ml (1½ tasse) de farine, la poudre à pâte et le sel. Ajouter la préparation aux œufs et mélanger avec une cuillère en bois. Ajouter le lait et bien mélanger. La pâte doit être assez ferme.

**4** Battre les blancs d'œufs en neige. Les incorporer à la pâte.

**5** Déposer la moitié de la pâte dans le moule. Ajouter le mélange aux noix et l'étaler uniformément avec une cuillère en bois. Couvrir du reste de la pâte et faire cuire au four, 45 à 50 minutes.

**6** Lorsque le pain est cuit, le sortir du four et laisser reposer plusieurs minutes dans le moule. Démouler sur une grille et laisser refroidir avant de trancher.

# BISCUITS AU BEURRE D'ARACHIDE ET AU CHOCOLAT

*(ENVIRON 2 DOUZAINES)*

| | | |
|---|---|---|
| 125 ml | beurre ramolli | ½ tasse |
| 50 ml | sucre | ¼ tasse |
| 125 ml | cassonade | ½ tasse |
| 175 ml | beurre d'arachide | ¾ tasse |
| 1 | œuf, battu | 1 |
| 175 ml | farine tout usage tamisée | ¾ tasse |
| 60 g | chocolat au lait, grossièrement haché | 2 oz |
| 125 ml | brisures de chocolat mi-sucré | ½ tasse |
| 50 ml | noisettes finement hachées | ¼ tasse |

Préchauffer le four à 180 °C (350 °F). Graisser légèrement des plaques à biscuits.

**1** Dans un grand bol, réduire en crème le beurre, le sucre et la cassonade. Ajouter le beurre d'arachide et battre pour obtenir un mélange lisse.

**2** Ajouter l'œuf et battre pour bien incorporer.

**3** Incorporer la farine. À l'aide d'une cuillère en bois, incorporer les chocolats et les noisettes.

**4** Déposer par cuillerées de taille moyenne sur les plaques à biscuits. Faire cuire au four, 18 à 20 minutes.

**5** Lorsque les biscuits sont cuits, les sortir du four et les laisser refroidir sur des grilles.

# BISCUITS AUX RAISINS SECS

*(ENVIRON 4 DOUZAINES)*

| | | |
|---|---|---|
| 250 ml | eau | 1 tasse |
| 500 ml | raisins secs | 2 tasses |
| 125 ml | beurre ramolli | ½ tasse |
| 125 ml | graisse végétale | ½ tasse |
| 500 ml | sucre | 2 tasses |
| 3 | gros œufs | 3 |
| 1 litre | farine tout usage | 4 tasses |
| 5 ml | poudre à pâte | 1 c. à t. |
| 5 ml | bicarbonate de soude | 1 c. à t. |
| 2 ml | sel | ½ c. à t. |
| 10 ml | cannelle | 2 c. à t. |
| 1 ml | muscade moulue | ¼ c. à t. |
| 250 ml | pacanes hachées | 1 tasse |

**1** Dans une petite casserole, mettre l'eau et les raisins secs. Faire bouillir 5 minutes, puis retirer du feu et réserver pour faire refroidir. Égoutter.

**2** Réduire en crème le beurre, la graisse et le sucre. Incorporer les œufs pour obtenir un mélange lisse. Incorporer les raisins secs.

**3** Tamiser ensemble le reste des ingrédients secs, sauf les pacanes. Bien incorporer à la pâte.

**4** Incorporer les pacanes. Faire refroidir la pâte au réfrigérateur 30 minutes avant de l'utiliser.

**5** Préchauffer le four à 190 °C (375 °F). Graisser et fariner légèrement des plaques à biscuits.

**6** Déposer par petites cuillerées sur les plaques à biscuits. Faire cuire au four, 10 à 12 minutes.

**7** Lorsque les biscuits sont cuits, les faire refroidir sur des grilles.

# Sablés de Base

| 225 g | beurre ramolli | ½ lb |
|---|---|---|
| 175 ml | sucre à glacer | ¾ tasse |
| 175 ml | fécule de maïs | ¾ tasse |
| 375 ml | farine à pâtisserie | 1½ tasse |
| 1 | pincée de sel | 1 |

Préchauffer le four à 160 °C (325 °F).

**1** Dans un grand bol, réduire le beurre en crème. Incorporer le sucre.

**2** Tamiser ensemble le reste des ingrédients; les incorporer au mélange crémeux avec une cuillère en bois. Pétrir jusqu'à ce que la pâte soit lisse.

**3** Utiliser cette pâte pour faire des biscuits de différentes formes à l'aide d'un emporte-pièce. Cette pâte peut aussi être utilisée pour faire une couronne.

**4** Faire cuire sur des plaques à biscuits non graissées. Rectifier le temps de cuisson selon la taille des biscuits. Ne pas faire brunir.

**5** Lorsque les biscuits sont cuits, les sortir du four et laisser refroidir sur des grilles.

# BISCUITS AU GINGEMBRE

*(ENVIRON 2½ DOUZAINES)*

| | | |
|---|---|---|
| 125 ml | graisse végétale | ½ tasse |
| 125 ml | sucre | ½ tasse |
| 125 ml | mélasse | ½ tasse |
| 5 ml | vinaigre blanc | 1 c. à t. |
| 500 ml | farine tout usage | 2 tasses |
| 2 ml | bicarbonate de soude | ½ c. à t. |
| 2 ml | gingembre moulu | ½ c. à t. |
| 1 ml | cannelle | ¼ c. à t. |
| 1 ml | sel | ¼ c. à t. |
| 1 | gros œuf, battu | 1 |

**1** Dans une petite casserole, amener à ébullition la graisse, le sucre, la mélasse et le vinaigre. Faire cuire 2 minutes. Retirer du feu et verser dans un grand bol; laisser refroidir.

**2** Tamiser les ingrédients secs ensemble; réserver.

**3** Lorsque le premier mélange est refroidi, y incorporer l'œuf battu.

**4** Incorporer graduellement le mélange à la farine en pétrissant jusqu'à ce que la pâte soit lisse et malléable. Ajouter de la farine si nécessaire. Réfrigérer 1 heure.

**5** Préchauffer le four à 190 °C (375 °F). Graisser et fariner légèrement les plaques à biscuits.

**6** Sur une surface de travail farinée, abaisser la pâte à 3 mm (⅛ po) d'épaisseur.

**7** Découper avec un emporte-pièce. Disposer sur les plaques à biscuits. Faire cuire au four, 8 à 10 minutes. Rectifier le temps de cuisson selon la taille des biscuits.

**8** Lorsque les biscuits sont cuits, les sortir du four et les laisser refroidir sur des grilles.

# BISCUITS AUX BRISURES DE CHOCOLAT

*(ENVIRON 2 DOUZAINES)*

| | | |
|---|---|---|
| 125 ml | **beurre ramolli** | ½ tasse |
| 125 ml | **sucre** | ½ tasse |
| 50 ml | **cassonade** | ¼ tasse |
| 1 | **œuf** | 1 |
| 2 ml | **vanille** | ½ c. à t. |
| 250 ml | **farine tout usage tamisée** | 1 tasse |
| 2 ml | **bicarbonate de soude** | ½ c. à t. |
| 2 ml | **sel** | ½ c. à t. |
| 125 ml | **noix** | ½ tasse |
| 90 g | **brisures de chocolat au lait** | 3 oz |

Préchauffer le four à 190 °C (375 °F). Graisser et fariner légèrement des plaques à biscuits.

**1** Dans un grand bol, réduire en crème le beurre, le sucre et la cassonade. Incorporer l'œuf et la vanille pour obtenir un mélange lisse.

**2** Tamiser ensemble la farine, le bicarbonate de soude et le sel au-dessus de la pâte. Mélanger pour bien incorporer.

**3** Incorporer les noix et les brisures de chocolat.

**4** Déposer par cuillerées de taille moyenne sur les plaques à biscuits. Aplatir avec le dos d'une fourchette. Faire cuire au four, 8 à 10 minutes.

**5** Lorsque les biscuits sont cuits, les faire refroidir sur des grilles.

# CROQUANTS À L'AVOINE ET À LA NOIX DE COCO

*(ENVIRON 3 DOUZAINES)*

| | | |
|---|---|---|
| 125 ml | beurre | ½ tasse |
| 375 ml | flocons d'avoine à cuisson rapide | 1 ½ tasse |
| 125 ml | cassonade | ½ tasse |
| 125 ml | farine tout usage | ½ tasse |
| 125 ml | noix de coco sucrée râpée | ½ tasse |
| 1 ml | sel | ¼ c. à t. |
| 2 ml | bicarbonate de soude | ½ c. à t. |
| 30 ml | eau bouillante | 2 c. à s. |

**1** Dans une casserole, faire fondre le beurre; réserver.

**2** Dans un grand bol, mélanger les flocons d'avoine, la cassonade, la farine, la noix de coco et le sel. Incorporer le beurre et bien mélanger avec une cuillère en bois.

**3** Dissoudre le bicarbonate de soude dans l'eau bouillante. Incorporer à la pâte.

**4** Réunir la pâte et la renverser sur une surface de travail farinée. La pâte sera collante. Façonner en un rouleau d'environ 4 cm (1 ½ po) de diamètre. Envelopper dans du papier ciré et réfrigérer jusqu'à ce que la pâte soit ferme, avant de l'utiliser.

**5** Préchauffer le four à 190 °C (375 °F). Graisser et fariner légèrement les plaques à biscuits.

**6** Couper le rouleau de pâte en rondelles de 3 mm (⅛ po) d'épaisseur. Disposer sur des plaques à biscuits et faire cuire au four, 8 à 10 minutes.

**7** Lorsque les biscuits sont cuits, les faire refroidir sur des grilles.

# BISCUITS FONCÉS AUX AMANDES
*(ENVIRON 4 DOUZAINES)*

| 75 ml | beurre ramolli | ⅓ tasse |
|---|---|---|
| 75 ml | graisse végétale | ⅓ tasse |
| 125 ml | cassonade | ½ tasse |
| 125 ml | sucre | ½ tasse |
| 2 | gros œufs, battus | 2 |
| 550 ml | farine | 2¼ tasses |
| 5 ml | bicarbonate de soude | 1 c. à t. |
| 2 ml | cannelle | ½ c. à t. |
| 2 ml | sel | ½ c. à t. |
| 60 g | amandes blanchies, hachées | 2 oz |

**1** Dans un grand bol, réduire en crème le beurre, la graisse végétale, la cassonade et le sucre.

**2** Incorporer les œufs et battre pour obtenir un mélange lisse.

**3** Au-dessus de la pâte, tamiser la farine, le bicarbonate de soude, la cannelle et le sel. Incorporer légèrement avec une cuillère en bois, puis ajouter les amandes.

**4** Pétrir les ingrédients dans le bol. Renverser la pâte sur une surface de travail et la pétrir jusqu'à ce que les ingrédients soient bien incorporés.

**5** Diviser la pâte en deux et façonner chaque portion en un rouleau d'environ 4 cm (1½ po) de diamètre. Envelopper dans du papier ciré et réfrigérer 1 heure.

**6** Préchauffer le four à 190 °C (375 °F).

**7** Sortir la pâte du réfrigérateur. À l'aide d'un couteau bien aiguisé, couper les rouleaux en fines tranches et disposer sur des plaques à biscuits non graissées. Faire cuire au four, 8 à 10 minutes.

**8** Lorsque les biscuits sont cuits, les laisser refroidir sur des grilles.

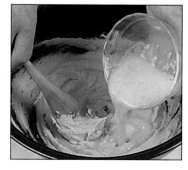

*Réduire en crème le beurre, la graisse végétale, la cassonade et le sucre.*

*Incorporer les œufs et battre pour obtenir un mélange lisse. Incorporer les ingrédients secs, puis les amandes.*

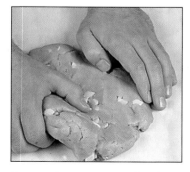

*Renverser la pâte sur une surface de travail et la pétrir pour bien incorporer tous les ingrédients.*

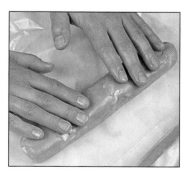

*Diviser la pâte en deux et façonner chaque portion en un rouleau d'environ 4 cm (1½ po) de diamètre.*

# Bouchées aux ananas

*(ENVIRON 2½ DOUZAINES)*

| 150 ml | graisse végétale | ⅔ tasse |
|---|---|---|
| 300 ml | cassonade | 1¼ tasse |
| 2 | gros œufs | 2 |
| 5 ml | vanille | 1 c. à t. |
| 500 ml | farine tout usage | 2 tasses |
| 7 ml | poudre à pâte | 1½ c. à t. |
| 1 ml | bicarbonate de soude | ¼ c. à t. |
| 2 ml | sel | ½ c. à t. |
| 175 ml | ananas coupé en cubes, bien égoutté | ¾ tasse |

Préchauffer le four à 200 °C (400 °F).

**1** Dans un grand bol, réduire en crème la graisse végétale et la moitié de la cassonade. Ajouter le reste de la cassonade et 1 œuf. Battre 20 secondes au mixeur.

**2** Ajouter l'autre œuf et la vanille; battre 20 secondes.

**3** Tamiser ensemble le reste des ingrédients secs. Les incorporer à la pâte. Incorporer l'ananas.

**4** Déposer par petites cuillerées sur des plaques à biscuits non graissées. Faire cuire 8 à 10 minutes. Si nécessaire, rectifier le temps de cuisson selon la taille des biscuits.

**5** Lorsque les biscuits sont cuits, les faire refroidir sur des grilles.

# BISCUITS À LA MÉLASSE ET À LA CRÈME

*(ENVIRON 2 DOUZAINES)*

| | | |
|---|---|---|
| 125 ml | graisse végétale | ½ tasse |
| 125 ml | sucre | ½ tasse |
| 1 | petit œuf | 1 |
| 125 ml | mélasse | ½ tasse |
| 500 ml | farine tout usage | 2 tasses |
| 2 ml | bicarbonate de soude | ½ c. à t. |
| 2 ml | sel | ½ c. à t. |
| 5 ml | gingembre moulu | 1 c. à t. |
| 15 ml | beurre ramolli | 1 c. à s. |
| 250 ml | sucre à glacer | 1 tasse |
| 1 | pincée de cannelle | 1 |
| 15 ml | eau chaude | 1 c. à s. |

Préchauffer le four à 180 °C (350 °F). Graisser et fariner des plaques à biscuits.

**1** Réduire la graisse végétale en crème. Ajouter le sucre, l'œuf et la mélasse. Mélanger au batteur électrique en une préparation légère et mousseuse.

**2** Tamiser ensemble la farine, le bicarbonate de soude, le sel et le gingembre. Incorporer graduellement au mélange crémeux et pétrir jusqu'à ce que la pâte soit lisse et mal-

léable. Ajouter de la farine si nécessaire.

**3** Abaisser la pâte à 3 mm (⅛ po) d'épaisseur, sur une surface de travail farinée.

**4** Découper avec un emporte-pièce. Disposer sur les plaques à biscuits. Faire cuire au four 8 à 10 minutes. Rectifier le temps de cuisson selon la taille des biscuits. Lorsque les biscuits sont cuits, les sortir du four et laisser refroidir sur des grilles.

**5** Entre-temps, réduire en crème le beurre, la moitié du sucre à glacer et la cannelle. Ajouter l'eau chaude et mélanger.

**6** Bien incorporer le sucre à glacer qui reste. Le mélange doit être assez liquide, sinon, ajouter de l'eau chaude.

**7** Étaler la crème sur le dos d'un biscuit et recouvrir d'un autre biscuit. Recommencer jusqu'à l'épuisement des biscuits.

# Cœurs à la vanille

*(ENVIRON 2 DOUZAINES)*

| | | |
|---|---|---|
| 75 ml | beurre ramolli | ⅓ tasse |
| 75 ml | graisse végétale | ⅓ tasse |
| 375 ml | sucre | 1½ tasse |
| 2 | gros œufs | 2 |
| 15 ml | vanille | 1 c. à s. |
| 750 ml | farine tout usage tamisée | 3 tasses |
| 10 ml | poudre à pâte | 2 c. à t. |
| 5 ml | sel | 1 c. à t. |

Préchauffer le four à 180 °C (350 °F).

**1** Dans un grand bol, réduire en crème le beurre et la graisse végétale. Incorporer graduellement le sucre avec le dos d'une grosse cuillère.

**2** Incorporer les œufs et la vanille.

**3** Tamiser ensemble les ingrédients secs. Les incorporer en plusieurs étapes au mélange crémeux.

**4** Travailler la pâte jusqu'à ce qu'elle soit lisse et malléable. L'abaisser à 3 mm (⅛ po) d'épaisseur, sur une surface de travail farinée.

**5** Découper à l'aide d'un emporte-pièce en forme de cœur, de taille moyenne. Disposer sur des plaques à biscuits non graissées. Faire cuire au four, 10 à 12 minutes.

**6** Lorsque les biscuits sont cuits, les faire refroidir sur des grilles.

# BISCUITS À LA CRÈME SURE

*(ENVIRON 2 DOUZAINES)*

| | | |
|---|---|---|
| 225 g | beurre | ½ lb |
| 500 ml | farine à pâtisserie | 2 tasses |
| 5 ml | poudre à pâte | 1 c. à t. |
| 1 | pincée de sel | 1 |
| 1 | gros jaune d'œuf | 1 |
| 30 ml | eau | 2 c. à s. |
| 125 ml | crème sure | ½ tasse |
| 50 ml | sucre | ¼ tasse |
| 75 ml | marmelade d'orange | ⅓ tasse |

**1** Dans un grand bol, réduire le beurre en crème. Tamiser ensemble la farine, la poudre à pâte et le sel. Les incorporer au mélange crémeux avec un coupe-pâte.

**2** Mélanger le jaune d'œuf avec l'eau; l'ajouter à la pâte. Incorporer la crème sure et le sucre. Bien mélanger et réfrigérer 1 heure.

**3** Préchauffer le four à 180 °C (350 °F). Graisser et fariner légèrement des plaques à biscuits.

**4** Sur une surface de travail farinée, abaisser la pâte à 3 mm (⅛ po) d'épaisseur.

**5** Avec un emporte-pièce, découper des ronds et, pour chacun d'eux, découper un anneau de même diamètre. Disposer les ronds de pâte sur les plaques à biscuits et poser un anneau sur chacun d'eux.

**6** Remplir le milieu d'une petite quantité de marmelade. Faire cuire au four, 12 à 15 minutes.

**7** Lorsque les biscuits sont cuits, les sortir du four et laisser refroidir sur des grilles.

# BISCUITS AU MIEL ET À LA CITROUILLE

*(ENVIRON 2½ DOUZAINES)*

| | | |
|---|---|---|
| 125 ml | beurre ramolli | ½ tasse |
| 150 ml | miel | ⅔ tasse |
| 1 | gros œuf | 1 |
| 250 ml | citrouille en conserve | 1 tasse |
| 375 ml | farine de blé entier | 1½ tasse |
| 5 ml | bicarbonate de soude | 1 c. à t. |
| 2 ml | sel | ½ c. à t. |
| 2 ml | muscade moulue | ½ c. à t. |
| 1 ml | clous de girofle moulus | ¼ c. à t. |
| 2 ml | cannelle | ½ c. à t. |
| 250 ml | noisettes hachées | 1 tasse |
| 250 ml | dattes dénoyautées hachées | 1 tasse |

Préchauffer le four à 180 °C (350 °F). Graisser légèrement des plaques à biscuits.

**1** Dans un grand bol, mettre le beurre, le miel et l'œuf. Au batteur électrique, mélanger jusqu'à ce que la préparation soit lisse. Ajouter la citrouille et incorporer avec une cuillère en bois.

**2** Mélanger la farine avec le bicarbonate de soude, le sel et les épices. Incorporer au mélange crémeux. Incorporer les noisettes et les dattes.

**3** Déposer par petites cuillerées sur les plaques à biscuits. Faire cuire au four, 10 à 12 minutes. Rectifier le temps de cuisson selon la taille des biscuits.

**4** Lorsque les biscuits sont cuits, les laisser refroidir sur des grilles.

# BROWNIES

| | | |
|---|---|---|
| 175 ml | beurre | ¾ tasse |
| 50 ml | graisse végétale | ¼ tasse |
| 125 g | chocolat non sucré, coupé en morceaux | 4 oz |
| 4 | gros œufs | 4 |
| 15 ml | rhum | 1 c. à s. |
| 425 ml | sucre | 1¾ tasse |
| 5 ml | vanille | 1 c. à t. |
| 300 ml | farine tout usage | 1¼ tasse |
| 1 | pincée de sel | 1 |
| 175 ml | noix au choix, hachées | ¾ tasse |

Préchauffer le four à 180 °C (350 °F). Graisser et fariner un moule rectangulaire allant au four.

**1** Dans le haut d'un bain-marie, à feu doux, faire fondre le beurre, la graisse végétale et le chocolat. Remuer de temps à autre. Retirer du feu et laisser refroidir.

**2** Dans un grand bol, battre les œufs, puis incorporer le rhum, le sucre et la vanille. Le mélange épaissira. Incorporer ensuite le chocolat fondu.

**3** Incorporer la farine, le sel et les noix. Verser la pâte dans le moule et faire cuire au four, 30 à 35 minutes.

**4** Sortir les brownies du four et les saupoudrer de sucre à glacer tamisé ou de cacao si désiré. Laisser refroidir dans le moule avant de couper en carrés.

# CARRÉS AU CHOCOLAT ET À LA NOIX DE COCO

| | | |
|---|---|---|
| 60 g | chocolat mi-amer, coupé en morceaux | 2 oz |
| 50 ml | beurre | ¼ tasse |
| 250 ml | sucre | 1 tasse |
| 2 | gros œufs, battus | 2 |
| 250 ml | farine tout usage | 1 tasse |
| 5 ml | poudre à pâte | 1 c. à t. |
| 250 ml | noix de coco sucrée râpée | 1 tasse |

Préchauffer le four à 180 °C (350 °F). Graisser et fariner légèrement un moule carré.

**1** Dans le haut d'un bain-marie, à feu doux, faire fondre le chocolat et le beurre en remuant de temps à autre.

**2** Verser dans un bol. Incorporer le sucre, puis les œufs.

**3** Tamiser la farine avec la poudre à pâte. Incorporer à la préparation au chocolat.

**4** Verser dans le moule et faire cuire au four, 30 minutes.

**5** Lorsque le gâteau est cuit, le saupoudrer de noix de coco. Laisser complètement refroidir avant de couper en carrés.

# CARRÉS AUX DATTES

| 125 ml | beurre ramolli | ½ tasse |
|---|---|---|
| 250 ml | sucre | 1 tasse |
| 2 | gros œufs, séparés | 2 |
| 250 ml | farine tout usage | 1 tasse |
| 5 ml | poudre à pâte | 1 c. à t. |
| 250 ml | noix de Grenoble hachées | 1 tasse |
| 250 ml | dattes dénoyautées hachées | 1 tasse |
| 175 ml | cassonade | ¾ tasse |

Préchauffer le four à 180 °C (350 °F). Graisser une lèchefrite de taille moyenne.

**1** Réduire en crème le beurre et le sucre. Au batteur électrique, y mélanger les jaunes d'œufs 1 minute.

**2** Tamiser ensemble la farine et la poudre à pâte, au-dessus de la pâte. Bien mélanger et verser la pâte dans la lèchefrite.

**3** Mélanger les noix de Grenoble avec les dattes; parsemer uniformément sur la pâte.

**4** Battre les blancs d'œufs en neige ferme. Y incorporer la cassonade et étaler le mélange sur la pâte. Faire cuire au four, 30 minutes.

**5** Laisser refroidir dans la lèchefrite avant de couper en carrés.

# BROWNIES AU CAFÉ ET AU FUDGE

| 125 ml | beurre | ½ tasse |
|---|---|---|
| 60 g | chocolat mi-amer, coupé en morceaux | 2 oz |
| 2 | gros œufs | 2 |
| 15 ml | Kahlua (liqueur de café) | 1 c. à s. |
| 250 ml | sucre | 1 tasse |
| 175 ml | farine tout usage | ¾ tasse |
| 1 | pincée de sel | 1 |
| 125 ml | pacanes hachées | ½ tasse |

Préchauffer le four à 180 °C (350 °F). Graisser un moule carré, puis le foncer d'un papier-parchemin.

**1** Dans le haut d'un bain-marie, faire fondre le beurre et le chocolat à feu doux, en remuant de temps à autre. Retirer du feu et laisser refroidir.

**2** Dans un bol, battre les œufs et y incorporer, au fouet, la liqueur de café et le sucre.

**3** Au fouet, incorporer le chocolat fondu.

**4** Incorporer la farine, le sel et les pacanes. Verser la pâte dans le moule et faire cuire au four, 45 à 50 minutes.

**5** Laisser complètement refroidir dans le moule avant de couper en carrés.

# VINAIGRETTE FRANÇAISE
*(500 ML /2 TASSES)*

| | | |
|---|---|---|
| 5 ml | sel | 1 c. à t. |
| 1 ml | poivre | ¼ c. à t. |
| 5 ml | sucre | 1 c. à t. |
| 5 ml | paprika | 1 c. à t. |
| 1 | gousse d'ail, hachée fin | 1 |
| 375 ml | huile | 1½ tasse |
| 125 ml | vinaigre | ½ tasse |

**1** Mélanger les assaisonnements, l'ail et l'huile. Incorporer le vinaigre lentement, en fouettant.

# SAUCE TARTARE
*(6 À 8 PORTIONS)*

| | | |
|---|---|---|
| 375 ml | mayonnaise (voir p. 59) | 1½ tasse |
| 2 | œufs durs, coupés en dés | 2 |
| 15 ml | câpres | 1 c. à s. |
| 1 | cornichon, haché finement | 1 |
| 5 ml | persil frais haché | 1 c. à t. |
| 5 ml | ciboulette fraîche hachée | 1 c. à t. |
| 1 | échalote sèche, épluchée et hachée | 1 |
| | sel et poivre fraîchement moulu | |
| | piment de Cayenne, au goût | |
| | jus de citron, au goût | |

**1** Mélanger tous les ingrédients jusqu'à ce qu'ils soient bien incorporés.

**2** Servir avec des salades de poisson chaudes ou froides.

# SAUCE TOMATE
*(625 À 750 ML /2½ À 3 TASSES)*

| | | |
|---|---|---|
| 50 ml | beurre | ¼ tasse |
| 2 | carottes, en dés | 2 |
| 2 | branches de céleri, en dés | 2 |
| 2 | gousses d'ail, hachées fin | 2 |
| 1 | oignon, en dés | 1 |
| 3 | feuilles de laurier | 3 |
| 5 ml | thym | 1 c. à t. |
| 5 ml | origan | 1 c. à t. |
| 5 ml | basilic | 1 c. à t. |
| 15 ml | sel | 1 c. à s. |
| 5 ml | poivre | 1 c. à t. |
| 1,4 kg | tomates, pelées, épépinées et hachées | 3 lb |

**1** Faire chauffer le beurre et y faire revenir les carottes, le céleri, l'ail et l'oignon jusqu'à ce qu'ils soient tendres.

**2** Ajouter les assaisonnements et les tomates. Laisser mijoter 2 heures.

**3** Filtrer la sauce. Remettre sur le feu et laisser mijoter jusqu'à la consistance désirée.

# SAUCE MORNAY

*(4 À 6 PORTIONS)*

| | | |
|---|---|---|
| 60 ml | beurre | 4 c. à s. |
| 60 ml | farine | 4 c. à s. |
| 500 ml | lait, chaud | 2 tasses |
| 1 | petit oignon, épluché | 1 |
| 1 | clou de girofle | 1 |
| 75 ml | gruyère râpé | ⅓ tasse |
| 45 ml | parmesan râpé | 3 c. à s. |
| 1 | pincée de muscade | 1 |
| | sel et poivre blanc | |

**1** Dans une casserole, à feu moyen, faire chauffer le beurre. Saupoudrer de farine, bien mélanger et faire cuire 1 minute, à feu doux.

**2** Incorporer le lait et bien assaisonner de sel, de poivre et de muscade. Piquer l'oignon du clou de girofle et l'ajouter à la sauce.

**3** Amener à ébullition et laisser mijoter 12 minutes, à feu doux. Remuer souvent au fouet.

**4** Retirer l'oignon piqué du clou de girofle. Filtrer la sauce à travers une passoire posée sur une casserole. Incorporer les fromages et laisser mijoter 2 minutes.

# SAUCE BLANCHE

*(450 ML / 1¾ TASSE)*

| | | |
|---|---|---|
| 45 ml | beurre | 3 c. à s. |
| 45 ml | farine | 3 c. à s. |
| 500 ml | lait, chaud | 2 tasses |
| 1 | pincée de clou de girofle moulu | 1 |
| | sel et poivre blanc | |
| | muscade râpée, au goût | |

**1** Faire chauffer le beurre dans une casserole, à feu moyen. Saupoudrer de farine et bien mélanger. Faire cuire 1 minute, à feu doux.

**2** Ajouter le lait, 250 ml (1 tasse) à la fois, en fouettant entre chaque addition. Ajouter tous les assaisonnements et mélanger de nouveau.

**3** Faire cuire la sauce 12 minutes, à feu doux, en remuant souvent pendant la cuisson.

**4** Utiliser immédiatement ou couvrir d'une pellicule de plastique posée directement sur la sauce. Se garde jusqu'à 2 jours au réfrigérateur.

*Note : Pour obtenir une sauce blanche très épaisse, utiliser 375 ml (1½ tasse) de lait au lieu de 500 ml (2 tasses).*

*Saupoudrer de farine.*

*Bien mélanger.*

*Incorporer le lait et les assaisonnements.*

*Faire cuire doucement jusqu'à ce que la sauce ait épaissi.*

# BOUILLON DE POULET

| 450 g | os de poulet | 1 lb |
|---|---|---|
| 1,5 litre | eau | 6 tasses |
| 125 ml | carotte hachée | ½ tasse |
| 125 ml | oignon haché | ½ tasse |
| 125 ml | céleri haché | ½ tasse |
| 125 ml | poireau haché | ½ tasse |
| 1 | gousse d'ail, écrasée | 1 |
| 1 | brin de thym | 1 |
| 1 | feuille de laurier | 1 |
| 10 | grains de poivre entiers | 10 |
| 1 | clou de girofle | 1 |

**1** Rincer les os de poulet et les mettre dans une casserole. Ajouter l'eau et porter à ébullition. À l'aide d'une cuillère, écumer la mousse qui se forme à la surface.

**2** Ajouter les autres ingrédients et laisser mijoter à feu doux pendant 1½ heure. Le liquide devrait frémir à peine.

**3** Dégraisser, puis filtrer le bouillon. Laisser refroidir et garder au réfrigérateur.

# BOUILLON DE LÉGUMES

*(1,5 À 2 LITRES /6 À 8 TASSES)*

| 50 ml | beurre | ¼ tasse |
|---|---|---|
| 2 | oignons, en dés | 2 |
| 6 | carottes, en dés | 6 |
| 4 | branches de céleri, en dés | 4 |
| 1 | gousse d'ail, écrasée | 1 |
| 450 g | tomates, en dés | 1 lb |
| 30 ml | persil | 2 c. à s. |
| 10 | grains de poivre | 10 |
| 5 ml | thym | 1 c. à t. |
| 2 | feuilles de laurier | 2 |
| 10 ml | sel | 2 c. à t. |
| 3 litres | eau | 12 tasses |

**1** Dans une marmite, faire fondre le beurre. Y faire revenir les oignons, les carottes, le céleri et l'ail jusqu'à ce qu'ils soient tendres. Ajouter les tomates, les assaisonnements et l'eau.

**2** Laisser mijoter doucement, jusqu'à ce que l'eau ait réduit de moitié. Filtrer et utiliser selon les besoins.

# BOUILLON DE VEAU

| 2 | blancs de poireaux | 2 |
|---|---|---|
| 1,4 kg | veau maigre | 3 lb |
| 4 litres | eau froide | 16 tasses |
| 500 ml | vin blanc sec | 2 tasses |
| 4 | carottes, pelées | 4 |
| 2 | branches de céleri, coupées en 2 | 2 |
| 2 | oignons, épluchés et piqués de clous de girofle | 2 |
| 2 | brins de persil frais | 2 |
| 2 | brins de basilic frais | 2 |
| 1 | brin de thym frais | 1 |
| 5 ml | cerfeuil | 1 c. à t. |
| 1 | feuille de laurier | 1 |
| | sel et poivre fraîchement moulu | |

**1** Fendre les poireaux en quatre, jusqu'à 2,5 cm (1 po) de la base. Bien les laver sous l'eau froide.

**2** Mettre la viande et l'eau dans une grande casserole. Amener à ébullition et faire cuire 2 minutes; écumer.

**3** Ajouter le vin et les légumes. Envelopper les fines herbes et les assaisonnements dans une mousseline et attacher avec une ficelle. Ajouter au liquide. Faire cuire 2 heures, à feu doux.

**4** Retirer la viande. Filtrer le bouillon dans une passoire tapissée d'une mousseline. Se garde jusqu'à 1 semaine au réfrigérateur et jusqu'à 3 mois, au congélateur.

# SAUCE BLANCHE

*(4 À 6 PORTIONS)*

| | | |
|---|---|---|
| 60 ml | beurre | 4 c. à s. |
| 1 | petit oignon, épluché et haché finement | 1 |
| 75 ml | farine | 5 c. à s. |
| 1 litre | lait, chaud | 4 tasses |
| 1 | pincée de muscade | 1 |
| 1 | pincée de paprika | 1 |
| | sel et poivre blanc | |

**1** Faire chauffer le beurre dans une casserole, à feu moyen. Ajouter l'oignon et faire cuire 3 minutes, à feu doux.

**2** Ajouter la farine et bien mélanger. Baisser le feu et faire cuire 1 minute, en remuant continuellement.

**3** Incorporer le lait en fouettant continuellement. Bien assaisonner et ajouter la muscade et le paprika.

**4** Faire cuire la sauce 10 minutes, à feu doux, en remuant souvent. Filtrer avant de servir.

# SAUCE AUX ŒUFS

*(4 À 6 PORTIONS)*

| | | |
|---|---|---|
| 45 ml | beurre | 3 c. à s. |
| 45 ml | farine | 3 c. à s. |
| 500 ml | lait, chaud | 2 tasses |
| 2 | jaunes d'œufs, légèrement battus | 2 |
| 2 | blancs d'œufs, battus en neige | 2 |
| 125 ml | fromage fort râpé | ½ tasse |
| 1 | pincée de paprika | 1 |
| | sel et poivre fraîchement moulu | |

**1** Dans une casserole, à feu moyen, faire chauffer le beurre. Saupoudrer de farine et bien mélanger. Faire cuire 1 minute.

**2** Incorporer le lait et fouetter rapidement jusqu'à ce que le mélange soit lisse. Assaisonner de paprika, de sel et de poivre. Faire cuire la sauce 12 minutes, à feu moyen-doux, en remuant souvent.

**3** Incorporer les jaunes d'œufs et retirer la casserole du feu.

**4** Incorporer très délicatement les blancs d'œufs et le fromage. Rectifier l'assaisonnement.

*Saupoudrer de farine.*

*Au fouet, incorporer le lait.*

*Incorporer les jaunes d'œufs.*

*Incorporer délicatement les blancs d'œufs.*

# SAUCE À LA VIANDE
*(6 PORTIONS)*

| | | |
|---|---|---|
| 8 | tomates | 8 |
| 30 ml | huile d'olive | 2 c. à s. |
| 1 | gros oignon, épluché et haché finement | 1 |
| 4 | gousses d'ail, épluchées, écrasées et hachées | 4 |
| 2 | carottes pelées et coupées en dés | 2 |
| 225 g | bœuf haché maigre | ½ lb |
| 250 ml | vin rouge sec | 1 tasse |
| 500 ml | bouillon de bœuf, chaud | 2 tasses |
| 4 | tranches de jambon cuit, coupées en dés | 4 |
| 5 | tranches de prosciutto, coupées en dés | 5 |
| 5 ml | zeste de citron râpé | 1 c. à t. |
| 30 ml | basilic frais haché | 2 c. à s. |
| 5 ml | origan | 1 c. à t. |
| 30 ml | persil frais haché | 2 c. à s. |
| | sel et poivre fraîchement moulu | |

**1** Plonger les tomates 1 minute dans une casserole remplie d'eau bouillante. Retirer, laisser refroidir suffisamment pour les manipuler et peler. Couper en deux dans le sens de la largeur et épépiner. Hacher la pulpe et réserver.

**2** Faire chauffer l'huile dans une grande casserole, à feu moyen. Ajouter l'oignon, l'ail et les carottes. Faire cuire 8 minutes, à feu moyen.

**3** Ajouter le bœuf haché et bien mélanger. Assaisonner et poursuivre la cuisson 6 minutes pour faire brunir la viande. Baisser le feu si nécessaire.

**4** Incorporer le vin et le bouillon de bœuf. Ajouter le reste des ingrédients et bien assaisonner. Mélanger, couvrir partiellement et faire cuire 1½ heure à feu doux. Remuer 2 à 3 fois pendant la cuisson.

**5** La sauce est prête quand elle est suffisamment épaisse pour rester bien amalgamée.

# SAUCE VÉGÉTARIENNE
*(8 PORTIONS)*

| | | |
|---|---|---|
| 45 ml | huile d'olive | 3 c. à s. |
| 2 | gousses d'ail, épluchées | 2 |
| 1 | gros oignon, épluché et haché | 1 |
| ½ | branche de céleri, coupée en dés | ½ |
| 1 | carotte, pelée et coupée en dés | 1 |
| 2 | gousses d'ail, épluchées, écrasées et hachées | 2 |
| 250 ml | vin rouge sec | 1 tasse |
| 2 | boîtes de tomates de 796 ml (28 oz) chacune, égouttées et hachées | 2 |
| 1 | boîte de pâte de tomates de 156 ml (5½ oz) | 1 |
| 30 ml | basilic frais haché | 2 c. à s. |
| 2 ml | origan | ½ c. à t. |
| 1 ml | thym | ¼ c. à t. |
| 1 | pincée de sucre | 1 |
| | sel et poivre fraîchement moulu | |

**1** Faire chauffer l'huile dans une poêle, à feu moyen. Ajouter les gousses d'ail entières. Faire brunir, puis retirer et jeter.

**2** À l'huile chaude, ajouter l'oignon, le céleri, la carotte et l'ail haché. Faire cuire 8 minutes, à feu doux.

**3** Mouiller avec le vin et ajouter les autres ingrédients. Bien mélanger, assaisonner et porter à ébullition. Bien mélanger, couvrir partiellement et faire cuire à feu doux 1½ heure. Remuer souvent pendant la cuisson.

**4** Utiliser cette sauce pour plusieurs recettes de pâtes. Peut se conserver jusqu'à 4 jours, au réfrigérateur.

# FARCE AU FROMAGE

| | | |
|---|---|---|
| 1 | poivron rouge | 1 |
| 125 ml | pignons broyés | ½ tasse |
| 175 ml | ricotta | ¾ tasse |
| 175 ml | mozzarella râpée | ¾ tasse |
| 225 g | parmesan râpé | ½ lb |
| 2 | gros œufs, battus | 2 |
| 15 ml | zeste de citron haché finement | 1 c. à s. |
| 24 | olives vertes dénoyautées, hachées | 24 |
| 1 ml | paprika | ¼ c. à t. |
| 1 | pincée de muscade | 1 |
| | sel et poivre fraîchement moulu | |

**1** Couper le poivron en deux et épépiner. Badigeonner la peau d'huile et mettre sur une plaque à biscuits, le côté peau vers le haut; faire griller au four 6 minutes. Sortir du four et laisser refroidir. Peler et réduire en purée au robot culinaire.

**2** Ajouter le reste des ingrédients dans le bol du robot culinaire. Mélanger 1 minute. Bien assaisonner et mélanger rapidement.

**3** Réfrigérer avant d'utiliser. Cette farce est idéale pour farcir les ravioli, tortellini, cannelloni, etc.

# FARCE AUX FRUITS DE MER

(4 À 6 PORTIONS)

| | | |
|---|---|---|
| 2 | bottes d'épinards frais | 2 |
| 15 ml | huile d'olive | 1 c. à s. |
| 1 | oignon, épluché et haché | 1 |
| 2 | gousses d'ail, épluchées, écrasées et hachées | 2 |
| 450 g | crevettes cuites, décortiquées, déveinées et hachées | 1 lb |
| 500 ml | sauce blanche épaisse, chaude (voir p. 309) | 2 tasses |
| 1 | jaune d'œuf | 1 |
| 15 ml | chapelure blanche | 1 c. à s. |
| 1 ml | piments forts hachés | ¼ c. à t. |
| 1 | pincée de muscade | 1 |
| | sel et poivre fraîchement moulu | |

**1** Couper les tiges des épinards. Laver les feuilles et les faire tomber dans une petite quantité d'eau bouillante, 2 minutes. Mettre dans une passoire et presser avec le dos d'une cuillère. Hacher et réserver.

**2** Faire chauffer l'huile dans une poêle, à feu moyen. Ajouter l'oignon et l'ail; faire cuire 2 minutes.

**3** Ajouter les épinards hachés, assaisonner et mélanger. Poursuivre la cuisson 4 minutes, à feu moyen.

**4** Bien incorporer les crevettes et la sauce blanche; ajouter le jaune d'œuf. Mélanger et incorporer le reste des ingrédients. Bien assaisonner et faire cuire 2 minutes, à feu doux.

**5** Farcir les cannelloni. Cette farce peut se garder jusqu'à 3 jours, au réfrigérateur.

# SAUCE AUX HUÎTRES

*(4 À 6 PORTIONS)*

| | | |
|---|---|---|
| 250 ml | huîtres en vrac, avec leur jus | 1 tasse |
| 625 ml | eau froide | 2½ tasses |
| 1 ml | poivre noir | ¼ c. à t. |
| 1 ml | poivre blanc | ¼ c. à t. |
| 1 ml | basilic moulu | ¼ c. à t. |
| 1 | gousse d'ail, blanchie, épluchée et en purée | 1 |
| 45 ml | beurre | 3 c. à s. |
| 1 | oignon, haché | 1 |
| 45 ml | farine | 3 c. à s. |
| 50 ml | crème à 35 % | ¼ tasse |
| 1 | pincée de muscade | 1 |
| 1 | pincée de piment de Cayenne | 1 |
| | sel | |

**1** Verser les huîtres et leur jus dans un bol. Ajouter l'eau froide et réfrigérer 8 heures.

**2** Égoutter les huîtres et réserver. Verser le liquide dans une petite casserole et porter à faible ébullition. Faire cuire 3 à 4 minutes, à feu doux.

**3** Mélanger les épices et l'ail dans un petit bol; réserver.

**4** Faire chauffer le beurre dans une poêle. Y faire cuire l'oignon 4 minutes, à feu doux. Ajouter la farine, mélanger et faire cuire 1 minute, à feu doux.

**5** Incorporer lentement le liquide de cuisson au fouet. Ajouter le mélange aux épices et la crème. Bien remuer et faire cuire 12 minutes, à feu doux, en remuant fréquemment. La sauce doit être de consistance assez épaisse. Si désiré, remettre les huîtres dans la sauce et laisser mijoter 3 minutes.

*Mettre les huîtres et leur jus dans un bol. Ajouter l'eau. Réfrigérer 8 heures.*

*Égoutter les huîtres et verser le liquide dans une casserole.*

*Faire cuire l'oignon dans le beurre chaud.*

*Ajouter la farine, mélanger et faire cuire 1 minute.*

*Incorporer le liquide de cuisson.*

*Ajouter le mélange aux épices et la crème.*

# Sauce espagnole

*(1,5 LITRE / 6 TASSES)*

| | | |
|---|---|---|
| 2 kg | os de bœuf ou de veau | 4½ lb |
| 1 | oignon, en dés | 1 |
| 4 | carottes, en dés | 4 |
| 3 | branches de céleri, en dés | 3 |
| 3 | feuilles de laurier | 3 |
| 3 | gousses d'ail | 3 |
| 10 ml | sel | 2 c. à t. |
| 125 ml | farine | ½ tasse |
| 3 litres | eau | 12 tasses |
| 1 | bouquet garni | 1 |
| 250 ml | purée de tomate | 1 tasse |
| 175 ml | poireaux hachés | ¾ tasse |
| 3 | brins de persil | 3 |

Préchauffer le four à 230 °C (450 °F).

**1** Mettre les os, l'oignon, les carottes, le céleri, les feuilles de laurier, l'ail et le sel sur une plaque à rôtir. Faire cuire au four 45 à 50 minutes, jusqu'à ce que les os soient bien dorés, mais non brûlés.

**2** Saupoudrer de farine et poursuivre la cuisson 15 minutes.

**3** Mettre les ingrédients dans une cocotte. Déglacer la plaque à rôtir avec un peu d'eau et verser le mélange dans la cocotte. Ajouter les ingrédients qui restent.

**4** Porter à ébullition. Baisser le feu et laisser mijoter 3 à 4 heures, ou jusqu'à ce que la sauce soit réduite de moitié. Écumer la mousse en surface.

**5** Filtrer la sauce une première fois, puis la filtrer de nouveau à travers une mousseline. Utiliser selon les besoins.

# Sauce demi-glace

*(430 ML / 1¾ TASSE)*

| | | |
|---|---|---|
| 750 ml | sauce espagnole | 3 tasses |
| 300 ml | bouillon de bœuf | 1¼ tasse |
| 50 ml | sherry | ¼ tasse |

**1** Mélanger la sauce espagnole et le bouillon de bœuf.

**2** Laisser mijoter jusqu'à ce que la sauce soit réduite des deux-tiers.

**3** Ajouter le sherry et utiliser selon les besoins.

# Court-bouillon

*(4 LITRES / 16 TASSES)*

| | | |
|---|---|---|
| 4 litres | eau | 16 tasses |
| 15 ml | poivre vert en grains | 1 c. à s. |
| 15 ml | sel | 1 c. à s. |
| 1 | oignon, tranché | 1 |
| 2 | carottes, hachées | 2 |
| 1 | branche de céleri, hachée | 1 |
| 1 | citron, coupé en 2 | 1 |
| 250 ml | vin blanc | 1 tasse |
| 1 | bouquet garni | 1 |

**1** Mélanger tous les ingrédients. Porter à ébullition. Laisser bouillir 10 minutes.

**2** Passer à travers un linge; réserver le liquide.

**3** Utiliser pour la cuisson des poissons et des fruits de mer.

# Index